共和国"三农"记忆

农业农村部农村经济研究中心当代农史研究室 编

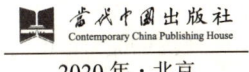

2020年·北京

图书在版编目(CIP)数据

激荡：共和国"三农"记忆/农业农村部农村经济研究中心当代农史研究室编. —— 北京：当代中国出版社，2020.12
ISBN 978-7-5154-1098-2

Ⅰ.①激⋯ Ⅱ.①农⋯ Ⅲ.①三农问题—研究—中国 Ⅳ.①F32

中国版本图书馆CIP数据核字(2020)第268668号

出 版 人	曹宏举
责任编辑	姜楷杰
责任校对	康 莹
印刷监制	刘艳平
封面设计	彭莉莉
出版发行	当代中国出版社
地 址	北京市地安门西大街旌勇里8号
网 址	http://www.ddzg.net 邮箱：ddzgcbs@sina.com
邮政编码	100009
编 辑 部	(010)66572264 66572154 66572132 66572180
市 场 部	(010)66572281 66572161 66572157 83221785
印 刷	北京润田金辉印刷有限公司
开 本	720毫米×1020毫米 1/16
印 张	15.75印张 1插页 201千字
版 次	2020年12月第1版
印 次	2020年12月第1次印刷
定 价	56.00元

版权所有，翻版必究；如有印装质量问题，请拨打(010)66572159转出版部。

本书编辑委员会

主 任：金文成
副 主 任：陈 洁

主 编：王 欧
执行主编：焦红坡 张静宜
编 委：陈艳丽 董彦彬 冯丹萌

目 录

前 言 / 1

理论篇

毛泽东关于"三农"问题的思想 / 002

邓小平"三农"理论与农村改革 / 019

张闻天与供销合作社赢利分红决策始末 / 031

改革开放以来中国农民权利重构历程及特点分析 / 040

改革开放以来中国农村集体经济的变迁与发展 / 067

农村改革先行的意义 / 083

访谈篇

中共领导人与延安大生产运动 / 092

王震与石河子军垦事业 / 101

邓子恢与包产到户 / 116

万里与农村改革在安徽的兴起 / 131

"三农"问题专家王观澜与毛泽东
　　——徐明清访谈录 / 140
1942年陕北农村问题调查
　　——于光远回忆 / 164
有关农业合作化的争论
　　——霍泛访谈录 / 170
周恩来两访河北沙石峪
　　——王振扬访谈录 / 186

回忆篇

杜润生：50年代初我与毛主席的几次会面 / 204
张根生：我所亲历的广东土地改革 / 219
朱丕荣：我在农业部工作的回忆 / 228
黄佩民：我所亲历的农业学苏联 / 232

前　言

　　时代出题目，改革做文章。面对历史之问、人民之问、时代之问，我们回答得好不好，工作完成得实不实，需要历史给出客观评价。自中华人民共和国成立以来，我们党高度重视农业、农村、农民，在农村基本经营制度、农村土地制度、农产品生产流通体制、农民集体合作、劳动力就业、脱贫攻坚等领域推行了一系列改革发展举措，使农业生产得到极大的改善，农村面貌与农民生活发生翻天覆地的变化。十九届五中全会提出，"优先发展农业农村，全面推进乡村振兴。坚持把解决好'三农'问题作为全党工作重中之重"，是我们党持续推进发展"三农"的重要体现。对这一历史进程进行客观、系统、深入的总结研究，讲好中国的改革故事，做好新时代"三农"文章，为实施乡村振兴战略、加快推进农业农村现代化建设提供有益参考，无疑具有重大的理论和现实意义。

　　开展当代农史研究是农业农村部农村经济研究中心一项重要的基础工作。中心于1992年成立当代农史研究室，在此后的三十年中，始终把当代农史研究作为知古鉴今、资政育人的基础学科，给予有力的支持。当代农史研究室持之以恒地收集、整理、研究我国当代农业农村发展史料，组织农村改革当事人、知情人回忆撰写反映改革重点领域重大事件的文章，持续多年整理集结《共和国史料征集与研究报告》。同时，研究室还以中国农业历史学会当代农史专业委员会为平台依托，组织全国农史研究力量开展当代农史研究，尤其重视改革开放以来农业农村发展历程的总结研究，接连出版了《当代中国农业史研究文稿》《当代农史研究文集》《2018：纪念农村改革40年》《当代农史研究文集：纪念新中国成立70周年》等著作成果。本书亦是当代农史研究室统筹汇总形成的成果之一。

在中国共产党领导的农村改革进程中，一些具有里程碑意义的大事和关键决策，在本书中得以生动再现。比如，书中的访谈篇回忆了包产到户、农村改革、农业合作化等重要事项在领导层面讨论酝酿和决策推进的过程。回忆篇中收录了杜润生、张根生等改革推进者在其职能部门和主政地方推动农业农村改革发展的自述。除此之外，本书的理论篇收录了权威学者对毛泽东、邓小平"三农"思想的研究，还从理论层面对农村改革逻辑、农民权利、集体经济等作出专门论述。

历史的车轮滚滚向前，出于抢救史料的考虑，本书在文章的选择上，特别是访谈篇、回忆篇侧重选择了反映主要领导人关心做好农业农村工作的文章，时间跨度也较长，主要落在社会主义革命建设阶段到改革开放初期。这些文章，既是对历史经验的总结回顾，又为当下改革面临的问题和未来"三农"发展趋势提供启发参考。

非常荣幸，在本书出版之际，我们即将迎来中国共产党成立100周年的重要历史时刻。一百年栉风沐雨，一百年砥砺奋进，中国共产党带领全国人民同心同德、众志成城，推动实现中华民族从站起来、富起来到强起来的飞跃，将包括"三农"领域的改革持续深入推进。特别是党的十八大以来，以习近平同志为核心的党中央推出一系列重大战略举措，出台一系列重大方针政策，推进一系列重大工作，解决了许多长期想解决而没有解决的难题，办成了许多过去想办而没有办成的大事，党和国家事业发生历史性变革，中国特色社会主义进入了新的发展阶段。站在新的历史节点上，我们需要以更大的改革勇气、智慧和本领，深入实施乡村振兴战略，开启城乡融合发展和现代化建设新征程。当代农史研究室以此为使命，努力在相关领域做出更大贡献，书写好中华民族伟大复兴的"三农"新篇章。

多年来，农业农村部农村经济研究中心当代农史研究学科的发展，得益于各级领导与有关部门的重视和支持，得益于有关单位与专家学者的指导和帮助，也得益于一大批老领导、老干部和老朋友积极提供材料和建议。在此一并表示感谢！

由于史料收集的整理编校存在一定难度，很多农史资料的组稿不能到位，留下或多或少的遗憾。而且由于编者水平的局限，书中也难免有疏漏不当之处，请读者批评指正。

编　者
2020 年 11 月

理论篇

毛泽东关于"三农"问题的思想

农业部写作组[*]

从农村走出来的知识分子——毛泽东,是非常熟悉农业、农村、农民(简称"三农")问题的领导人之一。毛泽东高度重视"三农"问题,不仅勾画出"三农"现代化的宏伟蓝图,而且在实践中积极探索其实现的路径。从 1950 年的中共七届三中全会至 1962 年的中共八届十中全会,就有六次对农业问题做出专门决议,平均约两年一次,这反映出毛泽东等第一代领导集体对解决"三农"问题的高度关注。毛泽东关于"三农"问题的思想极其丰富,是宝贵的财富。

一、关于农业现代化

毛泽东较早提出了农业现代化建设的任务,并提出把农业放在国民经济首位,倡导通过组织起来发展生产力,以推进农业现代化建设。

(一)勾画出农业现代化建设的宏伟蓝图

早在全国解放前夕的中共七届二中全会上,毛泽东就提出了要及时推进农业现代化建设的伟大任务,指出:"占国民经济总产值百分之九十的分散的个体的农业经济和手工业经济,是可能和必须谨慎地、逐步地而又积极地引导它们向着现代化和集体化的方向发展的,任其自流的观点是错误的。"[①] 新中国成立后,毛泽东在勾画现代化建设蓝图时,把农业现代化列为国民经济中三个现代化之一,指出:"我们一定会建设一个具有现代工业、现代农业和现代科学文化

---

[*] 本文柯炳生、宋洪远参与讨论,郑有贵执笔,写于 2003 年 12 月。
[①] 《毛泽东选集》第 4 卷,人民出版社 1991 年版,第 1432 页。

的社会主义国家。"①1957年10月9日，毛泽东在中共八届三中全会上又说："讲到农业与工业的关系，当然，以重工业为中心，优先发展重工业，这一条毫无问题，毫不动摇。但是在这个条件下，必须实行工业与农业同时并举，逐步建立现代化的工业和现代化的农业。过去我们经常讲把我国建成一个工业国，其实也包括了农业的现代化。"②

毛泽东对什么是现代农业作了积极探讨。从已知文献中看，毛泽东没有对什么是现代农业作出明确的界定，但他把农业技术改造和机械化纳入现代农业范畴则是非常明确的。早在农垦事业创建初期，毛泽东就指出：《共产党宣言》的十大纲领中，有一条就是建立农业产业军，所以要开垦荒地，建设一支采用现代化机械和科学技术的农业大军③。1955年7月，毛泽东在《关于农业合作化问题》的报告中强调："中国只有在社会经济制度方面彻底地完成社会主义改造，又在技术方面，在一切能够使用机器操作的部门和地方，统统使用机器操作，才能使社会经济面貌全部改观。"④毛泽东在报告中还向全党发出了用20—25年的时间完成农业技术改革的号召，指出："估计在全国范围内基本上完成农业方面的技术改革，大概需要四个至五个五年计划，即二十年至二十五年的时间。全党必须为了这个伟大任务的实现而奋斗。"⑤毛泽东关于积极推进农业技术改造的思想，是当今科教兴农战略形成的思想基础。20世纪50年代末，毛泽东用了很多精力对农业技术改造和机械化问题进行了深入的探讨，提出了许多精辟的论断，如以土肥水种密保管工为内容的"农

---

① 《毛泽东文集》第7卷，人民出版社1999年版，第268页。
② 《毛泽东文集》第7卷，人民出版社1999年版，第310页。
③ 农业部政策研究会：《毛泽东与中国农业》，新华出版社1995年版，第222页。
④ 《农业集体化重要文件汇编（1949—1957）》（上），中共中央党校出版社1981年版，第374页。
⑤ 《农业集体化重要文件汇编（1949—1957）》（上），中共中央党校出版社1981年版，第374页。

业八字宪法"（1958年），"农业的根本出路在于机械化"（1959年）等。在农业现代化建设实践中，毛泽东特别重视推进农业机械化问题。早在1937年，毛泽东在《矛盾论》中就指出："不同质的矛盾，只有用不同质的方法才能解决。……在社会主义社会中工人阶级和农民阶级的矛盾，用农业集体化和农业机械化的方法去解决"[①]。1958年11月10日，毛泽东在对《郑州会议关于人民公社若干问题的决议》的修改和信件中，将机械化列为农业工厂化的主要内容，指出："要使人民公社具有雄厚的生产资料，就必须实现公社工业化，农业工厂化（即机械化和电气化）。"[②]1962年由毛泽东主持召开的中共八届十中全会确定："我们党在农业问题的根本路线是，第一步实现农业集体化，第二步是在农业集体化基础上实现农业机械化和电气化。"根据毛泽东的指示，1966年召开了第一次全国农业机械化会议，布置到1980年基本实现机械化的任务。此后，又于1971年8月和1978年1月，先后召开了第二次和第三次全国农业机械化会议，以加快农业机械化的进程。

受国际上石油农业的影响，20世纪50年代初中国形成了以农业机械化、电气化、水利化和化学化为内涵和特质的农业现代化的技术路线[③]，而这一技术路线在20世纪60—70年代的实施过程中则以农业机械化为核心。尽管如此，我们却不能否认毛泽东把生态建设和可持续发展纳入了现代农业的范畴。1959年毛泽东指出："要使我们祖国的河山全部绿化起来，要达到园林化，到处都很美丽，自然面貌要改变过来。"[④]"我们现在这个国家刚刚开始建设，我看要用新的观点好好经营一下，有规划，搞得很美，是园林化。"[⑤]"农业生

[①] 《毛泽东选集》第1卷，人民出版社1991年版，第311页。
[②] 《建国以来毛泽东文稿》第7册，中央文献出版社1992年版，第515页。
[③] 1959年10月18日中央批转农业机械部的报告，批示明确提出："应该根据从1958年起以10—15年的时间实现农业现代化，即实现农业机械化、水利化、化学化、电气化"。
[④] 中华人民共和国林业部编：《毛泽东论林业》，中央文献出版社2003年版，第2页。
[⑤] 中华人民共和国林业部编：《毛泽东论林业》，中央文献出版社2003年版，第8页。

产必须依靠有机肥料，有机肥和无机肥料相结合。"① "光靠化学化来得到稳定的丰收，有危险。"② "水利是农业的命脉"。"农、林、牧三者相互依赖，缺一不可，要把三者放在同等地位。"③ 这些思想，对于当今我们实施可持续发展战略具有现实的指导意义。

（二）把农业放在国民经济的首位

如何推进农业现代化建设，这是新中国面临的重大课题。毛泽东主张把农业放在国民经济的首位，正确处理工农业发展关系，夯实农业的基础地位，进而推进农业现代化建设。

毛泽东在新中国成立前，就把农业列为社会经济发展的首要地位和基础地位。早在1942年12月，毛泽东在《经济问题与财政问题》一书中就明确指出："应确定以农业为第一位，工业、手工业、运输业与畜牧业为第二位，商业则放在第三位。"④ 1948年4月1日，毛泽东在晋绥干部会议上初步提出了农业为基础的思想，指出："消灭封建制度，发展农业生产，就给发展工业生产，变农业国为工业国的任务奠定了基础"⑤。1949年6月30日，毛泽东在《论人民民主专政》中进一步指出："没有农业社会化，就没有全部的巩固的社会主义。"⑥ 可见，毛泽东对农业社会化在社会主义中的基础地位的认识是深刻的。1960年3月，毛泽东明确提出了"农业是基础，工业为主导"的方针。同年8月10日，经毛泽东批准、中共中央发出的《关于全党动手，大办农业，大办粮食的指示》，强调"农业是国民经济的基础，粮食是基础的基础。" 1962年9月，毛泽东在中共八届十中全会上进一步明确提出了"农业是国民经济的基础，这是一

---

① 中华人民共和国国史学会编：《毛泽东读社会主义政治经济学批注和谈话（清样本）》，1997年，第313页。
② 中华人民共和国国史学会编：《毛泽东读社会主义政治经济学批注和谈话（清样本）》，1997年，第733页。
③ 《建国以来毛泽东文稿》第8册，中央文献出版社1993年版，第573页。
④ 《毛泽东选集》，东北书店1948年版，第813页。
⑤ 《毛泽东选集》第4卷，人民出版社1991年版，第1316页。
⑥ 《毛泽东选集》第4卷，人民出版社1991年版，第1477页。

个普遍规律"①的论断。在这一思想指导下，1964年12月，三届全国人大一次会议对"四化"的内容和排列次序作了调整，把农业现代化建设列为四个现代化的首位，指出："今后发展国民经济的主要任务，总的说来，就是要在不太长的历史时期内，把我国建设成为一个具有现代农业、现代工业、现代国防和现代科学技术的社会主义强国"②。改革开放以来，继承和发展了这一思想，在全党、全社会形成了"没有农业的现代化就没有整个国民经济的现代化"的共识。

贯彻"农业是国民经济的基础"、把农业放在国民经济首位这一指导思想，关键是在投资上处理好工业与农业的关系。1956年，毛泽东在《论十大关系》中指出："我们现在的问题，就是还要适当地调整重工业和农业、轻工业的投资比例，更多地发展农业、轻工业。"③"这里就发生一个问题，你对发展重工业究竟是真想还是假想，想得厉害一点，还是差一点？你如果是假想，或者想得差一点，那就打击农业轻工业，对它们少投点资。你如果是真想，或者想得厉害，那你就要重视农业轻工业，使粮食和轻工业原料更多些，积累更多些，投到重工业方面的资金将来也会更多些。"④"我们现在发展重工业可以有两种办法，一种是少发展一些农业轻工业，一种是多发展一些农业轻工业。从长远观点来看，前一种办法会使重工业发展得少些和慢些，至少基础不那么稳固，几十年后算总账是划不来的。后一种办法会使重工业发展得多些和快些，而且由于保障了人民生活的需要，会使它发展的基础更加稳固。"⑤1959年7月2日，毛泽东在庐山会议开幕时强调工业和农业之间的综合平衡问题，指出："过去安排是重、轻、农，这个次序要反一下，现在是

---

① 夏远生：《毛泽东"农业为基础"思想的发展述略》，《安徽省委党校学报》1990年第4期。
② 《周恩来选集》下卷，人民出版社1984年版，第439页。
③ 《毛泽东著作选读》下册，人民出版社1986年版，第722页。
④ 《毛泽东著作选读》下册，人民出版社1986年版，第722页。
⑤ 《毛泽东著作选读》下册，人民出版社1986年版，第722—723页。

否提农、轻、重？"①"重工业要为轻工业、农业服务。"②1962年7月20日，毛泽东在与各大区书记谈话中指出："我发了一道以农业为基础的方针提出四年了，就是不实行。既不请示，也不报告。如果你们不实行，我兼计委主任，你们作副的，到哪里都可以革命么。"③改革开放前，在实施国家工业化战略及为之服务的计划经济体制下，毛泽东关于"农业是国民经济的基础"的思想在实践中没有得到很好落实。半个多世纪的实践反复证明，不能忽视农业在国民经济中的基础地位，必须把农业放在国民经济工作的首位，增加对农业的投资，否则，工农业发展关系失衡，农业现代化进程受阻，并导致工业乃至整个国民经济波动。中共十五届三中全会通过的《中共中央关于农业和农村工作若干重大问题的决定》中指出："十二亿多人口，九亿在农村，是我国的基本国情。农业、农村和农民问题是关系改革开放和现代化建设全局的重大问题。没有农村的稳定就没有全国的稳定，没有农民的小康就没有全国人民的小康，没有农业的现代化就没有整个国民经济的现代化。稳住农村这个大头，就有了把握全局的主动权。"这是历史经验教训的总结，必须记取。

（三）组织起来是实现农业现代化的重要途径

在如何推进农业现代化进程问题上，毛泽东主张组织起来，以促进生产力的发展。在这方面，毛泽东投入了大量的精力。毛泽东早在《湖南农民运动考察报告》中，就将"合作化运动"列为十四件大事之一。毛泽东主张组织起来，有很多动因，其中一个重要原因就是认为组织起来可以促进农业生产力的发展。1943年，毛泽东在《论合作社》一文中指出："如果全边区的劳动力都组织在集体互助的劳动组织之中，全边区一千四百亩耕地的收获就会增加一倍以

---

① 《毛泽东文集》第8卷，人民出版社1999年版，第78页。
② 《毛泽东文集》第8卷，人民出版社1999年版，第78页。
③ 顾龙生编著：《毛泽东经济年谱》，中共党史出版社1993年版，第565页。

上。"①1943年11月,毛泽东在中共中央招待陕甘宁边区劳动英雄大会上发表了《组织起来》的讲话,指出:"在农民群众方面,几千年来都是个体经济,一家一户就是一个生产单位,这种分散的个体生产,就是封建统治的经济基础,而使农民自己陷于永远的穷苦。克服这种状况的唯一办法,就是逐渐地集体化;而达到集体化的唯一道路,依据列宁所说,就是经过合作社。"②毛泽东在《论联合政府》的报告中又说:"土地制度获得改革,甚至仅获得初步的改革,例如减租减息之后,农民的生产兴趣就增加了。然后帮助农民在自愿原则下,逐渐地组织在农业生产合作社及其他合作社之中,生产力就会发展起来。"③新中国成立后,毛泽东大力推进农业生产合作化、人民公社化,就是实践组织起来发展生产力的思想的具体体现。1958年11月,毛泽东在《对十五年社会主义建设纲要四十条(1958—1972年)初稿的批语和修改》中写道:"我国人民面前的任务是:经过人民公社这种社会组织形式,高速度地发展社会生产力,促进全国工业化、公社工业化、农业工厂化。"④

毛泽东对采取何种方式把农民组织起来,作了大量的积极的探索,或许可以说这是他在新中国"三农"问题上投入精力最大的问题。20世纪40年代,毛泽东主张合作社要采取自愿互利原则,实行民办公助;合作社要按股分红,社员还可以退股。换言之,毛泽东主张通过利益机制,以自愿和互利为原则,让农民通过收益比较决定是否入社。毛泽东还把群众是否自愿参加作为评判集体互助组织好坏的标准,他指出:"只要是群众自愿参加(决不能强迫)的集体互助组织,就是好的。"⑤在组织起来的形式上,毛泽东主张合作社可以

---

① 《毛泽东文集》第3卷,人民出版社1996年版,第70—71页。
② 《毛泽东选集》第3卷,人民出版社1991年版,第931页。
③ 《毛泽东选集》第3卷,人民出版社1991年版,第1078页。
④ 《建国以来毛泽东文稿》第7册,中央文献出版社1992年版,第504页。
⑤ 《毛泽东选集》第3卷,人民出版社1991年版,第931页。

有多种形式，他说："我们的合作社目前还是建立在个体经济基础上（私有财产基础上）的集体劳动组织。这又有几种样式。一种是'变工队'、'扎工队'这一类的农业劳动互助组织"[①]。此外，"还有三种形式的合作社，这就是延安南区合作社式的包括生产合作、消费合作、运输合作（运盐）、信用合作的综合性合作社，运输合作社（运盐队）以及手工业合作社。"[②]1955年至20世纪60年代初，毛泽东把大量精力投入到农业合作化和其后的人民公社化运动。这期间，或在理论或在实践上，我国在如何组织起来的问题上发生了重大偏差，主要表现有：在组织形式上，实行单一化，只允许实行高级社一种形式，到1958年则形成了单一的"一大二公、政社合一"的人民公社体制；在参与原则上，脱离了自愿互利原则，实际上是用反倾向斗争形成的压力取代了耐心的说服和经济的引导。如此，使得改革开放前的农业和农村经济缺乏生机和活力，以致现在社会上仍"谈合色变"。尽管如此，我们却不能否认毛泽东关于组织起来发展生产力这一主张的正确性。组织起来，发展规模经济，这是经济规律。改革开放以来，在市场经济条件下，在坚持家庭承包经营的基础上，广大农民在寻求解决小生产与大市场矛盾过程中，因地制宜推进产业化经营，并在自愿互利的基础上发展各种农民专业合作经济组织，既解决了小生产与大市场的矛盾，又形成规模经济，使农业朝着规模化、专业化方向健康发展，进而推进了农业现代化建设的发展。

二、关于调动农民的积极性和创造性

农业、农村、农民问题，其核心是农民问题。毛泽东高度重视农民问题，是因为他对农民问题的重要性有着深刻的认识。毛泽东认为，"农民是农业的根本，也就是中国的根本！"[③]

---

① 《毛泽东选集》第3卷，人民出版社1991年版，第931页。
② 《毛泽东选集》第3卷，人民出版社1991年版，第932页。
③ 《毛泽东年谱（1893—1949）》上卷，中央文献出版社2005年版，第165页。

早在民主革命时期，毛泽东就从多个方面阐述了农民的重要地位。在第六届农民运动讲习所讲授农民运动时，毛泽东指出：农民占中国人口的百分之八十以上，是革命的主力军，中国革命若没有他们参加，就不可能取得胜利；中国以农业为主，农民是生产的主力军；中国历史上发生过几百次农民起义，是一种伟大的力量，如果有共产党的领导，农民的力量之大是可以意料的。因此，中国革命的基本问题就是农民问题。1943年8月8日，毛泽东在中央党校第二部开学典礼上的讲话中进一步指出："中国的人口百分之八十是农民，我们讲的人民主要就是农民。"[①]1945年4月24日，毛泽东在中共第七次全国代表大会上更明确提出："农民——这是现阶段中国民主政治的主要力量。中国的民主主义者如不依靠三亿六千万农民群众的援助，他们就将一事无成。"[②]

新中国成立后，在社会主义革命和建设时期，毛泽东一如既往地高度重视农民问题。1957年毛泽东在《关于正确处理人民内部矛盾的问题》中指出："我国有五亿多农业人口，农民的情况如何，对于我国经济的发展和政权的巩固，关系极大。"[③]

正是基于对农民在中国革命和建设中重要作用的认识，毛泽东十分重视调动农民的积极性和创造性。1958年5月13—14日，毛泽东在对刘少奇中共八大二次会议工作报告稿的批语和修改时指出："在我国的六亿多人口中有五亿多农民，他们无论在革命斗争中和建设工作中都是一支最伟大的力量，我国工人阶级只有依靠这个伟大的同盟军，把他们的积极性和创造性充分地调动起来，才能取得胜利。"[④] 这一思想，体现在增加农民收入、关心农民生活、保护农民财产、提高农民文化科学素质等诸方面。

---

① 《毛泽东文集》第3卷，人民出版社1996年版，第58页。
② 《毛泽东选集》第3卷，人民出版社1991年版，第1078页。
③ 《毛泽东著作选读》下册，人民出版社1986年版，第773页。
④ 《建国以来毛泽东文稿》第7册，中央文献出版社1992年版，第223页。

（一）增加农民收入

增加农民收入，是解决农民问题的基本条件。毛泽东在《论十大关系》中强调指出："除了遇到特大自然灾害以外，我们必须在增加农业生产的基础上，争取百分之九十的社员每年的收入比前一年有所增加，百分之十的社员的收入能够不增不减，如有减少，也要及早想办法加以解决。"①

毛泽东十分注重通过实行合理的农产品收购价格来实现农民增收。1950年下半年，各地纷纷反映，由于农业生产恢复较快，农产品出现供过于求的现象，粮食价格下降，市价已低于牌价，工业品及纱布价格上升，农民不满意。华北局在9月19日给中共中央和毛泽东的报告中提出：国家可否按照牌价大量收购粮食（全国不惜积压50亿至60亿斤）和适当降低工业品价格。毛泽东为此批示："我认为华北局的意见是正确的，请陈（云）、薄（一波）即根据华北局所提各项召集有关人员开会，拟出具体方案，于数日内向中央报告一次，并迅即推行。此事极为重要，不能久延不决。"②农产品价格是一个涉及众多利益主体的问题。毛泽东明确指出："调整价格，就是调整工人和农民之间、生产者和消费者之间的经济关系。"③1957年1月毛泽东在省市自治区党委书记会议上的讲话中指出："农业本身的积累和国家从农业取得的积累，在合作社收入中究竟各占多大比例为好？请大家研究，议出一个适当的比例来。其目的，就是要使农业能够扩大再生产，使它作为工业的市场更大，作为积累的来源更多。先让农业本身积累多，然后才能为工业积累更多。只为工业积累，农业本身积累得太少或者没有积累，竭泽而渔，对于工业的

---

① 《毛泽东著作选读》下册，人民出版社1986年版，第728—729页。
② 《中华人民共和国经济档案资料选编（1949—1952）·商业卷》，中国物资出版社1995年版，第563页。
③ 中华人民共和国史学会编：《毛泽东读社会主义政治经济学批注和谈话（清样本）》，1997年，第490页。

发展反而不利。"①1959年毛泽东在《读社会主义政治经济学批注和谈话》中指出："工农业产品的交换不能够完全等价，但要相当地等价。"②1964年11月，毛泽东在中共八届二中全会上还提醒说："谷贱伤农，你那个粮价那么便宜，农民就不种粮食了。这个问题很值得注意。"③

毛泽东注重通过合理的价格政策调动农民积极性，是吸取了苏联的教训。1956年毛泽东在《论十大关系》中指出："苏联的办法把农民挖得很苦。他们采取所谓义务交售制等项办法，把农民生产的东西拿走太多，给的代价又极低。他们这样来积累资金，使农民的生产积极性受到极大的损害。你要母鸡多生蛋，又不给它米吃，又要马儿跑得好，又要马儿不吃草。世界上那有这样的道理！"④

（二）关心农民生活

毛泽东十分关心农民生活。1952年10月14日，陈云将一份关于江苏省青浦县小蒸乡农民情况的调查报告报送毛泽东并华东局第三书记谭震林。该报告反映由于农业歉收、征粮过重和人多地少，农民生活普遍困难。15日，毛泽东写信给谭震林，要求认真解决此事。在计划经济体制下，关心农民生活，很重要的一个方面，就是要给农民留足粮食。在农产品统购数量问题上，毛泽东反对高征购，批评高征购是竭泽而渔。1956年毛泽东在《论十大关系》中说："我们同农民的关系历来都是好的，但是在粮食问题上曾经犯过一个错误。一九五四年我国部分地区因水灾减产，我们却多购了七十亿斤粮食。这样一减一多，闹得去年春季许多地方几乎人人谈粮食，户户谈统销。农民有意见，党内外也有许多意见。……我们发现了缺点，一九五五年就少

---

① 《毛泽东文集》第7卷，人民出版社1999年版，第200页。
② 中华人民共和国国史学会编：《毛泽东读社会主义政治经济学批注和谈话（清样本）》，1997年，第493页。
③ 毛泽东：《在中国共产党第八届中央委员会第二次全体会议上的讲话》（1956年11月15日）。
④ 《毛泽东著作选读》下册，人民出版社1986年版，第727—728页。

购了七十亿斤,又搞了一个'三定',就是定产定购定销,加上丰收,一少一增,使农民手里多了二百多亿斤粮食。这样,过去有意见的农民也说'共产党真是好'了。这个教训,全党必须记住。"①1966年3月12日,毛泽东在关于农业机械化问题给刘少奇的信中,以苏联和中国"大跃进"时期的教训为鉴,深刻地指出:"苏联的农业政策,历来就有错误,竭泽而渔,脱离群众,以致造成现在的困境,主要是长期陷在单纯再生产坑内,一遇荒年,连单纯再生产也保不住。我们也有过几年竭泽而渔(高征购)和很多地区荒年保不住单纯再生产的经验,总应该引以为戒吧。"②

(三)保护农民财产

毛泽东反对对农民实行剥夺,主张保护农民财产。在人民公社化运动中,农村发生了以"一平二调"为主要内容的"共产风",生产大队、生产队、农民的财产被无偿调用举办社办企业等。1960年12月30日毛泽东在中共中央工作会议上对这种"共产风"进行了严厉批评,并要求坚决进行退赔。他说:"退赔问题很重要,一定要认真退赔。""县、社宁可把家业统统赔进去,破产也要赔。因为我们剥夺了农民,这是马列主义完全不许可的。平调农民的劳动果实,比地主、资本家剥削还厉害,资本家还要花点代价,只是不等价,平调却什么都不给。一定要坚决退赔,各部门、各行各业平调的东西都要坚决退赔。赔到什么都没有,公社只要有几个人、几间茅屋能办公就行。不要怕公社没有东西,公社原来就没有东西,它不是白手起家的,是'黑手'起家的。所有县、社的工业,房屋,其他财产等,凡是平调来的,都要退赔,只有退赔光了,才能白手起家。县、社干部可能会不满意,但是只有这样,才能得到群众,得到农民满意,得到工农联盟。"③

---

① 《毛泽东著作选读》下册,人民出版社1986年版,第727页。
② 《建国以来毛泽东文稿》第12册,中央文献出版社1998年版,第20页。
③ 《毛泽东文集》第8卷,人民出版社1999年版,第227页。

（四）提高农民的科学文化素质

毛泽东主张通过提高农民的科学文化素质解决"三农"问题。1945年4月24日，毛泽东在中共七大上就明确提出："农民——这是现阶段中国文化运动的主要对象。所谓扫除文盲，所谓普及教育，所谓大众文艺，所谓国民卫生，离开了三亿六千万农民，岂非大半成了空话？"[①]1955年在《中国农村的社会主义高潮》一书中，毛泽东为《酒泉县银达乡是怎样进行农民业余文化教育的》一文加写的按语，对该乡根据农事季节安排学习时间，注意解决工、学矛盾，教学内容切合农民实际等做法给予充分肯定。毛泽东亲自主持制定的《1956年到1967年全国农业发展纲要（第二次修正草案）》中，提出从1956年开始，分别在12年内，基本上扫除青年和壮年中的文盲，普及小学教育。要求做到一般的社有小学和业余学校，一般的乡有农业中学，以便进一步提高农村基层干部和农民的文化水平。1959年，毛泽东提出公社要有高等学校，培养自己所需要的高级知识分子。毛泽东关于提高农民的科学文化素质的思想，对于当今解决"三农"问题，使传统农民成为现代农民有着重大的指导意义。

三、关于农村发展

在农村发展方面，毛泽东倡导城乡协调发展，形成了城乡兼顾、缩小城乡差别、城乡互助、在农村办工业和小城市等认识。

毛泽东关于城乡兼顾的思想早在党的工作重点转入城市之前即已形成。1949年3月5日，在新中国成立前夕，党的工作重点即将由农村转入城市的历史性转折之际，毛泽东在中共七届二中全会上就提醒全党："城乡必须兼顾，必须使城市工作和乡村工作，使工人和农民，使工业和农业，紧密地联系起来。决不可以丢掉乡村，仅

[①] 《毛泽东选集》第3卷，人民出版社1991年版，第1078页。

顾城市，如果这样想，那是完全错误的。"①

毛泽东一贯主张缩小城乡差别，并将其提高到巩固工农联盟的高度来认识。在1959年2月的郑州会议上，毛泽东指出："工人在城市里建设，农民在农村里建设，农民要和工人一面合作，一面比赛，把农村也改造得和城市差不多，这才是真正的工农联盟。"

毛泽东主张城市要支援农村，工业要支援农业。1957年1月毛泽东在省市自治区党委书记会议上的讲话中指出："要说服工业部门面向农村，支援农业。要搞好工业化，就应当这样做。"②这一思想全面地体现在他主持制定的《1956—1967年全国农业发展纲要》中。该纲要序言指出："农业生产水平和农民生活水平的提高，主要依靠农民自己的辛勤劳动。但是，在工人阶级和共产党领导下的人民政府总是尽可能援助农民的。纲要所规定的许多农业增产措施，今后将逐步得到人民政府的更多的必要援助。在实际上，这是工农的互相支援，城乡的互相支援。""以工人阶级为领导的工农联盟和工农互相支援，是农民解放的保证。"③这里，把工农互相支援、城乡相互支援提到"农民解放"和"巩固工农联盟"的高度来认识。

城乡结构如何布局，是关系能否实现城乡协调发展的重大因素之一。农村人口是往大中城市里迁移，还是在农村办小城市，毛泽东在这一问题上的认识经历了一个大的转变。早年，毛泽东主张农民进城、当工人。1945年4月24日，毛泽东在中共七大上所作的《论联合政府》中指出："农民——这是中国工人的前身。将来还要有几千万农民进入城市，进入工厂。如果中国需要建设强大的民族工业，建设很多的近代的大城市，就要有一个变农村人口为城

---

① 《毛泽东选集》第4卷，人民出版社1991年版，第1427页。
② 《毛泽东文集》第7卷，人民出版社1999年版，第200页。
③ 《农业集体化重要文件汇编（1949—1857）》（上），中共中央党校出版社1981年版，第760页。

市人口的长过程。"① 新中国成立后,毛泽东对这一问题的认识发生了转变,主张在农村办小城市,这是基于如下三点考虑:其一,从国家现代化建设层面考虑。在1959年2月的郑州会议上,毛泽东指出:"在农村大办工业,使农民就地成为工人,将来有一半劳力搞工业,这样我们的国家就象个样子了。"其二,从大城市承接能力考虑。1959年,毛泽东在《读社会主义政治经济学批注和谈话》中指出:"在社会主义工业化过程中,随着农业机械化的发展,农业人口会减少。如果让减少下来的农业人口,都拥到城市里来,使城市人口过分膨胀,那就不好。从现在起,我们就要注意这个问题。要防止这一点,就要使农村的生活水平和城市的生活水平大致一样,或者还好一些。有了公社,这个问题就可能得到解决。每个公社将来都要有经济中心,要按照统一计划,大办工业,使农民就地成为工人。公社要有高等学校,培养自己所需要的高级知识分子。做到这些,农村的人口就不会再向城市盲目流动。"② 其三,从大城市的安全考虑。1959年,毛泽东在《读社会主义政治经济学批注和谈话》中指出:"将来的城市可以不要那么大。要把大城市居民分散到农村去,建立许多小城市。在原子战争的条件下,这样也比较有利。"③

毛泽东主张在农村办工业。1958年1月,毛泽东在南宁会议上提出地方工业要超过农业产值。会后,国家经委根据毛泽东的意见,起草了《中共中央关于发展地方工业问题的意见》,提出:"在干部中应该提倡,既要学会办社,又要学会办厂。"④ "农业社办的小型工业,以自产自用为主,如农具的修理,农家肥料的加工制造,小量

---

① 《毛泽东选集》第3卷,人民出版社1991年版,第1077页。
② 中华人民共和国国史学会编:《毛泽东读社会主义政治经济学批注和谈话(清样本)》,1997年,第197页。
③ 中华人民共和国国史学会编:《毛泽东读社会主义政治经济学批注和谈话(清样本)》,1997年,第739页。
④ 《建国以来重要文献选编》第11册,中央文献出版社2011年版,第195页。

的农产品加工等。"①这是第一次提出"社办工业"这一概念。1959年2月,毛泽东在郑州会议上的讲话中指出:"目前公社直接所有的东西还不多,如社办企业、社办事业,由社支配的公积金、公益金等。虽然如此,我们伟大的、光明灿烂的希望也就在这里。"②在这一思想指导下,"大跃进"和人民公社化运动期间,社办工业获得了很快的发展,"成千成万的小工厂在农村雨后春笋般地兴建了起来",但多数是靠刮"共产风"发展起来的。在国民经济恢复时期,为了解决全国人民吃饭这个第一位的难题,毛泽东和中央决定社队一般不办企业。1962年9月,中共中央在《农村人民公社工作条例修正草案》中规定:"公社管理委员会,今后若干年内,一般不办企业。"同年11月中共中央、国务院在《关于发展农村副业生产的决定》中明确规定:"公社和生产大队一般不办企业,不设专业的副业生产队。"国民经济恢复后,1966年毛泽东在"五七指示"中指出:"农民以农为主","在有条件的时候也要由集体办些小工厂"。③1975年9月27日,毛泽东看了浙江省周长庚请求中央动员全党和全国各条战线支持社队企业发展的信后,批给邓小平:"请考虑,此三件④可否印发在京各中央同志。"根据毛泽东的意见,以中共中央文件的形式将其印发至全国县市以上各级党组织。同年10月11日,《人民日报》头版通栏发表题为《伟大的光明灿烂的希望》的社论和全文转载《河南日报》报道回郭镇公社发展社办企业经验的文章,引起全党和全国各级领导的注意和重视。正是在毛泽东关于农村办工业的倡导下,改革前苏南等地的社队企业在极其艰难的体制环境下得到了一定的发展,这为改革开放以来乡镇企业的异军突起奠定了基础。

---

① 《建国以来重要文献选编》第11册,中央文献出版社2011年版,第195页。
② 《建国以来农业合作化史料汇编》,中共中央党史出版社1992年版,第529页。
③ 《建国以来毛泽东文稿》第12册,中央文献出版社1998年版,第54页。
④ 指周长庚的信、华国锋给河南省委的一封信和《河南日报》登载的关于巩县回郭镇公社围绕农业办工业、办好工业促农业的调查报告。

改革开放以来,乡镇企业异军突起,农民建设小城镇,进而走上了中国特色的农业现代化、农村工业化、农村城镇化协调发展的道路,这证明了毛泽东关于"三农"现代化的构想是很有前瞻性的。毛泽东关于在农村发展工业和小城市的思想,对于实施中共十六大提出的统筹城乡经济社会发展的新思路,是具有重要的启迪和指导意义的。

邓小平"三农"理论与农村改革*

陈建华　陈洁

邓小平同志是我国"改革开放的总设计师"。他关于"三农"问题的一系列重要论述,成为中国特色社会主义理论的重要组成部分,为开创我国农村改革道路,解放和发展农村生产力做出了巨大贡献。在全面建成小康社会的新阶段,尽管我国农业农村的发展环境发生了深刻变化,重温邓小平"三农"理论,学习、继承和发扬他坚持解放思想、实事求是的思想方法,勇于创新的时代精神,对于深刻理解党的"三农"方针政策,把握好全面深化农村改革的方向,加快农业现代化进程,具有重要的现实指导意义。

一、"农业是根本"的思想,成为"三农"工作重中之重的理论基础

早在1962年,邓小平就指出:"农业搞不好,工业就没有希望,吃、穿、用的问题也解决不了。"[①]1963年,他又说,"在一定时期内,我们工作的重点,必须按照以农业为基础的方针,适当解决吃、穿、用的问题"[②]。他1975年第二次复出后指出,必须"确立以农业为基础、为农业服务的思想",在给四川等省同志的信中明确提出"工业越发展,越要把农业放在第一位。"[③]

改革开放之初,邓小平在设计改革开放蓝图时,强调"农业是

---

* 原农业部副部长陈晓华为本文提供了指导和帮助。陈艳丽、董彦彬、焦红坡、何安华参与了资料搜集工作。本文写于2015年12月。

① 《邓小平文选》第1卷,人民出版社1994年版,第322页。
② 《邓小平文选》第1卷,人民出版社1994年版,第335页。
③ 《邓小平文选》第2卷,人民出版社1994年版,第28、29页。

根本,不要忘掉。"①20世纪90年代,他指出:"九十年代经济如果出问题,很可能出在农业上;如果农业出了问题,多少年缓不过来,经济社会发展的全局就要受到严重影响。"②他在规划国民经济发展战略目标时说:"战略重点,一是农业,二是能源和交通,三是教育和科学。"③

邓小平从"农业是根本"的思想出发,将农业放在国民经济发展战略的首位,已经成为我们党和政府工作的重要指导方针。进入21世纪,党中央提出,"我国总体上已经进入了以工促农、以城带乡的发展阶段","三农"工作是全党工作的"重中之重"。中共十七届三中全会进一步强调指出,"农业是安天下、稳民心的战略产业,没有农业现代化就没有国家现代化,没有农村繁荣稳定就没有全国繁荣稳定,没有农民全面小康就没有全国人民全面小康。"在新的历史起点上,我们要按照党的十八大部署,继续坚持把解决好"三农"问题作为全党工作"重中之重"的战略思想,夯实农业基础,消除城乡发展不平衡差距,让农民平等参与现代化进程,共享改革发展成果。

二、农业问题首先是粮食问题,中国人的饭碗必须牢牢端在自己手里

实行家庭联产承包责任制,解放了农村生产力,解决了中国人多少年梦寐以求的吃饭问题。20世纪80年代初,农业连年丰收,不久忽视农业生产的倾向有所抬头,粮食生产出现滑坡。邓小平觉察到这一问题后指出,"要避免过几年又出现大量进口粮食的局面,如果那样,将会影响我们经济发展的速度。"④他还指出,"农业,主

---

① 《邓小平文选》第3卷,人民出版社1993年版,第23页。
② 《江泽民文选》第1卷,人民出版社2006年版,第267—268页。
③ 《邓小平文选》第3卷,人民出版社1993年版,第9页。
④ 《邓小平文选》第3卷,人民出版社1993年版,第159页。

要是粮食问题。"①

"民以食为天。"1998年，我国主要农产品基本自给、丰年有余，实现了邓小平对粮食增产的预期。但随后出现国内粮食缺口不断增大、供应保障能力明显下降的问题，引起了党和政府的高度重视。2004年以来，我国实施了一系列强农惠农富农政策，调动农民种粮的积极性，迅速扭转了粮食生产的被动局面，为应对复杂多变的国际政治经济形势、维护国内社会和谐稳定和实现国民经济平稳较快发展起到了基础性支撑作用。

我国是人口大国，粮食需求量大，目前约占全球粮食产量和消费量的25%，约为全球粮食总贸易量的2倍。②显然，要确保粮食供应，必须立足国内解决粮食基本供应问题。尽管我国实现了粮食生产"十连增"，农民收入增长"十连快"，农业农村发展持续向好，但随着城乡居民生活水平提高和工业化城镇化快速发展，一方面城乡居民生活水平明显提高，食物消费结构升级，动物性产品需求刚性增加，饲料粮紧缺、大豆进口激增，对粮食供给提出更高要求；另一方面，保障粮食等重要农产品供给与资源环境承载能力的矛盾日益尖锐，粮食生产面临比较效益偏低、基础设施薄弱、科技支撑不足、新型劳动力不足等新问题、新挑战。

实践证明，抓好粮食生产，"确保谷物基本自给、口粮绝对安全"③，是治国安邦的头等大事。在新的背景下，仍然需要认真把握中国的基本国情，算好我们的资源账、粮食需求账，绝不能因为农业生产形势好就放松农业，要将中国人的"饭碗""牢牢端在自己手里"，坚持强农惠农富农政策不动摇，避免农业出现大的波动，为保持经济

---

① 《邓小平文选》第3卷，人民出版社1993年版，第159页。
② 倪洪兴：《开放视角下中国粮食安全战略再思考》，《农村经济文稿》2013年第12期。
③ 《中共中央国务院关于全面深化农村改革加快推进农业现代化的若干意见》（2014年1月2日）。

社会持续健康发展继续提供有力支撑。

三、发展多种经营，繁荣农村经济，是增加农民收入的重要途径

邓小平指出，"农业翻番不能只靠粮食，主要靠多种经营"①，"农业实行多种经营，因地制宜，该种粮食的地方种粮食，该种经济作物的地方种经济作物，不仅粮食大幅度增长，经济作物也大幅度增长。"②邓小平认为，对地广人稀、经济落后、生活穷困的地区政策要放宽，要因地制宜。西北地区要走发展畜牧业的道路，种草造林，发展牧场经济。农村要发展多种副业，发展渔业、养殖业。③

邓小平还对乡镇企业异军突起给予高度评价，他指出："乡镇企业的发展，主要是工业，还包括其他行业，解决了占农村剩余劳动力百分之五十的人的出路问题。"④他认为，"农民积极性提高，农产品大幅度增加，大量农业劳动力转到新兴的城镇和新兴的中小企业。这恐怕是必由之路。"⑤

实现全面小康社会目标，必须解决农民增收缓慢的问题。党的十八大提出，到 2020 年，城乡居民人均收入比 2010 年翻一番。近年来，围绕农民增收，党和政府采取了不少措施，城乡居民收入差距从 2007 年的 3.3∶1 缩小到 2013 年的 3.03∶1，但与世界多数国家城乡居民收入的平均差距不超过 2∶1 相比还有较大的差距，实现农民收入倍增仍然面临许多困难。邓小平关于通过发展多种经营和乡镇企业促进农民增收的思想启示我们，增加农民收入一方面要在农业产业内部挖掘潜力，抓生产、调结构、转变经济发展方式，发挥

---

① 《邓小平文选》第 3 卷，人民出版社 1993 年版，第 23 页。
② 《邓小平文选》第 3 卷，人民出版社 1993 年版，第 238 页。
③ 参见《邓小平文选》第 2 卷，人民出版社 1994 年版，第 315—316 页。
④ 《邓小平文选》第 3 卷，人民出版社 1993 年版，第 238 页。
⑤ 《邓小平文选》第 3 卷，人民出版社 1993 年版，第 213—214 页。

农业多功能作用,建立现代农业产业体系;另一方面要在农业产业外部做文章,延长农业产业链条,促进城镇化发展,转移农业劳动力。建设现代农业与发展城镇化双管齐下,繁荣农村经济与建设社会主义新农村齐头并进,既是增加农民收入的有效途径,也是社会主义新农村发展的必由之路。

四、农业发展一靠政策、二靠科学,最终要靠科技解决问题

早在1982年邓小平就说,"农业的发展一靠政策,二靠科学。科学技术的发展和作用是无穷无尽的。"① 他还说,"农业现代化不单单是机械化,还包括应用和发展科学技术"②,"科学技术是第一生产力","将来农业问题的出路,最终要由生物工程来解决,要靠尖端技术。"③ 他还说,"我们多次说过,我国的经济,到建国一百周年时,可能接近发达国家的水平。我们这样说,根据之一,就是在这段时间里,我们完全有能力把教育搞上去,提高我国的科学技术水平,培养出数以亿计的各级各类人才。"④

在各种要素中科学技术发展最具活力且永无止境。我国人均耕地1.38亩,仅为世界平均水平的40%,人均淡水占有量为2240立方米,是世界人均水平的25%;长期用养失衡导致地力下降,退化耕地已占40%,土壤有机质平均含量不足1%,农业生产受资源环境的约束日益趋紧。近年来,随着农村劳动力向非农产业转移,务农劳动力老龄化,农业劳动力素质不高,农业科技进步贡献率为55%,与发达国家相比还有较大的潜力。

因此,我国农业发展应着眼于提高劳动生产率、土地产出率和

---

① 《邓小平文选》第3卷,人民出版社1993年版,第17页。
② 《邓小平文选》第2卷,人民出版社1994年版,第28页。
③ 《邓小平文选》第3卷,人民出版社1993年版,第274、275页。
④ 《邓小平文选》第3卷,人民出版社1993年版,第120页。

资源利用率，发挥科技的支撑作用。加大对农业科技、教育和推广的支持力度，全面提升创新能力，提高科技成果转化率，培育新型职业农民，真正把农业发展转移到依靠科技进步和提高劳动者素质上来，走出一条中国特色的农业现代化道路。

五、尊重基层首创精神，把调动农民积极性作为农村政策的立足点

改革开放前，我国农村实行人民公社体制，三级所有，队为基础，集体统一经营，农民生产积极性受到严重挫伤。1962年，邓小平就指出："农业本身的问题，现在看来，主要还得从生产关系上解决。这就是要调动农民的积极性。"[①]

邓小平指导推动农村改革的基本经验，就是尊重实践，尊重农民的首创精神。他指出，"生产关系究竟以什么形式为最好，恐怕要采取这样一种态度，就是哪种形式在哪个地方能够比较容易比较快地恢复和发展农业生产，就采取哪种形式；群众愿意采取哪种形式，就应该采取哪种形式，不合法的使它合法起来。"[②]改革开放初期，安徽一些地方率先实行"大包干"，邓小平给予了充分肯定。1981年6月，邓小平在总结农村改革经验时说："这两年我们农业情况比较好，主要是因为政策见效。农村政策的核心是，尊重和扩大生产队、农民的生产自主权，建立责任制，这就把农民的积极性调动起来了。"[③]

他在1987年6月的一次谈话中说，"农村改革见效非常快，这是我们原来没有预想到的。""农村改革中，我们完全没有预料到的最大的收获，就是乡镇企业发展起来了，突然冒出搞多种行业，搞

---

① 《邓小平文选》第1卷，人民出版社1994年版，第323页。
② 《邓小平文选》第1卷，人民出版社1994年版，第323页。
③ 《邓小平年谱（1975—1997）》（下），中央文献出版社2004年版，第747—748页。

商品经济，搞各种小型企业，异军突起。"①他还说："乡镇企业容纳了百分之五十的农村剩余劳动力。那不是我们领导出的主意，而是基层农业单位和农民自己创造的。"②邓小平对乡镇企业没有求全责备，而是用赞赏的口吻称为"异军突起"。正是他的支持和鼓励，我国乡镇企业才得到迅速发展。

邓小平认为，"调动积极性，权力下放是最主要的内容。我们农村改革之所以见效，就是因为给农民更多的自主权，调动了农民的积极性。"③回顾我国农村改革发展的历程，20 世纪 80 年代，主要靠实行家庭联产承包责任制调动了农民的生产积极性；90 年代主要是建立和完善社会主义市场经济体制，激发了农村的内部活力；进入 21 世纪，我国出现粮食生产"十连增"、农民收入增长"十连快"的可喜局面，从根本上说，是党中央持续加强的强农惠农政策调动了农民的生产积极性。

历史经验证明，人民群众中蕴藏着无限的活力和创造力。随着农村社会经济发展，必然会出现许多新情况、新问题。最先感受到这些问题的是广大农民。他们往往出于自身利益的需要，主动探索解决问题的办法。我们不能要求农民创造的办法如何完美，而要以满腔热情把农民的积极性保护好、调动好、发挥好，把基层和农民创造的好经验、好办法总结出来，再加上中央的智慧和决策，指导和推进农村改革。

实践是检验真理的唯一标准。农村改革是"加强顶层设计和摸着石头过河相结合"④，不可能把所有的问题都预想到，许多解决问题的办法是在出现问题以后倒逼出来的。即使预先设计的政策，也需要经过实践检验，好的就坚持下来，不完善的加以完善，错误的就

---

① 《邓小平文选》第 3 卷，人民出版社 1993 年版，第 238 页。
② 《邓小平文选》第 3 卷，人民出版社 1993 年版，第 252 页。
③ 《邓小平文选》第 3 卷，人民出版社 1993 年版，第 242 页。
④ 《中共中央关于全面深化改革若干重大问题的决定》(2013 年 11 月 12 日)。

改正。尤其是对于那些反复出现的问题，要从规律上找原因；对于带有普遍性的问题，要从政策上找原因，突破制约农村发展的瓶颈。只要真正贯彻邓小平"农民没有积极性，国家就发展不起来"①的思想，我们的政策就会受到农民衷心拥护。

六、坚持市场化改革取向，正确处理政府与市场的关系

邓小平高度重视发挥市场规律的作用。他在1988年说，"例如粮食，还有各种副食品，收购价格长期定得很低，这些年提高了几次，还是比较低，而城市销售价格又不能高了，购销价格倒挂，由国家补贴。这种违反价值规律的做法，一方面使农民生产积极性调动不起来，另一方面使国家背了一个很大的包袱，每年用于物价补贴的开支达几百亿元。这样，国家财政收入真正投入经济建设的就不多了，用来发展教育、科学、文化事业的就更少了。"②他的这段话，至今对农产品价格形成机制改革仍然具有重要的现实指导意义。

党的十八届三中全会《决定》中提出，"坚持社会主义市场经济改革方向"，"紧紧围绕使市场在资源配置中起决定性作用深化经济体制改革"，"使市场在资源配置中起决定性作用和更好地发挥政府作用"，③反映了党中央坚持市场化改革取向的坚定决心。

农业是基础产业，农业产业的特殊性既需要经营性服务，也需要公益性服务，必须处理好政府与市场的关系。一方面农村最需要支持，农业最需要加强，农民最需要保护，政府对农业的支持保护丝毫不能放松；另一方面，历史经验也证明，违反市场规律和价值规律的做法是难以持久奏效的，扭曲的干预政策不利于调动农民的积极性。我们在发挥市场在资源配置中决定性作用的同时，要推进

---

① 《邓小平文选》第3卷，人民出版社1993年版，第213页。
② 《邓小平文选》第3卷，人民出版社1993年版，第262页。
③ 《中共中央关于全面深化改革若干重大问题的决定》（2013年11月12日）。

治理体系和治理能力现代化，加强市场监管，维护市场秩序，弥补市场失灵。要进一步给农民松绑，破除制约城乡发展一体化的障碍，为市场竞争营造公平的环境。

七、在坚持基本经营制度的基础上，农业发展要有"两个飞跃"

党的十一届三中全会以后，我国开始推行家庭联产承包责任制。到1983年末，全国农村实行家庭联产承包责任制的生产队已占生产队总数的99.5%，其中实行包干到户的占到生产队总数的97.8%。[①]1988年农民人均纯收入比1978年增长3.08倍，农村社会总产值比1978年增长2.43倍，年均递增13.1%。[②]实践表明，家庭承包经营制度是适合农业生产特点，符合我国国情的农村基本经营制度。

随着农业农村经济发展，邓小平坚持马克思主义发展观，在1990年解答"总不能老把农民束缚在小块土地上，那样有什么希望？"的问题时，与时俱进地提出农业发展要有"两个飞跃"的思想。他提出，"中国社会主义农业的改革和发展，从长远的观点看，要有两个飞跃。第一个飞跃，是废除人民公社，实行家庭联产承包为主的责任制。这是一个很大的前进，要长期坚持不变。第二个飞跃，是适应科学种田和生产社会化的需要，发展适度规模经营，发展集体经济。这是又一个很大的前进，当然这是很长的过程。"[③]1992年7月，邓小平再次阐释了"两个飞跃"的思想。第一个飞跃着眼于变革农村生产关系，促进生产力的发展；第二个飞跃落脚于促进农业、农村现代化。[④]

现在，实行农村土地家庭承包经营已经有三十多年，各地确实

---

① 《当代中国的农业》，当代中国出版社1992年版，第314—315页。
② 《当代中国的农业》，当代中国出版社1992年版，第368页。
③ 《邓小平文选》第3卷，人民出版社1993年版，第355页。
④ 参见《邓小平思想年编（1975—1997）》，中央文献出版社2011年版，第711页。

存在"活人没有地,死人有地","嫁出去的女儿有地,娶进的儿媳妇没有地"等人地分离、土地与人口配置不公平的现象。各界对要不要重新调整土地承包关系、长久不变的期限多长、怎样实现长久不变等一些重大问题的看法还不一致。

邓小平提出的"基本路线要管一百年"的思想,给我们这样一个启示:社会主义初级阶段农村土地承包关系不能变,要在这个基础上不断探索和创新农业经营体制机制,走出一条坚持农村基本经营制度,符合国情农情的农业集约化、专业化、规模化道路。

当前,随着农业和农村经济发展,农村涌现了一大批专业大户、家庭农场、农民合作社、农业企业等新型经营主体,他们在坚持土地承包经营权不变的基础上,通过流转土地经营权实现了规模化经营。到2011年底,我国经营耕地面积在30亩以上的种植专业大户达到900多万户,土地种植规模超过5亿亩,其中100亩以上的种植专业大户达到80多万户;到2013年底,在工商部门登记的农民专业合作社超过98万家。新型农业经营主体的发展和农业社会化服务体系的建立,为实现农业第二次飞跃探索了路径。

党的十七届三中全会《决定》提出,"赋予农民更加充分而有保障的土地承包经营权,现有土地承包关系要保持稳定并长久不变"。2014年中央一号文件进一步提出,"在落实农村土地集体所有权的基础上,稳定农户承包权、放活土地经营权"。农村土地由集体经营到所有权与承包经营权两权分离,再到所有权、承包权、经营权三权分离,在实践上适应了我国农业生产的特点和农业生产力发展的要求,是对邓小平"三农"理论的继承和发展。

八、构建新型城乡关系,走共同富裕道路

邓小平指出:"中国有百分之八十的人口住在农村,中国稳定不稳定首先要看这百分之八十稳定不稳定。城市搞得再漂亮,没有农

村这一稳定的基础是不行的。"① 他说:"中国社会是不是安定,中国经济能不能发展,首先要看农村能不能发展,农民生活是不是好起来。翻两番,很重要的是这百分之八十的人口能不能达到。"② "农民没有摆脱贫困,就是我国没有摆脱贫困。"③ "社会主义与资本主义不同的特点就是共同富裕,不搞两极分化。"④ "走社会主义道路,就是要逐步实现共同富裕。"⑤ "如果占人口百分之八十的农村不发达,没有购买力,那样,哪会有国内市场?"⑥

邓小平在总结乡镇企业和农村小城镇发展的经验时,提出了我国农村工业化与农村城市化同步发展的思想。他认为,"农民积极性提高,农产品大幅度增加,大量农业劳动力转到新兴的城镇和新兴的中小企业。这恐怕是必由之路。"⑦

然而,与我国工业化、城镇化发展相比,农业和农村发展仍然滞后,成为"四化同步"发展的短板。党的十七届三中全会决定中指出,"我国总体上已进入以工促农、以城带乡的发展阶段,进入加快改造传统农业、走中国特色农业现代化道路的关键时刻,进入着力破除城乡二元结构、形成城乡经济社会发展一体化新格局的重要时期",要求"必须统筹城乡经济社会发展,始终把着力构建新型工农、城乡关系作为加快推进现代化的重大战略。"⑧ 党的十八届三中全会要求健全城乡一体化发展的体制机制。中央的部署和要求,充分体现了邓小平构建新型城乡关系,实现共同富裕的思想。

邓小平"三农"理论具有强烈的时代特征,体现了马克思主

---

① 《邓小平文选》第3卷,人民出版社1993年版,第65页。
② 《邓小平文选》第3卷,人民出版社1993年版,第77—78页。
③ 《邓小平文选》第3卷,人民出版社1993年版,第237页。
④ 《邓小平文选》第3卷,人民出版社1993年版,第123页。
⑤ 《邓小平文选》第3卷,人民出版社1993年版,第373页。
⑥ 《邓小平思想年编(1975—1997)》,中央文献出版社2011年版,第354页。
⑦ 《邓小平文选》第3卷,人民出版社1993年版,第213—214页。
⑧ 《中共中央关于推进农村改革发展若干重大问题的决定》,《人民日报》2008年10月20日,第1版。

义者的巨大政治勇气和智慧。在学习贯彻党中央全面深化改革的重大决策之际,我们重温邓小平"三农"思想,进一步加深了对党的农村方针政策的理解和贯彻落实的自觉性,更坚定了我们不断开创"三农"事业新局面的信心和勇气。

张闻天与供销合作社赢利分红决策始末*

姜长青

新中国成立前后，在怎样组织与发展合作社的问题上，中共高层领导曾有过不同的看法。当时争论的问题主要有两个：一个是供销、消费合作社要不要赢利分红？另一个是应先侧重发展供销合作还是生产合作？直接围绕第一个问题发生争论，首先是在东北局内部。张闻天认为，土改结束后，在城市居于国民经济领导地位的是无产阶级领导的国营经济，在农村中大量存在的是农民小生产者的小商品经济，而处于这两者之间的是私人商业经济。私人商业资本在市场上的投机操纵、兴风作浪，往往使市场物价波动、金融不稳，既使国营经济的发展受到破坏，又给农民以高额的中间剥削，这对国家和农民都是有害的。因此，为了巩固和发展国营经济在国民经济建设中的领导地位，为了发展和改造农民小商品经济，就必须在农村中普遍建立供销合作社，以建立国营经济对千千万万农民小商品经济的联系和领导。国营经济可以经过它去供给农民所需要的各种生产资料和生活资料，同时又经过它购买与运销农民的各种农产品，使国营经济可以有保障地得到各种丰富的原材料、粮食与农业生产品的供给；而农民也可以有计划地用他们的生产品去交换他们所需要的各种生产资料和生活资料。张闻天在合江，在东北局，就已积极推动这个事业。

为了建立和发展供销合作社，张闻天还于1948年12月22日为中共中央东北局主持起草了《关于发展农村供销合作社问题》的决

---

* 本文是国家社会科学基金后期资助项目"中国财政分权与经济增长研究（1949—1965）"（批准号：16FJL020）以及"工业化市场化进程中的农户家庭经济研究：一个以无锡、保定农村调查为基础的长时段视角"阶段性成果。

议草案，吸收了刘少奇修改东北局经济提纲中关于供销合作重要意义的论述，但在社员分红问题上，却提出"按股分红"的意见："在分红方法上，在今天农村经济文化条件下，不可能实行按消费能力的分红办法，而以按股分红为便利。但在政治上，则不论股金多少，任何社员都只能有一票权利，以保障合作社的领导权掌握在贫雇农和中农的手里。"① 不久，东北局起草了《东北日报》社论草稿《关于发展农村供销合作社的几个问题》。这份社论草稿的基本观点，与张闻天1948年12月22日为东北局起草的决议草案是相同的。但在社员分红问题上，没有采纳张闻天的观点，而强调：供销社的基本方针"就是在国营经济的领导下忠实地为社员群众消费与生产的事业服务，而不是以分红为目的"，无论对社员还是非社员，都"不能以分红相号召"。张闻天不赞成这样的观点。供销社应有赢利，其赢利应按股分红，是张闻天坚持的一项重要政策。这在党的高层领导中是有不同意见的。

在东北局财委时，张闻天就在邓力群（财委办公室副主任）协助下，依据吉林省汪清县供销合作社等的经验，起草了关于供销合作社的决议和章程，明确规定了按股分红。对此，包括高岗在内的东北局都是同意的。在这个问题上，刘少奇是有不同意见的，他在1948年9月初写的《论新民主主义的经济与合作社》就明确提出："因为合作社不以盈利为目的，而以向社员高买贱卖为目的，它就可以而且应该不分红利给社员。""入社股金应该不高，而且应该一律。多入股金，当作储蓄给以利息。"② 随后，他把这样的观点写入东北局送交中央审阅的经济提纲中：供销合作社"决不应当照商人一样去经营自己的业务，决不应当贱买贵卖，单纯地以赢利及分红为目的。"高岗在得知少奇同志反对赢利分红后，突然转变态度，批评赢

---

① 《张闻天选集》，人民出版社1985年版，第432页。
② 《刘少奇论新中国经济建设》，中央文献出版社1993年版，第22页。

利分红。反对赢利分红的种种观点集中反映在一篇《东北日报》社论的草稿中。

为了辨明是非，1949年4月24日张闻天专就供销社赢利分红问题致信高岗并东北局，系统提出他对这个问题的看法，中心是不能把为群众服务与赢利分红对立起来。张闻天说：问题的本质不是赢利分红问题，而是合作社应当采取一种什么方针的问题。如果采取新民主主义的方针，采取正当的办法赢利分红，即使赢利分红愈来愈多，也是应当赞成的。"合作社如果把为群众服务与赢利分红完全对立起来，如果把为群众服务的方针，了解为完全不要赢利分红，这种不赢利不分红的合作社，也同样是要脱离群众，同样不能发展，而且也不能很好为群众服务。显然，合作社为群众服务的方针与赢利分红，不是对立的东西，而是统一的东西。只有把二者结合起来，合作社才能有很好的发展前途。"①一律反对赢利分红，"是一种片面的绝对观点"②。"根本反对分红的思想，实际上是一种平均主义的思想在合作社问题上的反映。其结果与合作社不能赢利的观点所产生的结果一样，将使农民的剩余资金钱财游离于合作社之外，不能使农民个体经济的细流从四面八方向着一个储水池汇合，不能使这个储水池逐渐地成为湖泊，成为大海，相反地，还会使细水乱流，而流到资本主义的方向去。"③张闻天认为，反对分红，社员就会失去入股的热情和信心，供销合作社就不能充分吸收社会游资，壮大自己的经济实力，就无法完成自己的历史任务。

他还旗帜鲜明地指出："采取新民主主义的方针，采取正当的办法赢利分红，则这种赢利分红是不应当反对的，即使赢利分红愈来愈多，也是应当赞成的。采取资本主义的方针，采取不正当的办法赢利分红，则这种赢利分红是应当反对的，即使不赢利分红，也是

---

① 《张闻天选集》，人民出版社1985年版，第437页。
② 《张闻天选集》，人民出版社1985年版，第437页。
③ 《张闻天选集》，人民出版社1985年版，第442页。

应当反对的。赢利分红的本身并不能决定问题，决定问题的是合作社采取什么方针。"①

这封信是针对当时《东北日报》的社论稿《关于发展农村供销合作社的几个问题》中，反对供销合作社赢利分红而写的。张闻天主张供销合作社入股不限，可以分红，不赞成平均入股不分红。他认为把供销合作社为群众服务与赢利分红对立起来而反对赢利分红的"提法与看法是不妥当的"。他说，有的做到了既为群众服务，又赢利分红，这是一种好合作社；有的投机牟利分红，这是要反对的合作社；还有一种是既不赢利，也不分红，而赔本垮台，这是要改造的合作社。1949年5月5日，张闻天出席在沈阳召开的中共中央东北局会议，并在会上谈经济发展与计划问题，在谈到农村经济发展的道路与供销合作社问题时，他说：今天合作社在农村的主要组织形式就是供销合作社。那种认为合作社赢利分红是万恶之源的观点，是片面的绝对的观点。如果不搞赢利分红，结果就将会使有用的资金可惜地流散了。这个问题很大，需要解决。②当时不只在东北而且在华北解放区的合作社领导机关也多规定，一人一股入社，不分红利。因此，这个争论就在更大范围内提出了一个急需统一认识的问题。1949年6月初，东北局将此争论提交中央。

对于合作化发展的道路，张闻天更明确地指出："发展合作社的道路，必须遵守'从供销到生产'的规律，必须遵守列宁在苏联新经济政策时期关于合作社的指示：'农业发展的道路，应该是通过合作社吸收农民参加社会主义建设，逐渐把集体制原则应用于农业，起初是农产品的销售方面，然后是农产品的生产方面。'"③关于侧重发展供销合作还是生产合作问题，张闻天指出应重视供销合作的作用，先供销合作，然后生产合作。就在《关于东北经济构成及

---

① 《张闻天选集》，人民出版社1985年版，第436页。
② 《张闻天年谱》下卷，中共党史出版社2010年版，第860页。
③ 《张闻天文集》第4卷，中共党史出版社1995年版，第64—65页。

经济建设基本方针的提纲》中，他明确地提出："把一切小生产者和劳动人民组织在供销合作社中的工作，今天更必须引起我们的严重的注意。只有生产合作社，而没有供销合作社，则在小生产者与国家中间，还缺乏一条经济的桥梁和一根经济的纽带，把小生产者与国家在经济上结合起来，把小生产者的生产合作社与国家的国营经济结合起来。反之，如果我们在农村中，城市中普遍地有了供销合作社，国家就可以经过这种合作社去和小生产者在经济上直接结合起来。"1949年5月22日张闻天在致中共中央东北局并毛泽东电中，再次强调："今后使农村走向集体化的道路是先供销合作然后生产合作。供销合作是今天促进农村生产的发展与准备农村集体化的中心环节。"①

收到东北局及张闻天的意见后，毛泽东致信刘少奇、李立三等，请对张闻天的意见发表看法。刘少奇于1949年6月8日回信毛泽东，表示"基本上不赞成洛甫同志关于合作社赢利分红的意见"。刘少奇的基本观点是：应分开生产合作社与消费合作社，前者可以而且应该分红，后者"则在原则上不应该分红，即不应该把消费合作社的存在与发展，建立在分红的基础上"。"如果把消费合作社为群众服务的方针与赢利分红看作是毫无矛盾的完全一致的东西，如洛甫同志所说的，无疑问，就要使消费合作社走上资本主义的路线。""强调合作社赢利分红，即是说，要合作社用赢利分红办法去为群众服务"，"这用在消费合作社以至用在供销合作社上，就是资本主义的路线，不管他说的是所谓'合理的'赢利分红也罢"。"消费合作社赖以建立、维持和发展的基础"，就是消费者联合起来，共同地比较廉价地去购买消费品，免除商人的中间剥削。因为合作社货物卖得便宜，所以在通常情况下就不能赚很多钱给社员分红。他强调"消费合作社不应该把自己的存在和发展建立在赢利分红的基

---

① 《张闻天文集》第4卷，中共党史出版社1995年版，第87页。

础上，而应该建立在消费者联合起来，共同地比较廉价地去购买消费品，免除商人剥削的基础上，离开这个基础，就要使它在基本上犯错误"。"除此以外，不需要再用分红给社员的办法来发展它，虽然它在自己的利润中提出一小部分作为红利分给社员，也并不是不可以的。因为这并不是原则问题。"

李立三给毛泽东的信，除说明在东北局会议上同张闻天的争论外，表示完全同意刘少奇的意见和看法。他说，1948年冬东北局会议上曾就供销社入股与分红问题有过两次争论，争论的焦点有二：一是社员入股是否应有最高限额，二是合作社应否以分红为目的及如何分红。张闻天提出的合作社章程草案，起初主张不限制社员入股数量，后改为社员入股不得超过股金总数的50%；同时规定按股分红，红利为赢利总数的60%。李立三在会上发言认为，张闻天的主张不仅会使合作社必然成为合股商店，而且必然被少数大股东所操纵。不以分红为号召，这是合作社与合股商店的基本区别点。社员入股数量应有限制，最多不得超过10股。如有赢利，可提出20%—25%作为红利，其中一半由全体社员平均分配，一半按股分配。"当时洛甫同志是坚决反对这些意见的，认为不应害怕合作社赚钱分红，不应害怕社员多入股，认为只有分红才能吸收农村游金来发展合作事业，否则便是空想。"[①]

张闻天坚持自己关于赢利分红的意见。他调任中共辽东省委书记后，对辽东已有的供销合作事业进行改造和巩固，建立了统一的领导机构省总社和县联社。而在辽东的实践，进一步证明用赢利的一部分按股分红的政策，确实"是使合作社把农民的（也是工人的）共同利益与农民的个体利益结合起来的具体方法之一，因而也是使合作社很好发展起来的具体方法之一。"辽东省第一次合作代表大会于1949年8月1日作出的《关于合作工作几个问题的决定》规定，

---

① 李立三关于合作社问题答毛主席信，1949年6月19日。

这是一个关于供销合作社的比较完整的文件。决定明确供销合作社的任务是扶助社员发展生产。合作社应在为群众服务的方针下，实行经济核算，适当积累资金，并在一定程度上满足社员分红的要求。关于"分红"，文件规定：村社每三个月结账一次，社员入股越多越好，不加什么限制，因为一人只有一票表决权，没有什么危险。如有赢余，扣除公积金（占25%）、公益金（占5%）、职员奖励金（占5%）外，余者由社员按股分红，但要动员社员将红利继续入股。

1949年9月5日，张闻天出席中共中央东北局常委会，会议在讨论供销合作社是否赢利分红问题时有不同意见。张闻天坚持从群众实践和调查研究中得到的正确认识，认为供销社要有利润。"其实赢利是在合理经营中，在为群众服务方针下赢利，为的是给合作社积累资金。"他还坚持供销社的赢利要分红。他说："关于分红我也是主张的，既然要农民入股，就有一个用什么办法刺激农民拿出钱来入股的问题，因为银行还拿利息来吸引私人存款。至于分红具体办法可以摸索、创造经验、修正错误。"并明确表示：中央、东北局如果决定，我保证执行；在决定前，我还是照辽东省委指示做。①

1950年2月10日，张闻天在辽东省县委书记、县长联席会议上作题为《关于农村工作的几个问题》的报告。关于供销合作社，张闻天指出：供销合作社从全省来看，最近有很大发展，农民喜欢它、要求它。这是因为合作社实际给农民解决了日常的必需品，减少了商人的中间剥削，并推销了农民的副业产品；同时对国家的推销、收购方面也有很大的好处。报告肯定合作社的赢利分红说：合理的赢利是要的，否则，合作社就无法积累资金，帮助扩大生产。②2月11日，张闻天在作会议总结报告时针对赢利分红问题进一步指出：至于老百姓要求分红，那就分一点嘛！分红现在可以多一些，

---

① 《张闻天年谱》下卷，中共党史出版社2010年版，第882页。
② 《张闻天年谱》下卷，中共党史出版社2010年版，第904页。

以后可以慢慢减少些。供销合作社将来可以和生产合作社结合起来。①张闻天夫人刘英回忆说："在闻天和省委的正确领导下，辽东供销社实行赢利分红的办法，得到积极而又稳步的发展。供销社在满足群众供、销需求方面实实在在地解决问题，有力地促进了农业和副业生产，确实提高了农村生产力。同时，社员从赢利分红中得到实惠，生活得到改善，供销社在群众中威信很高，越办越红火。"②

中央领导同志特别是刘少奇本人关于这个问题的思想也在变。刘少奇1950年8月上旬主持编辑了《关于合作社问题的材料》，并撰写序言，指出："关于合作社问题，在东北局内部曾经有过一些争论。东北局在去年六月将这些争论提到中央来以后，除中央个别同志写出了自己的一些意见外，中央还没有认真地来讨论合作社问题并处理这些争论。现在合作社问题已经成为很重要的问题之一。中央已经决定组织一个委员会来研究与准备必要的材料和意见，以便提交今年十月的四中全会来解决这个问题。"材料的第一集即是若干篇关于合作社问题争论意见的汇集。刘少奇要求收到这些材料的同志"准备好自己的意见，以便在中央讨论合作社问题时能够听到许多成熟的意见，使问题获得系统的正确的解决。"

但是由于时局的变化，特别是抗美援朝战争的进行，中共七届四中全会推迟召开，关于合作社问题、特别是供销合作社赢利分红问题的讨论，未能在中央全会上展开。但由于毛泽东的介入和明确表态，争论很快有了结果。对此胡乔木曾这样回忆张闻天："但我知道他在一九四八年到一九四九年间用心研究经济建设方针问题，给中央写了一些很有见地的报告。有一份报告主张农村供销合作社赢利分红，毛泽东同志当时很赞成他的这个主张。"③据薄一波后来回忆，"记得有一次中央开会，讨论供销合作社可不可以给社员分红的

---

① 《张闻天年谱》下卷，中共党史出版社2010年版，第905页。
② 《刘英自述》，人民出版社2005年版，第178—179页。
③ 《胡乔木文集》第3卷，人民出版社2012年版，第385页。

问题。闻天同志认为应当分红,少奇同志反对分红,争论得很激烈。在去吃饭的路上,毛主席对少奇同志说:'在这个问题上,我同意洛甫(张闻天)的意见,不能同意你的意见。'"①

随着实践的发展和对农村合作社事业的深入了解,刘少奇改变了自己的观点,这在实际上由刘少奇起草而由中共中央1950年10月24日下发征求意见的《中华人民共和国合作社法(草案)》中得到体现。其中规定:消费合作社和供销合作社的赢余,按公积金、上缴基金、公益金、教育基金、股金分红五项分配,"股金分红不超过15%"。既肯定了分红,同时又规定了比较适当的比例。

1951年5月11日,中共中央发出了《关于在新区农村建立合作社的指示》。这是为适应农民急需推销土产品的新形势,在新区发展供销合作社的一个重要文件。指示讲了建社应掌握的八条原则,其中第三条规定"愿多交股金者可以不加限制",第四条规定股金分红"可以提高到赢余的百分之四十至五十"②。这可以说是在经过上述争论统一认识后,由中央第一次明确规定供销合作社社员入股不限,可以分红,而且分红比例可达赢余之半。虽然这一规定还只限定在新区实行,它仍是中共在合作社建设工作方针上的一个突破。这个指示文件是由刘少奇执笔起草的,说明这时刘少奇对入股分红问题已有了新的认识。以中共中央的名义发出的这个文件,也说明中央领导集体开始在这个问题上达成共识。至此,张闻天关于农村供销合作社赢利分红的观点在全党范围内得到了认可。

(本文写于2016年12月,
作者系中国社会科学院经济研究所研究员)

---

① 薄一波:《若干重大决策与事件的回顾》上卷,中共中央党校出版社1991年版,第202页。

② 《刘少奇论合作社经济》,中国财政经济出版社1987年版,第103—104页。

改革开放以来中国农民权利重构历程及特点分析*

康金莉

新中国成立后,为保证工业化建设,国家实行了以户籍制度为中心的城乡二元经济体制。经过二十多年的实践,证明这种以过度抽取农业资源保障工业发展的路径,不仅难以提高农业效益,亦不能为工业发展持续提供资金资源和劳动资源。中共十一届三中全会以后,中国开启农村经济体制改革历程。此次改革的特点,是以恢复农民经营自主权为切入口,逐步恢复与改善农民权利,最终打破城乡二元经济体制。对于农民权利的重构以及二元经济体制改革问题,学界已有丰富的研究成果[①]。本文试图对这一历程做整体回顾与分析,并对农民权利与农民生存状况的密切关系展开分析。

一、十一届三中全会后自主经营权的回归与"三农"曲折发展

为改变中国农业生产停滞,农村经济衰败状况,中共十一届三

---

* 本文为国家社科基金项目:"中国'三农''三步走'规律与战略目标研究"(10BJL014)的阶段性研究成果,写于 2016 年 12 月,作者系河北师范大学历史文化学院教授。

① 张英洪对新中国农民权利问题有深入研究,主要论著有:《农民权利论》,中国经济出版社 2007 年版;《农民权利发展:经验与困局》,知识产权出版社 2012 年版;《认真对待农民权利》,九州出版社 2013 年版;《农民、公民权与国家:1949—2009 年的湘西农村》,中央编译出版社 2013 年版等。其他学者关于农民权利的研究成果有:刘永佶:《农民权利论》,中国经济出版社 2007 年版;胡美灵:《当代中国农民权利的嬗变》,知识产权出版社 2008 年版。关于中国城乡二元经济体制研究成果如:郭书田、刘纯彬等:《失衡的中国——农村城市化的过去、现在与未来》,河北人民出版社 1990 年版;陈迪平:《中国二元经济结构问题研究》,湖南人民出版社 2000 年版;王积业:《我国二元结构矛盾与工业化战略选择》,中国计划出版社 1996 年版;李冰:《二元经济结构理论与中国城乡一体化发展研究》,中国经济出版社 2013 年版;郭少新:《中国二元经济结构转换的制度分析》,中国农业出版社 2006 年版等。

中全会以后，中国进行了以家庭联产承包责任制为核心的农村经济体制改革。此阶段改革的重点，意在扩大农民经营自主权，但对二元经济体制下农民权利的缺失，以及农民地位的不平等几乎未有任何触动。这导致了农村经济在经历短暂的复兴以后，又陷于停滞不前状态。尤其在20世纪90年代以后，随着市场经济的发展，城乡市场体系的形成，由二元经济体制所造成的农民权利缺失问题日益凸显。

（一）家庭联产承包责任制与农民经营自主权的单一回归

家庭联产承包责任制运行的主要特点为"集体所有，分户经营"，即保留集体所有制的土地关系，由农民以家庭为单位，向集体承包土地及其他农业生产资料，获取土地的使用权。家庭联产承包经营体制下，农民所获得的权利包括：第一，土地经营自主权。联产承包采取"大包干"运行机制，即承包合同中不规定生产费用限额和产量指标，由承包者自行安排生产活动，产品除向国家缴纳农业税、向集体缴纳公共提留以外，完全归承包者所有，即"交够国家的，留够集体的，剩下都是自己的"。由此，农民重新获得土地使用权、经营自主权。第二，剩余产品支配权。家庭联产承包制后，农民分田到户，农田经营以家庭为单位，由农户自主决定作物种类，方便根据土地状况及农户家庭状况灵活安排，符合农业生产特点。家庭联产承包实行初期，虽然国家仍然实行统购统销，但农民在完成国家征购计划之外的余粮，可以自行到市场销售或自主决定其他用途，这使得农民获得剩余产品的支配权利，有利于鼓励农民增产增收。第三，劳动力支配权。家庭联产承包制以后，农民可以更加灵活地安排劳动时间，如利用农业生产的季节性特点，可以在农闲时间从事非农经营活动，使得劳动力价值最大化。劳动力支配权的获得，成为在农业生产率提高以后，大批农民转向乡镇企业、农村商业繁荣、进城打工的制度基础。

（二）家庭联产承包制推行初期农民财产权的改善

家庭联产承包制在全国的推行以及农民的多项权利回归，极大激发了农民的生产积极性，在实行短短五年的时间里，农业生产迅速恢复，农村经济重现活力，农民生活水平显著提高。家庭联产承包制推行以后，农民生产积极性空前高涨，加之此时期化肥、农药等的广泛运用，农业产量迅速增加。1978—1984年六年间，粮食总产量达到40730万吨，年均增长5%。在人口继续增加的背景下，人均粮食占有量仍然达到400公斤，[①]出现粮食的"结构性剩余"，困扰中国几千年的"肚子问题"第一次得到解决。

非农产业迅速发展，农村经济多元化发展。20世纪80年代初期，家庭副业几乎与联产承包制同时起步，呈蓬勃发展之势，至1983年初，全国28个省区已有9.4%的农户成为各类专业户。至1984年，专业户占比进一步增加至14%，主要从事食品加工、建筑运输及个体工商等行业。随着家庭副业的蓬勃发展，非农产业产值在农村社会总产值中比重迅速上升，成为重要组成部分，农村经济呈现多元化发展趋势，至1990年，非农产业在农村社会总产值的构成占比54%，已超过半数。[②]农业生产增长与农村经济多元发展，直接促使农民收入增加，农民财产权获得改善。1978—1990年，农民人均纯收入从133.57元增加到629.79元，增长3.7倍，半数以上年份较上年增长率在10%以上，远快于改革之前2.2%的增长率。详细情况可见表1。

表1 中国农民人均收入增长表

年 份	1978	1979	1980	1985	1986	1987	1988	1989	1990
绝对数/元	133.57	160.17	191.33	397.60	423.76	462.55	544.94	601.51	629.79
增长率/%		19.9	19.5	11.9	6.6	9.2	17.8	10.4	4.7

资料来源：郭书田：《变革中的农村与农业——中国农村经济改革实证研究》，中国财政经济出版社1993年版，第83页。

---

① 郭书田：《变革中的农村与农业——中国农村经济改革实证研究》，中国财政经济出版社1993年版，第56页。

② 根据《中国统计年鉴（1990）》《中国统计提要（1991）》（中国统计出版社1991、1992年版）数据计算。

伴随收入水平提高的，便是农民消费结构发生变化。1978—1990年，农民生活消费支出中，食物支出一直为主要构成，但其所占比例逐年下降，从67.7%降低到54.9%，其他支出项目中，住的比重迅速由第五位调整至第二位，说明农民在解决温饱问题以后，开始有能力改善住房条件。

表2　农户家庭消费结构（1978—1990年）　　　　　单位 / %

年份	生活消费支出 / 元	1	2	3	4	5	6
1978	116.06	吃 67.7	穿 12.7	烧 7.11	用 6.57	住 3.16	文 2.72
1980	162.21	吃 61.8	穿 12.3	用 9.44	住 7.89	烧 5.96	文 2.63
1985	317.42	吃 57.7	住 12.4	用 11.36	穿 10.35	烧 5.72	文 2.86
1989	535.37	吃 54.1	住 14.1	用 12.2	穿 8.3	文 6.6	烧 4.4
1990	538.05	吃 54.9	住 12.9	用 11.9	穿 8.4	文 7.5	烧 4.5

注：消费结构序列按各项支出在生活费用总额中所占比重大小排列顺序。表中吃、穿、住、用、烧、文分别代表：食品、衣着、住房、家庭设备用品及服务、燃料、文化教育用品及服务。

资料来源：郭书田：《变革中的农村与农业——中国农村经济改革实证研究》，中国财政经济出版社1993年版，第83页。

（二）农业产业化与市场化过程中农民自主权的尴尬

以家庭联产承包制为核心的农村经济体制改革，对农民权利的改变仅仅在于经营自主权的回归，但对城乡二元经济体制基本未有触动。20世纪90年代以后，随着中国市场经济体制改革的深入，农业生产日益卷入市场化、产业化轨道。在此过程中，由于农业生产特点，农民生产经营自主权、财产权及劳动力支配权陷于尴尬境地。而二元经济形成的农民在户籍与身份方面的不平等，又导致农民在教育、就业、社会保障等方面的不公正。

第一，农业产业化经营模式下，剩余产品支配权陷于尴尬境地。随着市场经济体制改革的深入，农业日益卷入产业化与市场化发展轨道。而由于农产品缺乏价格弹性，加之以家庭为单位的分散经营模式具有成本高、粗放经营的特点，难以形成规模效应，在市场竞争中处于不利地位。而国际农产品的竞争又使得中国农产品丧失价格进一步上涨空间。销路狭窄，增产不增收现象成为20世纪90年代中国农业面临的普遍问题。第二，农业税费负担沉重，工农产品价格剪刀差扩大，农民财产权被严重侵蚀。从新中国成立时起，中国就选择依靠农业剩余价值为工业化积累资本的发展道路，农业税征收比例一直较高。家庭联产承包责任制实行以后，向农民返还的只是经营自主权与劳动力支配权，虽然提高了农产品征购价格，但并未减轻农业税负。20世纪80年代后期以后，中国改革重心转向城市，农业与农村财政投入减少，乡村基础建设费用主要向农民摊派，农民税负有增加趋势。第三，二元经济体制下劳动力支配权的尴尬。20世纪80年代后期，随着农业劳动生产率的提高以及人口增长，农村剩余劳动力快速增加，大量农业人口急需向二、三产业转移，但家庭副业与乡镇企业吸纳能力有限。农民虽然可以自由支配劳动力，但面临无业可择；大批农民选择进城打工，但因城市就业岗位有限等其他原因，很大一部分仍然留在农村，成为隐性失业人口。当时有专家估计，1997年中国农村待业人口有1.3亿，且每年在以400多万的速度增加。另有专家测算农村剩余劳动力在1.5亿左右。①

进城农民工亦因城乡二元经济体制形成的身份差异，在择业、住房、待遇、教育、社会福利等多方面遭受歧视与不平等待遇。具体而言，进城农民工存在着如下方面的权利缺失：第一，平等劳动权难以保障。在二元经济体制下，农民工因其农村户口难以获得平等的就业权与劳动权。《中华人民共和国宪法》第四十二条规定，"中华人民共和国公民有劳动的权利和义务。""国家通过各种途径，创造劳动就业条件，加强劳动保护，改善劳动条件，并在发

---

① 牛若峰：《中国发展报告：农业与发展》，浙江人民出版社2000年版，第117页。

展生产的基础上，提高劳动报酬和福利待遇。"但同时根据该条第三款规定，劳动者范围限于"国有企业和城乡集体经济组织的劳动者。"这意味着进入城镇打工的农民不在国家法律保护范围之内，所以不具有平等的就业权、失业保险权、培训权以及其他的福利待遇。相应的，其他方面如住房、工伤赔偿、劳动保护、退休等权利，也只限于"企业事业组织的职工和国家机关工作人员"，没有涵盖仍然是农民身份的进城务工人员。权利保障的缺失，导致农民工在城市的择业范围局限于城市居民不愿从事的低工资、高强度、高风险行业，如建筑业、餐饮业、服务业等城市居民不愿进入的行业。此外，因不拥有城市户口，农民工长期被作为"流动人口"加以管理，面临随时被驱逐的危险。如1997年国务院办公厅发布的《关于进一步组织民工有序流动的意见》，曾明确指出："如果不进一步提高民工流动的有序化程度，既不利于企业下岗职工的再就业，也不利于农村劳动力资源的开发和利用，将损害广大人民群众的切身利益。"其指导思想就是优先保障城市下岗职工的再就业。第二，社会保障权严重缺失。二元经济体制下，时至21世纪初期，关乎民生的养老、医疗等福利制度仍未延伸到农村。除去少数特困户、孤寡老人以外，农民享受不到任何的医疗、养老及其他社会福利。据各地调查，企业为农民工缴纳的主要为工伤保险，其他保险基本空白。即使是工伤保险，也占很小比重。据2004年山西调查，全省农民工参加工伤保险的比重仅为30%，医疗和养老保险分别为13.94%和10.45%。半数以上农民工未享受任何保险。[①]辽宁省在鞍山、阜新、丹东三市调查显示，直到2006年，三市餐饮业参加社会保险的职工人数仅为13%，其中主要还是城镇户口职工。[②]其他各省情况相似。第三，二元户籍制度下，农民工子女教育权利严重缺失。由

---

① 山西省总工会：《山西省农民工的结构情况及权益保险总体状况》，《工会研究》2006年第11期。

② 辽宁省总工会：《农民工权益维护问题的调查报告》，《工运研究》2006年第9期。

于中国教育体制严格遵循户籍地管理原则，大批农民工子女进城之后，难以在所从业城市享受义务教育，参加高考，这导致中国庞大留守儿童群体的形成。根据2000年对北京、深圳等九大城市的调查显示：有31%的已过小学毕业年龄段的流动人口子女还在小学就读，有60%的12—14周岁的流动人口子女已成为童工。[①] 20世纪90年代后期，多个城市允许农民工子女凭暂住证就近入学，但多数需缴纳昂贵的暂住费。实践中，农民工子女大多只能进质量较差的学校读书，难以进入重点中小学，教育资源获得方面仍然不公，而且中高考等入学考试必须回原籍。在多种权利得不到保障的环境下，农民虽然拥有对自身劳动力的自由支配权，但或者面临无业可就，或者面临就业与多重制度性歧视，处于两难选择的尴尬地位。

多种权利缺失最终导致农民财产权的缺失。20世纪90年代以后，在市场不利因素与沉重税费负担影响之下，农业种植非但无利可图，甚至处于亏损状态。这严重影响农民种田的积极性，出现了大量弃地抛荒现象。与此相应，粮食产量在1990年以后长期没有增长甚至下降，1997—2003年间，除去两年有微量增长外，一直保持绝对下降，最严重的2000年竟下降9%。农业产量下降幅度超过种植面积，表明农业投入在减少。

表3　1996—2003年粮食播种面积与产量变动情况

年份	产量/万吨	播种面积/千公顷	产量增减/%	播种面积增减/%
1996	50454	152380.60		
1997	49417	153969.20	−2.06	1.04
1998	51230	155705.70	3.67	1.13
1999	50839	156372.81	−0.76	0.43
2000	46218	156299.85	−9.09	−0.17

---

① 中华人民共和国教育部：《2013全国教育事业发展统计公报》（2014年7月4日），中华人民共和国教育部网站。

续表

年份	产量/万吨	播种面积/千公顷	产量增减/%	播种面积增减/%
2001	45264	155707.86	-2.06	-0.38
2002	45706	154635.51	0.98	-0.69
2003	43070	152414.96	-5.77	-1.44

资料来源：《中国统计年鉴（2007）》，国家统计局网站。

农民经营自主权在市场化中的被动局面，以及二元经济体制所造成的农民权利的缺失，导致农民收入增幅下降，财产权利被侵蚀。20世纪90年代后期，在市场与体制双重因素束缚之下，农民收入增速趋缓。1998—2002年，农村居民人均收入增长率连续五年保持在5%以下，在1999年和2000年甚至跌至2%左右水平。1997—2003年间，农村居民人均家庭收入增长率为5.16%，同期城镇居民家庭人均收入增长率为10.73%，农村家庭人均收入增长率不到城镇居民家庭的一半，亦不足国民生产总值增长率的一半。城乡收入差距逐年扩大。具体情况可见表4。

表4 1996—2003年中国城乡居民家庭人均收入及恩格尔系数表

年份	城镇居民家庭人均可支配收入		农村居民家庭人均纯收入		城镇居民家庭	农村居民家庭
	绝对数/元	较上年增长/%	绝对数/元	较上年增长/%	恩格尔系数/%	恩格尔系数/%
1996	4838.9	12	1926.1	22.1	48.8	56.3
1997	5160.3	6.6	2090.1	8.5	46.6	55.1
1998	5425.1	5.1	2162.0	3.4	44.7	53.4
1999	5854.0	7.9	2210.3	2.2	42.1	52.6
2000	6280.0	7.2	2253.4	1.9	39.4	49.1
2001	6859.6	9.2	2366.4	5.0	38.2	47.7
2002	7702.8	12.3	2475.6	4.6	37.7	46.2
2003	8472.2	10.0	2622.2	5.9	37.1	45.6

资料来源：《中国统计年鉴（2004）》，国家统计局网站。

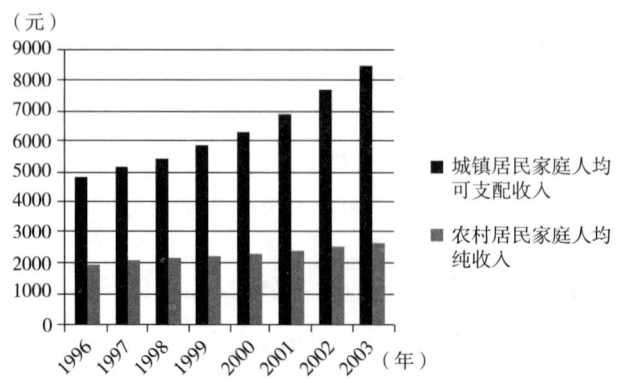

图1　1996—2003年中国城乡居民家庭人均可支配收入情况

资料来源：根据相关年份《中国统计年鉴》数据整理。

二、十六大后统筹城乡改革的启动及农民权利的多方改善

20世纪末期，二元经济体制下农民权利的缺失与多种因素形成的"三农"的不利处境，不仅阻碍了"三农"发展，使得农民遭受很大损失，农村经济衰落，亦阻碍中国整体经济的改革与发展。解决问题的根本，在于打破二元经济体制，保障农民权益。

（一）统筹城乡改革的启动与农民权利体系的重构

2002年召开的中共十六大重点提出"统筹城乡经济社会发展"思路。随后，2003年1月召开的中央农村工作会议，提出重点解决农村、农业、农民问题，加快农业、农村经济发展，全面建设小康社会的改革方向，提出要深化农村税费改革，加大对农业与农民补贴力度，改善农村教育、医疗等意见。之后几年，农村改革在各部门积极推进下先后展开，主要表现在以下方面：

第一，农业税费改革与农民经营权的改善。为减轻农民负担，促进农业发展，从2004年起，中央探索降低或免除农业税。其步骤大体为：2004年取消农业特产税，且在黑龙江、吉林两省开展免征农业税改革试点；2005年将免征范围扩大至28个省，2006年1月，

正式废除农业税条例，全面取消农业税。2004年以后，相继对农业实行良种补贴、种粮农民直接补贴、农机购置补贴和农资综合补贴，简称"农业四补贴"。农业补贴从2004年开始加大力度，当年补贴总额145亿元，之后逐年增长，至2012年十八大召开之前增至1653亿元，增加10倍有余。

表5　2002—2012年中国农业四补贴情况表　　　　单位/亿元

年份	合计金额	种粮直补	农资综合补贴	良种补贴	农机购置补贴
2002	1			1	
2003	3			3	
2004	145	116		28.35	1
2005	173	131		38.7	3
2006	310	142	120	41.53	6
2007	514	151	276	66.63	20
2008	1030	151	716	123.4	40
2009	1275	151	795	198.5	130
2010	1345	151	835	204	155
2011	1406	151	860	220	175
2012	1653	151	1078	224	200

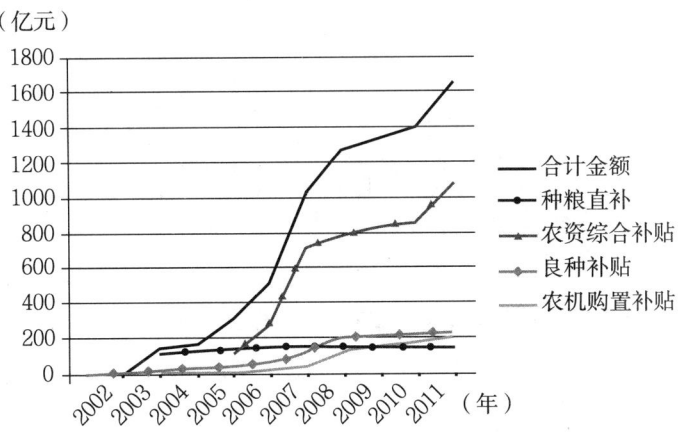

图2　中国农业四补贴增长情况（2002—2011年）

此外，通过固定资产投资、价格补贴等形式，加大农业财政资金投入，"三农"财政支出由2003年的1755亿元增长至2012年的12388亿元，九年间增长近8倍。同期占财政支出比重由7.1%上升至9.8%（见图3）。从农业补贴总额来看，2011年我国农业补贴总额为2115.2亿元，2012年增长至2503.7亿元。

农业税费减免与农业补贴的实施，直接降低了农业生产成本，农民经营权摆脱尴尬局面，农民生产积极性提高，农业生产一改多年停滞局面，迅速恢复并持续增长。粮食产量在徘徊近20年之后，于2004—2006年间首次实现连续三年增产，2006年粮食产量达到49746万吨，[①]粮食综合生产能力接近历史最高水平。之后继续保持增加态势，至2012年粮食总产量达58957万吨，较2003年的43070万吨增加近15900万吨，增加近37%。详细情况可见表6。

其他经济作物如棉花、油料、糖料等同样获得较快发展，2006年棉花、油料、糖料单产均创历史最高纪录。牧业与渔业产量亦有大幅度增加，2006年肉类总产量达到8051万吨，比2002年增长22.2%；

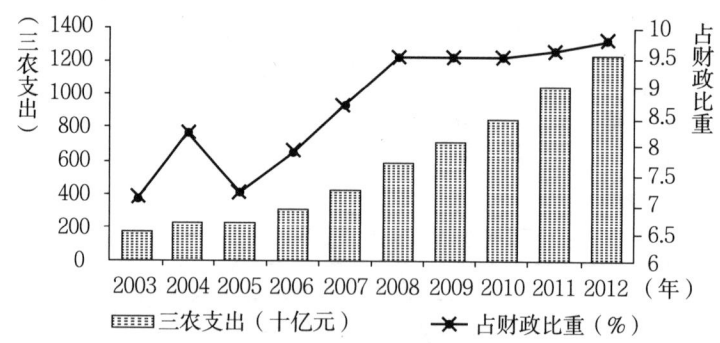

图3　2003—2012年"三农"支出额及占财政总支出比重

资料来源：李登旺、仇焕广、吕亚荣等：《欧美农业补贴政策改革的新动态及其对我国的启示》，《中国软科学》2015年第8期。

---

① 国家统计局：《中华人民共和国2006年国民经济和社会发展统计公报》，国家统计局网站。

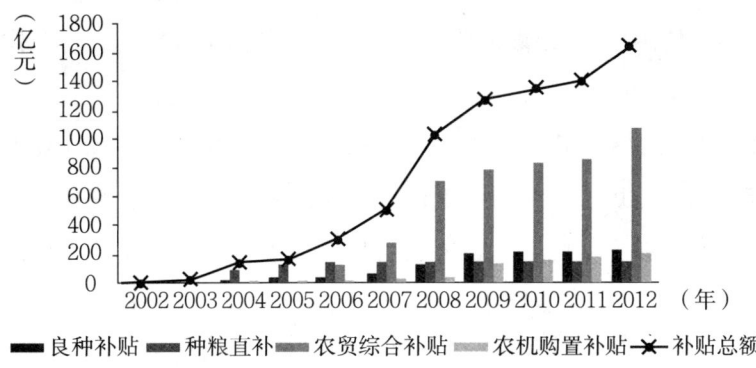

图4　2002—2012年中国农业四补贴变化情况

资料来源：李登旺、仇焕广、吕亚荣等：《欧美农业补贴政策改革的新动态及其对我国的启示》，《中国软科学》2015年第8期。

表6　2002—2012年中国粮食产量情况表

年份	2002	2003	2004	2005	2006	2007	2008	2009	2010	2011	2012
产量/万吨	45706	43070	46947	48402	49804	50160	52871	53082	54648	57121	58957
增长/%		-5.8	9.0	3.1	2.9	0.7	5.4	0.4	2.9	4.5	3.2

资料来源：历年《中国统计年鉴》。

牛奶产量达到3193万吨，增长145.7%；水产品产量达到5250万吨，增长15.0%。[①]农村经济结构中，非农产业重现发展活力。2006年乡镇企业实现营业收入246810亿元，比2002年增长90.2%；实现利润总额14735亿元，比2002年增长95.0%。农村非农产业的发展，优化了农村就业结构。2006年，全国乡镇企业从业人员近14680万人，占全国农村劳动力的比重达到30.5%。[②]

第二，农村合作医疗改革与农民健康保障权的重构。2002年10

[①] 国家统计局编：《大发展 大跨越：从十六大到十七大》，中国统计出版社2007年版，第61—62页。

[②] 国家统计局编：《大发展 大跨越：从十六大到十七大》，中国统计出版社2007年版，第65页。

月,全国农村卫生会议召开,会后国务院发布《关于进一步加强农村卫生工作的决定》,提出建立农村卫生服务体系和新型农村合作医疗制度。从2003年起,全国农村合作医疗制度开始起步。新型农村合作医疗制度实行由个人、集体、政府多方筹资,以大病统筹为主的互助共济制度。与传统的民间互助组织相比,其主要特点凸显在政府财政补贴上。之后,新农村合作医疗覆盖范围迅速扩大,2004年全国开展新农合县数仅333个,至2012年增至2566个,增加约7倍;参合人数迅速增加,2004年参合人数不足1亿,至2012年增至8亿有余,参合率98.3%,基本实现了农村合作医疗的全覆盖。保障程度逐年提高,2010年政策范围内住院补偿比达到60%左右,最高支付限额提高到全国农民人均纯收入的6倍左右,基金使用率超过90%。2004—2012年间,年基金支出增加90倍,受益人次增加20多倍。信息化建设快速推进,到2010年,95%的统筹地区都实现了医疗费用即时结报。超过30%的统筹地区开展了门诊总额预付、按病种付费等支付方式改革。①此外,对农村贫困家庭,在合作医疗之外另通过其他渠道给予救助。救助对象"主要是农村五保户和贫困农民家庭"。救助形式或者是对患大病者直接给予费用补助,或者资助其参加合作医疗。到2006年,全国所有含农业人口的县(市、区)都基本建立了农村医疗救助制度。

表7　新型农村合作医疗事业发展情况(2004—2012年)

指标	2004	2005	2006	2007	2008	2009	2010	2011	2012
开展新农合县(区、市)/个	333	678	1451	2451	2729	2716	2678	2637	2566
参加新农合人数/亿人	0.80	1.79	4.10	7.26	8.15	8.33	8.36	8.32	8.05
参合率/%		75.2	75.7	80.7	86.2	91.5	94.2	96.0	97.5	98.3
当年筹资总额/亿元	40.3	75.4	213.6	428.0	785.0	944.4			

① 宋士云:《新中国社会保障制度结构与变迁》,中国社会科学出版社2011年版,第302页。

续表

指　标	2004	2005	2006	2007	2008	2009	2010	2011	2012
人均筹资/元	50.4	42.1	52.1	58.9	96.3	113.4	156.6	246.2	308.5
当年基金支出/亿元	26.4	61.8	155.8	346.6	662.0	922.9	1187.8	1710.2	2408.0
补偿受益人次/亿人次	0.76	1.22	2.72	4.53	5.85	7.59	10.87	13.15	17.45

注：2009年全国开展新农合县（区、市）数减少13个，原因为这13个县（区、市）城乡居民已统一实行居民基本医疗保险。

第三，新型农村养老保险制度改革与农民养老保障权的重构。中共十七大报告提出"建立覆盖城乡居民的社会保障体系"，要求探索建立农村养老保险制度。2008年中共十七届三中全会第一次提出"新型养老保险"概念，要求按照个人缴费、集体补助、政府补贴相结合的原则，建立新型农村社会养老保险制度。之后，新型农村养老保险制度启动。新农保由政府对参保农民缴费给予补贴，并全额支付基础养老金，此为农民首次享受到财政承担的养老保障，为城乡二元经济体制改革的关键步骤。改革进展迅速，截至2010年底，仅不到两年时间，全国参加新型农村社会养老保险人数即为10277万。2010年领取养老金人数达2863万，全年共支付养老金200亿元，覆盖区域为27个省、自治区的838个县（市、区、旗）和4个直辖市部分区县。①

第四，农民教育权的改善。文明社会，尤其在信息化、市场化的现代社会，教育权为公民最基本的权利之一。但在二元经济体制之下，农村中小学建设经费主要依靠农民自筹，形成农民重要负担之一。21世纪以后，随着教育产业化改革推进，学费昂贵，对于收入普遍偏低的农村人口，其教育权往往难以保障。2005年起，国家对农村义务教育试行"两免一补"政策，即对农村义务教育阶段贫

---

① 人力资源和社会保障部：《2010年度人力资源和社会保障事业发展统计公报》，转引自宋士云：《新中国社会保障制度结构与变迁》，中国社会科学出版社2011年版，第299—300页。

困家庭学生"免杂费、免书本费、补助寄宿生生活费",首先在全国592个国家扶贫区域重点县推行,2007年推广到全国范围。2010年,实现进城务工农民子女与所在城市义务教育阶段学生享受同等政策。农民子女受教育权切实得以改善。如根据学者调查,湖南益阳市在2006、2007年两年,全市有10.8万多名农村家庭困难学生享受由国家负责免费提供教科书,每年免除课本费总额约为1300万元。2008年全市所有中小学生全部免除学杂费,免费资金总额达4300多万元。[1]另据中国人民大学学者对四川省24所学校的抽样调查,"两免一补"政策实施两年内,初中学生就学率提高了6个百分点。[2]另据相关部门统计,"两免一补"政策实施当年,中西部地区共有35万辍学儿童重返校园读书。[3]2006年以后,甘肃省农村儿童辍学率回落到2%以下。[4]

第五,农村最低生活保障制度的建立与农民生存权的改善。2007年7月11日,国务院下发《关于在全国建立农村最低生活保障制度的通知》,提出要建立农村最低生活保障制度,明确了农村最低生活保障标准和对象范围,以确保农村贫困人口生活保障。农村最低生活保障制度的建立,标志着农村人口享受与城市市民平等的生存权,是为二元经济体制改革向一元化迈进的关键步骤。农村低保补助标准逐渐提高,2008年按每人每月10元的标准提高农村低保对象补助水平,月人均财政补助标准由30元提高到50元。截至2010年底,全国农村低保月人均补助水平74元,农村低保对象2528.7万户5214.0万人。农民生存权获得较大改善。

---

[1] 胡映兰:《从"两免一补"看农村义务教育的发展——以湖南省益阳市为例》,《教育与经济》2009年第3期。

[2] 王小龙:《义务教育"两免一补"政策对农户子女辍学的抑制效果》,《经济学家》2009年第4期。

[3] 靳晓燕:《"两免一补"让35万辍学学生重返校园》,《光明日报》2006年4月26日。

[4] 卫思祺:《农村教育"两免一补"政策的理论价值与实践效应分析》,《中国农学通报》2011年第27期。

（二）农民财产权利的改善与生活状况的全面好转

随着农业生产的恢复与农民多方权利的改善，自 2004 年以后，农民收入改变之前停滞甚至下降的局面出现快速增长，除去价格因素，大部分年份实际增长率均在 8.0% 以上，最快的 2007 年实际增长率达 12.2%。2010 年农村居民人均收入较上年实际增长 10.9%，同期城镇居民人均可支配收入实际增长 7.8%，[①] 农村居民收入增长首次超过城镇，且这一态势之后几年基本得以保持。

随着收入水平提高，农村居民生活水平上升，消费结构优化，2002—2012 年间，农村居民家庭恩格尔系数从 46.2% 降至 39.3%，下降 6.9 个百分点，达到富裕水平。而同期城镇居民恩格尔系数从 37.7% 降至 36.2%，下降 1.9 个百分点。[②] 城乡恩格尔系数差距从 8.5 减至 3.1，城乡差距大幅缩小。

表8　2002—2012 年中国农村居民家庭人均纯收入情况表

年　份	2002	2003	2004	2005	2006	2007	2008	2009	2010	2011	2012
收入 / 元	2476	2622	2936	3255	3587	4140	4761	5153	5919	6977	7917
实际增长 / %	4.8	4.3	7.7	9.6	10.4	12.2	8.0	8.5	10.9	11.4	10.7

注：指数以上一年为 100；实际增长比例为刨除价格因素值。
资料来源：根据国家统计局历年统计公告整理计算。

表9　2002—2012 年中国农村居民家庭消费恩格尔系数表　　（单位 / %）

年　份	2002	2003	2004	2005	2006	2007	2008	2009	2010	2011	2012
恩格尔系数	46.2	45.6	47.2	45.5	43	43.1	43.7	41.0	41.1	40.4	39.3
变　化		-0.2	-0.6	1.6	-1.7	-2.5	0.1	0.6	2.7	0.1	-0.6	-1.1

资料来源：历年国家统计局网站统计公告。

中共十六大以后，中国政府推行的统筹城乡改革，已经开始触及城乡二元经济体制，农民权利在一定程度上得以恢复。取消农业

[①] 根据国家统计局历年统计公告整理计算。
[②] 《2002—2012 国民经济和社会发展统计公报》，国家统计局网站。

税费，工业反哺农业，以及新型农村医疗与养老保障制度等一系列的改革，极大激发了农民的生产积极性，农业生产止降反升，农村经济重新出现生机。但各项改革尚处于起步阶段，未从根本上触及二元经济体制，以户籍制度为中心所形成的养老、医疗、教育、住房等差别制度，仍然使农民承受超经济的制度性不平等待遇，中国农村改革尚需进一步深入。

三、十八大后统筹城乡改革的深入与农民权利系统改善及重构

中共十八大明确提出"促进工业化、信息化、城镇化、农业现代化同步发展"，加大统筹城乡发展力度，完善城乡发展一体化体制机制，统筹推进城乡社会保障体系建设等改革思想。

（一）十八大以后统筹城乡改革的内容与特点

十八大以后的统筹城乡改革具体包括三方面内容：第一，统筹城乡规划建设。统筹城乡产业发展规划，统筹城乡基础设施建设规划，构建完善的基础设施网络体系。尤其在农村地区缺乏基础设施建设资金的情况下，政府要调动和引导各方面的力量着力加强对农村道路、交通运输、电力、电信、商业网点设施等基础设施的投入。第二，统筹城乡产业发展。促进农村劳动力向二、三产业转移，农村人口向城镇集聚。建立以城带乡、以工促农的发展机制，加快现代农业和现代农村建设，促进农村工业向城镇工业园区集中，促进农村人口向城镇集中，促进土地向规模农户集中，促进城市基础设施向农村延伸，促进城市社会服务事业向农村覆盖，促进城市文明向农村辐射，提升农村经济社会发展的水平。第三，统筹城乡管理制度。突破城乡二元经济社会结构，纠正体制上和政策上的城市偏向，消除计划经济体制的残留影响，保护农民利益，建立城乡一体的劳动力就业制度、户籍管理制度、教育制度、土地征用制度、社会保

障制度等，给农村居民平等的发展机会、完整的财产权利和自由的发展空间，遵循市场经济规律和社会发展规律，促进城乡要素自由流动和资源优化配置。第四，统筹城乡收入分配。改变国民收入分配中的城市偏向，进一步完善农村税费改革，降低农业税负，创造条件尽快取消农业税，加大对"三农"的财政支持力度，加快农村公益事业建设，建立城乡一体的财政支出体制，将农村交通、环保、生态等公益性基础设施建设都列入政府财政支出范围。十八大以后，全面系统的城乡统筹改革迅速在全国普及，农民权益全面恢复财政对农业投资，工业反哺农业力度空前加大，"三农"出现飞跃发展。

（二）统筹城乡改革的系统展开与农民权利的全面重构

第一，城乡二元户籍制度的终结性改革。城乡二元户籍制度为二元经济体制之核心，亦为农民各项权利缺失之根源。十八大以后，国家启动户籍制度的一体化改革进程，连续出台系列措施，推进户籍制度改革。2013年国家发改委在第十二届全国人民代表大会常务委员会报告，将"有序推进农业转移人口市民化"作为促进城镇化健康发展之首要战略，提出要"全面放开小城镇和小城市落户限制，有序放开中等城市落户限制，逐步放宽大城市落户条件，合理设定特大城市落户条件，逐步把符合条件的农业转移人口转为城镇居民"。2014年7月，国务院颁布《关于进一步推进户籍制度改革的意见》，明确提出统一城乡户口登记制度，取消农业与非农业户口的区分，全面实施居住证制度，并在教育、就业、基本养老、基本医疗卫生、住房保障等城镇基本公共服务方面给予进城定居农民平等待遇。该意见以及此后国家陆续出台的相关户籍改革政策，在体现以人为核心新型城镇化战略、保障基本公共服务均等化权益、保护农村转移人口市民化过程中的土地权利、支持和鼓励家庭整体迁移，以及政府财政支持等方面存在较大的突破。城乡差别户籍制度的改革，为农民进城定居，并享受平等的就业权、教育权、住房购置权等社会权利奠定了基础。

第二，社会保障机制的城乡一体化改革。户籍制度改革之本质，为打破二元经济体制，消除附着于户籍之上的福利差别，实行城乡一体化管理制度。故此，户籍制度改革必须同步进行以社会保障机制为核心的城乡一体化改革。国家发展改革委《关于2013年深化经济体制改革重点工作的意见》，将推进基本民生保障制度改革，逐步统一城乡居民基本医疗保险制度，健全全民医保体系作为2013年改革重点工作。2014年2月国务院常务会议决定，合并新型农村社会养老保险与城镇居民社会养老保险，建立全国统一的城乡居民基本养老保险制度。计划在2020年前，全面建成公平、统一、规范的城乡居民养老保险制度。作为二元经济体制的最后一项制度设定，统筹城乡养老保险制度的建成，将意味着二元经济体制的彻底终结，农民权利的全面回归。2015年12月9日，中央全面深化改革领导小组第十九次会议通过《关于整合城乡居民基本医疗保险制度的意见》，提出建立统一的城乡居民基本医疗保险制度，实现城乡居民公平享受基本医疗保险权益。具体"从统一覆盖范围、统一筹资政策、统一保障待遇、统一医保目录、统一定点管理、统一基金管理等方面进行整合，积极构建保障更加公平、管理服务更加规范、医疗资源利用更加有效的城乡居民医保制度"。2016年1月3日，国务院印发《关于整合城乡居民基本医疗保险制度的意见》，提出整合城镇居民基本医疗保险和新型农村合作医疗保险两项制度、建立统一的城乡居民基本医疗保险制度。2016年4月，国务院办公厅印发《深化医药卫生体制改革2016年重点工作任务》，提出要巩固完善全民医保体系，到2017年基本实现符合转诊规定的异地就医住院费用直接结算，推进整合城乡居民基本医保制度，巩固完善城乡居民大病保险和医疗救助制度，大病保险政策对包括建档立卡贫困人口、五保供养对象和低保对象等在内的城乡贫困人口倾斜。伴随相关中央文件的陆续出台，城乡统筹医保改革以省市为单位，在各地快速展开。至 2016 年 1 月，全国共有天津、上海、浙江、山东、广东、重庆、青海、宁夏八个省、直辖市和新疆生产建设兵团以及部分市、县实现了城乡居民基本医保制度的整合。其他省份亦在积极筹备之中，河北省预计于 2017 年实现城乡医保完全统一。

第三，农民土地支配权重获保障。十一届三中全会确立的家庭联产承包制，赋予了农民土地的经营自主权，但因土地集体所有性质，并不拥有转让权与其他处置权。为了配合户籍制度改革，促进中国城镇化发展，2014 年 11 月，国家印发《关于引导农村土地经营权有序流转发展农业适度规模经营的意见》，在坚持农村土地集体所有前提下，实现所有权、承包权、经营权"三权分置"，此次改革基本精神可概括为"落实集体所有权，稳定农户承包权，放活土地经营权"。落实集体所有权即"农民集体所有的不动产和动产，属于本集体成员集体所有"，明确界定农民的集体成员权，明晰集体土地产权归属，实现集体产权主体清晰。稳定农户承包权，就是要依法公正地将集体土地的承包经营权落实到本集体组织的每个农户。放活土地经营权，就是允许承包农户将土地经营权依法自愿配置给有经营意愿和经营能力的主体，发展多种形式的适度规模经营。鼓励承包农户依法采取转包、出租、互换、转让及入股等方式流转承包地。鼓励有条件的地方制定扶持政策，引导农户长期流转承包地并促进其转移就业。鼓励农民在自愿前提下采取互换并地方式解决承包地细碎化问题，其中"放活土地经营权"为此次改革之重点。此项改革于 2015 年底基本完成。农村土地经营权与承包权的确立，使得农民拥有了土地处置权，虽未获得法律上的所有权，但基本拥有了所有权的全部权能，在耕者有其田的基础上，进一步实现了耕者有其权。

（三）十八大以后农民权利的全面改善

十八大召开至今仅有三年多时间，所确立的改革思想正在推进之中，大部分还未完全推行。应当说，此次改革远未结束，改革成效也未完全显现。但仅就三年发展情况看，农民财产权、社会保障权与教育权等方面获得全面改善。

第一，农民财产权继续改善。十八大以后农村居民收入增速继续领先城镇居民。2012—2015 年，农村居民可支配收入增长率均快于城镇居民 1—2 个百分点。扣除价格因素，2013 年农村居民人均纯收入 8896 元，扣除价格因素，实际增长 9.3%；同期城镇居民人均可支配收入 26955 元，扣除价格因素，实际增长 7.0%。2014 年城镇居民人均可支配收入 28844 元，比上年增长 9.0%，扣除价格因素，实际增长 6.8%；农村居民人均可支配收入 10489 元，比上年增长 11.2%，扣除价格因素，实际增长 9.2%。2013、2014 两年农村居民收入增幅分别超过城镇居民 2.3 和 2.4 个百分点。[1] 2015 年农村居民人均可支配收入 11422 元，比上年增长 8.9%，扣除价格因素，实际增长 7.5%。[2]

在户籍改革、土地确权、统筹城乡社会保险等制度保障之下，农村居民工资性收入迅速增长，超过来自农业经营的收入，在农村居民人均收入构成中占比达 40% 以上，成为农村居民主要收入来源之一。

表 10　城乡居民可支配收入状况表（2011—2015 年）

年份	城镇居民人均可支配收入		农村居民人均可支配收入	
	绝对数/元	较上年增长/%	绝对数/元	较上年增长/%
2011	21809.8		6977.3	
2012	24564.7	12.6	7916.6	13.5
2013	26955.1	9.7	8895.9	12.4
2014	29381.0	10.9	9892.0	11.2
2015	31194.8	10.6	11421.7	11.5

资料来源：根据国家统计局网站之《中国统计年鉴》《国民经济与社会发展统计公报》数据计算。

---

[1]《国民经济和社会发展统计公报》，国家统计局网站。
[2]《2015 年国民经济和社会发展统计公报》，国家统计局网站。

表 11　农村居民人均可支配收入构成及增长情况（2011—2015 年）单位 / 元

年份	收入总额		工资性收入		经营净收入		财产净收入		转移净收入	
	总额	指数	总额	指数	总额	指数	总额	指数	总额	指数
2011	6977.3	100	2963.4	100	3222.0	100	228.6	100	563.3	100
2012	7916.6	113	3447.5	116	3533.4	110	249.1	109	686.7	122
2013	8895.9	127	4025.4	136	3793.2	118	293.0	128	784.2	139
2014	10488.9	150	4152.2	140	4237.4	132	222.1	97	1877.8	333
2015	11421.7	164	4600.3	155	4503.6	140	251.5	110	2066.3	367

注：表中指数（2011 年 =100）。
资料来源：《中国统计年鉴（2014）》，国家统计局网站"国家数据—季度数据"。

与收入水平同步，农村居民消费能力提升亦快于城镇，2014 年城镇居民人均消费支出 19968 元，增长 8.0%，扣除价格因素，实际增长 5.8%；农村居民人均消费支出 8383 元，增长 12.0%，扣除价格因素，实际增长 10.0%。消费结构优化，恩格尔系数继续降低，2013 年农村居民食品消费支出占消费总支出的比重为 37.7%，比上年下降 1.6 个百分点。贫困人口占比下降，农村贫困化率降低。据全国农村贫困监测调查，按照年人均纯收入 2300 元（2010 年不变价）的农村扶贫标准计算，2013 年农村贫困人口为 8249 万，比上年减少 1650 万。2014 年农村贫困人口进一步降至 7017 万，较 2013 年减少 1232 万。贫困地区农民逐渐脱贫，2014 年贫困地区农村贫困人口 4317 万，较 2012 年减少 1722 万，平均每年贫困人口减少 861 万；2014 年贫困地区农村贫困发生率 16.6%，比 2012 年下降 6.6 个百分点；2014 年贫困地区农村贫困人口占全国农村贫困人口的比重为 61.5%，比 2012 年下降 0.5 个百分点；三年内贫困地区农村贫困人口减少规模占全国农村贫困人口减少规模的 59.8%。[①]

第二，农民社会保障状况进一步改善。2013 年末新型农村合作医疗参合率 97%，2014 年更达 99.0%，基本实现新型合作医疗体系全

---

① 张为民：《脱贫步伐加快　扶贫成效显著　我国贫困人口大幅减少》，国家统计局网站。

覆盖。全国 30 个省份和新疆生产建设兵团已发行全国统一的社会保障卡，实际发卡地市（含省本级）达 354 个，实际持卡人数达到 7.12 亿，社会保障卡普及率 52.4%。在户籍制度及其他体制改革背景下，进城农民工社会保障程度提高，2013 年末参加医疗保险的农民工人数为 5018 万，比上年末增加 22 万。①参加城镇职工基本养老保险的农民工 2013 年末人数为 4895 万，参加失业保险的农民工人数为 3740 万，比上年末增加 1038 万。②2014 年末为 5229 万，又较 2013 年增加 211 万。③全国 31 个省份和新疆生产建设兵团均开始建设统一的城乡居民养老保险信息系统。④基本实现全国城乡居民养老保险统筹发展。

四、农民权利保障遗留问题与进一步改革的空间

21 世纪初期以后，中国启动了工业反哺农业、打破城乡分割的二元经济体制、城乡统筹发展的经济改革。此次改革，除去在经济上通过加大投资与补贴等方式给予农业支持外，更体现在社会保障、户籍制度、教育、医疗等方面给予农民平等的公民待遇，构建城乡一体的社会保障体系。在巨大政策优惠与福利保障下，农民权利获得系统性改善。但时至今日，此轮改革仍远未结束，农民群体在财产、教育、医疗、养老以及政治参与权等方面，均与城镇居民有较大差距，农民权利保障机制仍远未完善。这种状况，直接影响"三农"发展，影响中国市场经济的整体发展。

（一）农民收入仍然偏低，城乡绝对差距拉大

十八大以后，农村居民人均可支配收入增长速度快于城镇居民，但仍存在很大差距，至 2015 年底，农村居民人均可支配收入仅为城镇居民的 36.61%，仅为其三分之一有余。且绝对差距拉大，城乡居

---

① 《2013 年度人力资源和社会保障事业发展统计公报》，人力资源和社会保障部网站。
② 《2013 年度人力资源和社会保障事业发展统计公报》，人力资源和社会保障部网站。
③ 《2014 年度人力资源和社会保障事业发展统计公报》，人力资源和社会保障部网站。
④ 《2014 年度人力资源和社会保障事业发展统计公报》，人力资源和社会保障部网站。

民人均收入差距 2011 年为 14832.5 元，2015 年扩大至 19773.1 元，五年之间增加近 5000 元。农民仍处于相对贫困状态。

表 12　城乡居民人均可支配收入情况统计表（2011—2015 年）

年份	城镇居民人均可支配收入 / 元	农村居民人均可支配收入 / 元	农村居民人均可支配收入 ÷ 城镇居民人均可支配收入 / %	城镇居民人均可支配收入 - 农村居民人均可支配收入 / 元
2011	21809.8	6977.3	31.99	14832.5
2012	24564.7	7916.6	32.22	16648.1
2013	26955.1	8895.9	33.00	18059.2
2014	29381.0	9892.0	33.67	19489
2015	31194.8	11421.7	36.61	19773.1

资料来源：根据国家统计局网站之《中国统计年鉴》《国民经济与社会发展统计公报》数据计算。

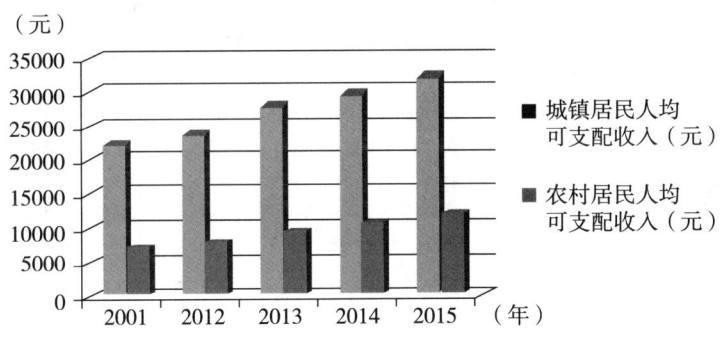

图 5　2011—2015 年城乡人均可支配收入差距情况

（二）农村人口文化水平普遍偏低

21 世纪初期，中国高等教育改革，高校大规模扩招，农民子女接受高等教育机会大大增加，但农民文化水平低的状况几乎未有丝毫改变。原因在于，教育改革与城镇化进程同步进行，农村学生接受高等教育以后，转移至城镇就业，最终留在农村的，主要是未接受高等教育者。人口文化程度偏低，影响农业产业化发展、新技术的采用，最终成为农村经济发展的障碍。根据对河北、山西、陕西、河南、湖北、山东六省农村居民的抽样调查，初中及以下文化水平人口平均占比69%，其中未达到初中毕业程度的人口占35%，最高的湖北、河北两省，占比分别为51.21%和41.4%，这意味着，农村有50%—70%人口仅达到初中文化水平，而未达到初中文化程度者亦在30%—50%之间。另据国家统计局统计，农民的文化素质水平也普遍偏低。据统计，我国农村劳动力中小学文化程度和文盲占40.31%，初中文化程度占48.07%，高中以上占11.62%，大专以上仅有0.5%。详见表13。

表13 六省农村居民受教育水平统计表　　单位/人、%

	河北		山西		陕西		河南		湖北		山东		小计	
	人数	占比	人数	占比	人数	占比	人数	占比	人数	占比	人数	占比	人数	占比
初中以下	219	41.40	14	27.45	25	28.10	5	10.20	31	51.21	49	23.79	343	35
初中	141	26.65	15	29.41	38	42.70	21	42.86	11	38.38	107	51.94	333	34
高中	94	17.77	13	25.49	15	16.85	11	22.45	3	8.08	46	22.33	182	19
中专和技校	39	7.37	8	15.69	7	7.87	10	20.41	1	1.01	3	1.46	68	7
本科及以上	36	6.81	1	1.96	4	4.49	2	4.08	1	1.01	1	0.49	45	5
合计	529	100	51	100	89	100.01	49	100	47	99.69	206	100.01	971	100

（三）农民政治参与权仍然缺失

受中国传统社会文化影响，农民文化素质低下等原因，目前我国农民自我保护意识与能力依然过于薄弱，普遍缺乏民主意识及政治参与意识。村民自治的基层政治体制，村干部名义上为村民选举产生，但由于村民民主意识薄弱，村干部强势压制等原因，农民对村干部选举参与度偏低，在河北、山西、陕西、河南、湖北、山东六省调查中，积极参与村干部选举的人数占比仅36.26%，即三分之一有余，基本不参与和从未参与的人数占比则在40%以上。这表明村民的政治参与权严重缺乏。多数村事务基本为村干部或地方势力把持，农村居民对村集体所有财产及其他重大事务，亦不能行使自治权利。对河北、山西、陕西、河南、湖北、山东六省调查中，仅山东省民主状况较好，经过或多数经过村民会议通过的占比在77%以上，其他省份村未经过或多数未经过村民会议讨论的均在半数以上，最严重的湖北省，未经过村民讨论者占比在95%以上，经过村民会议讨论者不足5%。六省平均状况，重大问题决策经过村民大会或村民代表会议讨论通过的村庄，只占18.50%。详见表14。

表14　村里对重大问题的决策是否经过村民大会或者村民代表会议讨论通过情况调查表　　单位/人、%

	河北		山西		陕西		河南		湖北		山东		小计	
	人数	占比	人数	占比	人数	占比	人数	占比	人数	占比	人数	占比	人数	占比
经过	74	15.01	5	9.62	26	30.95	12	25	3	3.03	46	21.90	166	16.93
不经过	131	26.57	20	38	42	50	16	33	74	75	19	9.05	302	30.81
多数经过	122	24.75	19	36.54	8	9.52	9	18.75	2	2.02	116	55.24	276	28.16
多数不经过	160	32.45	8	15.38	8	9.52	11	22.92	20	20.20	29	13.81	236	24.08
小计	487	98.78	52	100	84	99.99	48	100	99	100	210	100	980	100

（四）农村留守儿童群体庞大，教育公平问题有待解决

此外，尽管国家对户籍制度、城乡社会保障体系等已经启动一体化改革，但到最后完成尚需时日，二元经济体制烙印短期内无法清除。进城务工人员因收入低、地方制度障碍等原因，多数仍难以在城市安居，农村留守儿童仍然是一个庞大且长期存在的群体，据教育部教育事业发展公报统计，至2015年，全国义务教育阶段在校生中农村留守儿童共2019.24万人。[①]这是一个非常庞大的受教育群

---

① 中华人民共和国教育部：《2015年全国教育事业发展统计公报》。

体，要实现其在教育权上的平等，有两种途径，一为增加城市教育基础建设，进一步降低农民工子女入学门槛；二为增加农村教育投入，使留守儿童在农村享受与城市儿童同等的教育质量。而这两种途径，均需要巨大的教育投入与教育体制的进一步改革，在短期内恐难以完成。

当前，虽然在制度上打通了城乡二元经济体制的藩篱，但长达半个世纪的城乡不平等发展造成的农村全方位落后状况在短期内难以改变，农民贫困以及多方面的落后状况，成为其与城镇居民实现真正平等的实际障碍。而且，农村资源的贫乏现状相互作用，使得农民权利难以获得真正保障。如农村教育设施的落后、工资待遇过低，又使其难以争取到优质师资，这造成了乡村教育的落后，农村儿童难以享受到平等的义务教育。农民为使子女接受优质教育，被迫将子女送入城市私立学校，这又加大了教育成本。而农村经济落后、就业机会少、收入水平低等原因，又使得高文化高素质群体对农村社会的远离，从而造成农民群体文化素质过低，这反过来影响农村经济现代化、农村民主政治建设与农村教育水平的提高。由此看来，农村、农民、农业改革，真正实现"耕者有其权"的目标，任重而道远，需要财产分配、制度保障、教育文化等方面的全面化、系统化改革。

改革开放以来中国农村集体经济的变迁与发展*

孔祥智　高强

农村集体经济是中国社会主义公有制的重要组成部分。我国宪法第六条规定："中华人民共和国的社会主义经济制度的基础是生产资料的社会主义公有制，即全民所有制和劳动群众集体所有制。"而农村中劳动群众集体所有制的体现就是农村集体经济。它形成于计划经济时期，其实体是人民公社。经过1959年、1960年、1962年的多次修改，最终形成"三级所有，队为基础"的农村集体经济框架。1979年以后开始的农村改革，仅仅是在操作层面上把"队为基础"继续向下延伸到户，所有制关系并没有变化，集体经济的框架依然存在。1982年的中央一号文件强调了家庭经营也是集体经济的组成部分，即提出"目前，我国农村的主体经济形式，是组织规模不等、经营方式不同的集体经济。与它并存的，还有国营农场和作为辅助的家庭经济"。"目前实行的各种责任制，包括小段包工定额计酬，专业承包联产计酬，联产到劳，包产到户、到组，包干到户、到组，等等，都是社会主义集体经济的生产责任制。"中共十五届三中全会通过的《关于农业和农村工作若干重大问题的决定》也指出："实行土地集体所有、家庭承包经营，使用权同所有权分离，建立统分结合的双层经营体制，理顺了农村最基本的生产关系。这是能够极大促进生产力发展的农村集体所有制的有效实现形式。"在这样的共识下讨论农村集体

＊ 本文为国家社会科学基金重点项目"农业现代化体制机制创新与工业化、信息化、城镇化同步发展研究"（13AZD003）部分成果，项目负责人为孔祥智。本文写于2016年12月，作者孔祥智系中国人民大学农业与农村发展学院教授，高强系南京林业大学农村政策研究中心主任、教授。

经济的变迁与发展是很有必要的。

一、改革开放以来中国农村集体经济变迁的过程

1983年10月,中共中央、国务院发出《关于实行政社分开,建立乡政府的通知》,要求各地实行政社分开,建立乡政府,同时按乡建立乡党委,并根据生产的需要和群众的意愿逐步建立经济组织。规定乡的规模一般以原有公社的管辖范围为基础,要求各地有领导、有步骤地搞好农村政社分开的改革,争取在1984年底以前大体上完成建立乡政府的工作,改变党不管党、政不管政和政企不分的状况。此后,公社、生产大队、生产小队相应改为乡(镇)、村、村民小组,集体经济的载体和运作方式均发生了变化。我们按照集体经济最核心的"资产—土地"的制度变迁来划分,改革开放三十多年来,中国农村集体经济共经历了三大阶段。

(一) 1978—1993年

这一阶段,农村集体经济的特点有二:一是在第一轮承包期内,土地和生产性固定资产基本全部均分到户,只有部分村集体还保留少量机动地,以及林地、园地、鱼塘等,这些土地的发包可以成为村集体一部分收入的来源;二是乡镇企业在这一阶段异军突起,为农村集体经济的发展注入了新的血液。

改革初期,广大农民不满于原集体经济组织造成的"大呼隆"、低效率,因而在承包初期绝大多数把能分的都分到户,集体资产所剩无几。河北省灵寿县南朱乐村党支部书记李年发在谈到承包时的状况时说:"能搬走的、能挪动的都卖了,要说集体还有财产,那就剩下搬不走、挪不动、国家政策不允许变卖的土地了。"① 中共中央政策研究室、农业部农村固定观察点办公室从改革初期就跟踪调查

---

① 王武德:《创建村级财富积累机制探索与实践》,中国铁道出版社、中国农业出版社2012年版,第8页。

了 274 个村庄，发现改革前一年，平均每村集体拥有生产性固定资产原值 31 万元，而 1984 年只有 22 万元，减少了 29.0%。其中最突出的是役畜、种畜、产品畜和大中型农机具及农林牧渔业机械，三者分别减少 85.4%、65.3% 和 46.8%。越过了改革的"阵痛期"之后，不论村干部还是广大农民都感受到集体经济的重要性，在这一阶段的后期，集体所有的固定资产迅速增加。在 274 个调查村中，1990 年村集体拥有的生产性固定资产原值比 1984 年增长了 283.6%，年均增长 20%。其中，工业机械增长了 291.9%，农牧渔业机械增长了 145.6%，运输机械增长了 93.8%，生产用房增长了 180.5%。[①] 这样高的增长速度，在很大程度上是乡镇企业迅速发展的结果。

（二）1993—2008 年

1993 年，中共中央发布 11 号文件，规定在原定的耕地承包期到期之后，再延长 30 年不变，从而开启了第二轮农村土地承包的进程。第二轮承包，不仅仅是承包期限的延长，还有两个重要特点：一是强调"增人不增地，减人不减地"，杜绝了土地的频繁调整；二是严格控制"机动地"。村集体留有"机动地"的原因很多，但最主要的是通过对"机动地"的发包，可以增加乡、村集体的收入，这样在一定程度上损害了农民个体的利益。为此，1997 年 8 月，中共中央办公厅、国务院办公厅联合发布了《关于进一步稳定和完善农村土地承包关系的通知》，强调各地"原则上不应留'机动地'"。上述两项规定都堵住了村集体通过土地发包获取一部分收入的不规范做法，但也客观上造成了大多数村集体陷入"空壳"的困境。

在此期间，1992 年 8 月发生了一件对农村集体经济发展具有重要意义的事件，即《吕梁地委行署关于拍卖荒山荒沟荒坡荒滩使用权、加速小流域治理》文件的出台。该文件规定，不管是谁，都可

---

① 中共中央政策研究室、农业部农村固定观察点办公室：《完善中的农村双层经营体制——对 274 个村庄的跟踪调查》，中共中央党校出版社 1992 年版，第 79 页。

购买"四荒"的使用权。购买形式，可竞标拍卖，亦可招标、议标拍卖。购买期限，可 30 年，亦可 50 年、100 年。山西省吕梁地区的做法引起了其他地区的效仿，各地纷纷出台办法对域内"四荒"资源进行拍卖，从而为农村集体经济增加了新的收入来源。1999 年，国务院办公厅专门出台了 2 号文件对"四荒"资源使用权拍卖进行了规范。2002 年实施的农村土地承包法第三章专门对"四荒"资源的招标、拍卖、公开协商等方式进行了具体规定。

这一阶段，针对农村集体资产管理混乱的现象，国务院于 1995 年 12 月发布了《关于加强农村集体资产管理工作的通知》，明确了集体经济组织是集体资产管理的主体，要求集体经济组织建立健全产权登记、财务会计、民主理财、资产报告等制度，把集体所有的资产纳入管理范围之内。这一文件的实施大大提高了农村集体资产规范化管理的水平。

20 世纪 80 年代后期和 90 年代前期大办乡镇企业，也使一些地区的农村集体经济负债增加，为此，这一阶段，清理债务也成为农村集体经济组织的一项重要工作。1999 年 5 月，国务院办公厅发布了《关于场地清理乡村两级不良债务的通知》，要求妥善处理已经形成的债权债务，制止新的不良债务继续增加。2006 年 10 月，国务院办公厅发布《关于做好清理化解乡村债务工作的意见》，要求全面清理核实，锁定债务数额，坚决制止发生新的乡村债务，并确定化解乡村债务的试点范围和顺序。

（三）2008 年以后

2008 年 10 月，中共十七届三中全会提出了"赋予农民更加充分而有保障的土地承包经营权，现有土地承包关系要保持稳定并长久不变"。加上 2007 年出台的物权法等一系列法律、政策，进一步推动了土地承包经营权的流转。土地流转对于中国农业规模经营和现代农业发展的意义重大，很多地方政府都出台了促进土地流转的奖励政策，包括对村集体经济组织推动或组织流转达到一定规模的给予一定的奖励，这一政策推动了以村为单位、以村"两委"为主导的土地流转合作社（有些地方也叫土地股份合作社）产生，客观上加速了土地流转，也为村集体经济组织带来部分收入。

进入21世纪以来，现代农业发展的水平越高，就越需要完善的社会化服务，而村级集体组织的服务水平、质量一直处于较低水平。中国人民大学课题组2007年对山东、山西、陕西3省30个行政村进行了问卷调查，在所调查的39项社会化服务中，只有在技术指导和灌溉2个项目上提供服务的村占样本村的比重超过50%，其他提供较多的服务分别是信用评级证明、政策法律信息、购买良种和技术培训、技术信息等，而诸如介绍贷款渠道、统一购买化肥农药、产品运输加工等则基本没有提供服务。调查表明，村集体组织之所以无法为农民提供高水平的服务，根本原因在于集体资产有限，不足以支撑必要的社会化服务。而缺少村级组织这个环节，农业社会化服务体系是不完善的，因此，在本阶段，中共中央文件多次强调农村集体经济的发展。如中共十七届三中全会提出"发展集体经济、增强集体组织服务功能"；中共十八大报告提出"壮大集体经济实力"；中共十八届三中全会也提出要"发展壮大集体经济"。

随着集体经济的发展壮大，集体产权不清晰、成员权不明确、成员权与用益物权不衔接等问题越来越突出。这一阶段，农村集体产权制度改革成为集体经济发展必须突破的瓶颈。物权法等相关法律的颁布与完善，使得维护农民财产权益也显得越来越重要。因此，中共十八届三中全会指出："保障农民集体经济组织成员权利，积极发展农民股份合作，赋予农民对集体资产股份占有、收益、有偿退出及抵押、担保、继承权。"2014年11月，农业部、中央农办、国家林业局联合下发《关于印发〈积极发展农民股份合作赋予农民对集体资产股份权能改革试点方案〉的通知》。改革试点方案经中央审议通过以后，全国共有北京市等 29 个省份（含直辖市、自治区）各选定一个县（市、区）开展试点。2014 年中央一号文件指出："推动农村集体产权股份合作制改革，保障农民集体经济组织成员权利，赋予农民对落实到户的集体资产股份占有、收益、有偿退出及抵押、担保、继承权。"2016 年中央一号文件首次提出了农村集体产权改革的目标，即"到 2020 年基本完成土地等农村集体资源性资产确权登记颁证、经营性资产折股量化到本集体经济组织成员，健全非经营性资产集体统一运营管理机制。"

表 1 给出了 2011—2015 年中国村级集体经济发展的状况。总的来看，在行政村数量略减的前提下，当年无经营收益的村数略增，当年有收益的村数略减，说明集体经济发展总体不容乐观。但收入在 5 万元以上的村数基本上呈增加趋势，说明部分经营较好的村级收入呈增长趋势。

表 1　2011—2015 年中国农村集体经济状况　　　　单位 / 万个

年　份	2011	2012	2013	2014	2015
汇入本表村数	58.9	58.9	58.7	58.7	58.4
当年无经营收益的村	31.0	31.1	32.0	32.0	32.3
当年有经营收益的村	27.9	27.8	26.7	26.7	26.1
5 万元以下的村	15.9	15.1	13.7	13.7	12.7
5 万—10 万元的村	5.0	5.2	5.2	5.2	5.32
10 万—50 万元的村	4.5	4.8	4.9	4.9	5.2
50 万—100 万元的村	1.1	1.2	1.3	1.3	1.3
100 万元以上的村	1.4	1.5	1.6	1.6	1.7

资料来源：历年《中国农业统计年鉴》。

二、中国农村集体经济发展的模式

改革开放三十多年来，中国农村集体经济的发展呈现出多样化的态势，各地根据自身的资源条件，探索出了不同的发展模式。

（一）工业化模式

这种模式主要集中在那些距离大中城市较近、接受辐射能力较强、改革开放前就具有一定发展基础的村。这样的村大多在20世纪80年代初期没有实行土地承包到户，而是发挥自身的资源优势，把农业当作一个车间，采取工业化的经营方式，集体经济的收入也主要来自工业。如江苏省江阴市华西村，始建于1961年，五十多年来始终不懈地坚持发展集体经济，从最初的0.96平方公里，发展到成为拥有5个子村的大华西。经过多年的发展，华西村拥有固定资产60多亿元，形成钢铁、纺织、旅游三大产业，拥有8家上市公司，下属60多家企业。2010年，华西村创造了35.4亿元的工农业生产总值，实现4.6亿元的利税，人均年经济收入14.3万元，走出了一条以工业化致富农民、以城镇化发展农村、以产业化提升农业的华西特色发展之路，为社会主义新农村建设做出了示范和表率，并正在努力建设一个文明富裕、和谐稳定、名副其实的"天下第一村"。这类村在长江三角洲、珠江三角洲和胶东半岛等经济发达地区均有分布，尽管总体上数量不多，但示范效应明显。

这类村在经济发达的长江三角洲、珠江三角洲地区比较多，甚至有些乡镇所有村都可以划入这一类型。如广东省东莞市的莞城街道、黄江镇、虎门镇等，几乎都有自己的特色，经济发展水平在全国处于前列。目前，东莞市农村集体经济发展已经进入高级化阶段。2014年，全市村组两级集体总资产1375.9亿元，同比增长4.5%，处于历史最高峰；经营纯收入103.8亿元，同比增长10.6%，首次跨越百亿关口。全市农村仅集体物业出租及相关收入就达到125.3亿元，同比增长5.4%；集体理财利息、存款等其他收入22.8亿元，增长12.6%。

这类村集体经济快速积累的重要原因之一，就是工业化过程中农村土地、劳动力等要素的隐性贡献内部化，直接形成村级集体经济发展资金。据中国人民大学课题组的一项研究结果显示，改革开放以来，中国农民在劳动力、土地和工农产品价格剪刀差三大方面做出的隐性贡献累计高达约18.9万亿—23.9万亿元，为国家工业化、城镇化提供了巨额资金支持。① 这类村在工业化过程中大量土地非农化，并吸收了大量外来劳动力就业，实际上是把土地、劳动力的贡献内部化，形成村集体经济快速积累。华西村合并周边村庄，也有通过村民集中居住结余建设用地用于工业化的意图。

（二）后发优势模式

这类村主要指改革开放初期以及以后，在能人的带动下，充分挖掘自身资源潜力，有的以工业兴村，有的以农产品加工业兴村，有的以旅游兴村，这类村的大部分集体经济积累没有前一类村那么多，名气没有那么大，但也有少部分村的集体经济超过了前一类村。如永联村曾是当时沙洲县（现张家港市）最小、最穷的一个村。1978年，吴栋材作为第七任工作组组长、第五任党支部书记被南丰镇派驻到永联村工作。从此，他扎根永联一干就是几十年，带领永联人将一个30万元的作坊式小工厂建设成为年销售收入达380亿元、利税20亿元的大型联合型钢铁企业。今日永联村，在全国60万个行政村中，经济总量排名前三、上缴税收排名前二、全面建设名列前茅。

再如，干河陈村位于河南省漯河市源汇区西南郊，20世纪90年代，该村与漯河市区仅有一路之隔，处于市整体规划区内。发展初期，干河陈村集体经济薄弱，几乎没有什么收入，村里用卖地款办的几家小企业只有投入，没有产出。为了改变这种局面，干河陈村党支部决定将个人承包的企业收归集体所有，清缴承包费用，理顺集体产权关系，仅仅一年就使集体企业扭亏为盈。为了更快推进

---

① 孔祥智：《城乡差距是怎样形成的——改革开放以来农民对工业化、城镇化的贡献研究》，《世界农业》2016年第1期。

农村集体经济发展，该村又把村民分散经营的土地收归村集体统一管理，并鼓励村干部、党员等带头以现金入股形式筹集资金300万元，组建了村集体控股的企业开源集团。1998年，公司收入达180多万元。2000年，干河陈村决定拆迁100多户，自主修路，修筑了6条、总长11公里的道路，主动对接城市，带动市区向南扩展6平方公里，使村庄和城区融为一体。二十余年来，干河陈村通过逐步融入城市，走出了一条城市近郊村后发超越、快速城镇化发展新路子。目前，村办集体企业开源集团已经成为集房地产业、旅游业、商业三大产业，拥有12家公司的集团公司，2015年净资产近20亿元，实现年营业收入10.7亿元。从20世纪90年代末开始，河南漯河干河陈村集体经济发展取得明显成效，正是基于以下特定前提：第一，地理位置是村集体经济发展的独特优势。一般而言，离城市比较近的农村往往最先被纳入城镇化进程。依托地缘区位优势，这些农村最容易承接城市的二、三产业，成为农村集体经济增长突破点。第二，村干部是村集体经济发展的关键因素。发展村级集体经济，需要有一个强有力的领导班子，更需要有一个思路清、懂经济、肯实干的带头人。受市场经济和打工潮的影响，许多年富力强、有头脑的农村能人纷纷外出务工或创业，导致农村发展后继乏人，而有带头人的村集体经济组织往往能脱颖而出。第三，村办企业是村集体经济发展的物质基础。村办企业是村级集体经济的主体，是实现共同富裕的基础。村办企业归村集体所有，每年的利润可由村里统一支配用来改造村级设施和提高村民生活福利。第四，外部支持是村集体经济发展的必要条件。改革开放以来，农村不再是传统的封闭空间，必然与外界发生关联。尤其是对于城郊村来说，在发展的起步时期，外部的支持与肯定更是必不可少。在干河陈村发展的关键时期，漯河市市长带来各部门就该村的发展模式进行专门调研，并形成一个会议纪要，初步确认了干河陈村自主开发、自主建设的城镇化道路。干河陈村集体经济发展的道路，对于城郊农村具有借鉴意义。

（三）集腋成裘模式

这类村绝大部分长期属于表1中"无经营收益的村"，但在改革中盘活各类看似不起眼的资金、资源、资产，如仍属村集体管理的果园、荒山、鱼塘、小型水利设施等，采取租赁、入股、拍卖等方式为集体经济注入新的血液，从而增加集体经济收入。如河北省石家庄市建立的村级财富积累机制就是欠发达地区发展集体经济的很好案例。具体做法是从规范农村集体资产、资源、资金管理入手，盘活闲置资产、资源，合理定价，竞标承包，规范管理，最大限度地实现农村集体资产、资源的合理保值增值，并合理运营，最终达到发展壮大集体经济、完善农村基本经营制度的目的。在石家庄市的探索中，首先是完善合同，承包、租赁合同的合法签订和及时完全兑现，将农村集体"三资"管理纳入法制轨道。其次，实现民主监管。以前农村集体"三资"之所以流失、丧失，就是因为缺乏有效监管。各村成立了一个由村"两委"成员和村民代表参加的村集体"三资"管理领导小组，负责本村集体"三资"的核实、登记和台账管理，对集体所有的土地、闲散地、林地、山场、滩涂、水面，以及房屋、厂房、沿街门脸、机具、农业基础设施、公用公益设施等，都要逐项分门别类地登记，核查清楚后建立台账，做好发包、租赁及合同建档管理等工作。在此基础上清产核资，并向全体村民公开，接受村民监督。村集体"三资"的处置，由村集体"三资"管理领导小组集体研究，村集体资源、资产经营权变更、大项开支等重大事项，都必须由村民大会或村民代表会讨论决定。村集体"三资"管理领导小组定期向村民大会或村民代表会报告村集体"三资"运营情况，并接受全体村民的监督。从运行结果看，石家庄市建立村级财富积累机制的尝试取得了很好的效果，不仅大部分村的财力有了较大幅度的增加，还形成了全新的村级经济治理模式，实现了农村集体经济的市场化运营和长期保值增值。

贵州省六盘水市在农村集体产权制度改革中推动了贫困村集体经济的发展。六盘水市地处贵州西部乌蒙山区，大部分村的集体积累很少，相当一部分属于"空壳村"，村干部没有为村民服务的基本手段。农村产权制度改革后，村集体把以前利用不充分甚至闲置的耕地、林地、荒山、池塘、场地等资源入股到新型经营主体，使这些资源充分发挥作用，产生经济效益，从而使参与改革的村摆脱了过去"等、靠、要"的状态，能够利用这些财力为农民提供公共服务，村干部的腰杆也"硬"了起来。2014—2015 年上半年，全市共有 16.52 万亩集体土地、8.21 万亩"四荒"地、32.18 万平方米水面、3450 平方米房屋入股到各类新型经营主体。通过股权收益，新增村集体经济收入 2477 万元，消除"空壳村"157 个，"空壳村"占比从 2013 年的 53.8% 下降到 18.6%。到 2015 年底全市 912 个行政村全部实现有村集体经济积累的目标。

三、中国农村集体经济发展需要解决的几个问题

中国农村集体经济的发展，在农村改革之后一度处于低水平徘徊状态，而在 21 世纪以后的改革中逐渐呈回复态势。但从根本上看，中国农村集体经济的进一步发展，需要重点解决以下三大问题。

（一）集体经济主体缺位

农村集体经济是劳动群众集体所有制的最重要组成部分。全民所有制的代表是国家，根据《中华人民共和国企业国有资产法》，各级政府组建相应级别的国有资产监督管理委员会（局）负责本级国有资产的监督和管理工作，并委派法人代表和经营团队进行管理和经营，使之保值、增值。但农村集体经济并不具备法人主体资格，

改革前政社不分,由人民公社、生产大队、生产小队分别负责本级范围内资产的管理,改革后则基本处于无主体状态,乡镇一级的资产(包括部分仍然属于乡镇所有的土地)由乡镇政府代管,只有少数地区成立了农工商联合公司或类似名称的经营管理机构。村、组两级基本上由村委会、村民小组代管。截至2009年底,全国农经统计调查的近62万个行政村中,只有25万个建立了村级集体经济组织,占全部行政村的40.5%。[①] 按照2010年中央一号文件的要求,"力争用3年时间把农村集体土地所有权证确认到每个具有所有权的农民集体经济组织。"按照这个部署,到2012年底,全国范围内农村土地的所有权已经基本落实到乡镇、村、组三级。由于缺乏相应的管理组织,大部分处于"名不正、言不顺"状态。当然,即使成立了相应集体经济组织,也没有法人主体资格,在对资产的管理上仍然没有法律效力,并且不能取得合法营业资格和组织机构代码,严重影响了集体经济的正常运营。

为了解决法律缺位的问题,江苏省要求各地成立村级社区股份合作社,将村级集体所有的经营性资产以股权的形式量化给每个村级集体组织成员,并遵循股份合作制的原则,形成一个民主管理、民主决策、独立核算、自主经营、风险共担的新型合作经济组织。规定一个行政村只能设立一个农村社区股份合作社,如该行政村下设的村民小组有独立的集体经营性资产,可单独设立农村社区股份合作社。农村社区股份合作社经县(市、区)工商行政管理局依法登记,领取农民专业合作社法人营业执照,取得法人资格。设立农村社区股份合作社时,行政村的村民为合作社当然的设立人;居住在该行政村辖区内的其他人员,经该行政村村民会议三分之二以上村民或者三分之二以上村民代表同意,也可以成为合作社的设立人。

---

① 关锐捷、黎阳、郑有贵:《新时期发展壮大集体经济组织的实践与探索》,《毛泽东邓小平理论研究》2011年第5期。

江苏省的做法很有推广价值。但是，社区股份合作社毕竟是和农民专业合作社不一样的组织，硬把专业合作社的"壳"套在社区股份合作社上面，难免出现漏洞，甚至捉襟见肘。北京市海淀区农村集体经济组织产权制度改革后，按文件要求成立农村社区股份经济合作社，并要求在农业部门登记注册，但其根本不具有法人资格。因此，从法律上尽快构建一个适合农村集体经济的组织机构是很有必要的。

（二）农村集体经济组织的成员权不清晰

农村集体经济组织成员权不清晰，在法律上说不清楚，是影响农村集体经济发展的又一重大问题。中国人民大学课题组调查了北京市海淀区十余个已经改制或者正在改制的农村集体经济组织，发现每个组织对成员资格的界定都不一样。区农委也只能是模糊地界定一个范围供各地参考。在这种情况下，一旦出现纠纷，就有可能出现法律争议等问题。农村集体经济组织的成员权，是指农民基于其成员身份，针对农民集体就集体财产和集体事务管理等方面的事项所享有的复合性权利，[1]是以集体成员资格为基础进行界定的。问题在于，这个"资格"究竟是什么，是指出生地还是贡献，不同时期出生的成员资格是否相同，等等。这些问题弄不清楚，就有可能损害一部分集体组织成员的权益，甚至出现内部控制问题，阻碍农村基层民主政治的发展。[2]从这个角度看，也有必要出台一部有关农村集体经济组织的法律，把农村集体经济组织成员、成员权界定清楚。

（三）法人治理结构不完善

2007年，农业部《关于稳步推进农村集体经济组织产权制度改革试点的指导意见》下发后，各地开始加快推进以股份合作为主要

---

[1] 管洪彦：《农民集体成员权研究》，中国政法大学出版社2013年版，第12页。
[2] 关锐捷、黎阳、郑有贵：《新时期发展壮大集体经济组织的实践与探索》，《毛泽东邓小平理论研究》2011年第5期。

形式，以清产核资、资产量化、股权设置、股权界定、股权管理为主要内容的农村集体产权制度改革。据不完全统计，截至2015年底，全国已有5.8万个村和4.7万个村民小组完成股份合作制改革，村、组两级共量化集体资产7417.5亿元，累计股金分红2591.6亿元，其中2015年股金分红411.1亿元。完成产权制度改革的集体经济组织大都要成立一个机构，如前述江苏省叫"农村社区股份合作社"，北京市海淀区叫"股份经济合作社"，也有叫其他名称的。这些组织的共同特点是，主要负责人基本上由村书记或者村主任担任，或者直接由村"两委"班子兼任。据统计，北京市村党支部书记兼任董事长的占93.8%。村党支部书记兼任集体经济组织负责人固然可以加强党对农村集体经济组织的领导，便于协调各组织之间的关系，但也会带来干部权责不清、决策不民主、资产管理不透明等问题，有的村甚至集体资产控制权集中在村干部等少数人手中，致使集体资产面临流失的危险。从市场角度看，专业人才不足成为制约股份合作社发展的重要因素。一方面，原有的村社干部缺乏资本运营、管理分配与市场拓展等专业知识，加大了集体资产运营管理上的风险；另一方面，新型集体经济组织也缺乏引进人才、留住人才的机制，造成能力强的职业经理人很难留在集体经济组织发挥作用。

农村集体经济组织法人治理结构的缺陷也造成了监督难题。虽然有的村成立了诸如村民代表大会、村民理财小组、"三老"[①]监督小组、"三老"工作室等，有的甚至把村委会公章分为几份，几方面代表合在一起才能使用，但这些措施对于集体资产不大的村尚可奏效，对于数十亿甚至上百亿元的大村，采取这样的监督方式会严重降低运行效率，无异于自杀。其根源在于缺乏现代化的农村集体资产治理方式。

法人治理结构不完善已经严重影响到农村集体资产的运行效率。

---

① "三老"，指老干部、老党员、老长辈。

从广东省东莞市的情况看，截至2014年5月，全市村、组两级总资产1317.3亿元，村均2.4亿元；总资产比2011年的1234.9亿元增加了82.2亿元，增长了6.66%，年均增长仅2.2%，低于一年期银行利息收入。净资产在2013年突破千亿元大关达1093.7亿元，只比2011年增加了139.2亿元，增长了14.6%，年均增长约4.6%。可见，如何通过产权制度改革提升农村集体资产的运行效率已经成为十分紧迫的问题。

四、进一步的讨论

农村集体经济发展是稳定和完善农村基本经营制度的重要内容，也是加快农村全面建成小康社会的重要保障。当前，中国农业农村发展发生重大变化，一方面，新型城镇化进程加速、生产要素流动加快、市场配置资源作用逐步加大；另一方面，资源环境约束趋紧、农业比较效益持续走低、国际竞争日趋激烈。面对新的发展形势，需要充分认识农村基本经营制度的长期性和适应性，在稳定基本经营制度关键内核的基础上，进一步发展壮大新型农村集体经济。

目前中国农村集体经济发展，不仅经营效率较低、市场竞争力偏弱、发展总体不足，而且经营机制落后、管理运作不规范，缺乏长效发展机制。从全国来看，集体经济薄弱村占大多数，有的村体经济组织有一定经济实力但也基本上以租赁物业为主，缺乏优良的经营性资产，没有形成稳定收入来源。有的村集体经济组织采取了分家底的方式进行改制，兑现比例过高，导致集体资产大幅减少，影响了改制后新型农村集体经济组织的持续经营。此外，现阶段税费负担也成为影响地方和集体经济组织推行集体产权制度改革积极性的突出问题。

当前和今后一个时期，围绕建立一项适应社会主义市场经济体制、符合农业生产特点、充满生机和活力的农村基本经营制度，需要凝聚共识，统筹谋划，协同推进，毫不动摇坚持集体所有制，着力解决农村集体经济在发展面临的体制机制性约束，在改革的关键环节、重点领域取得突破，探索集体经济有效实现形式与发展模式，促进新型农村集体经济发展壮大。

农村改革先行的意义*

林毅夫

今天我感到特别高兴,也特别荣幸,能够参加在杜老(杜润生)九十岁生日的时候召开的一个座谈会。因为在杜老的晚辈学生当中,算起来我应该是最幸运的。因为大家都知道我是在台湾出生,1979年才回到大陆来,然后在北大读了三年的书,就到芝加哥大学去留学。我在北大读书的时候,中国的农村改革已经开始,杜老的名字当时也经常听到,但感觉他是一个非常远的、非常令我敬仰的一位长者,从来没有想到自己有机会认识他,或是在他手下工作。在1985年的时候,我在芝加哥大学学完了一般课程,开始写博士论文,回到国内来收集资料。我在芝加哥大学只是一个博士生,在国内也不认识任何人,回到国内来收集资料非常的困难。当时国内的接待单位说,你要找农村的资料,怎么收集啊?我说我从报上看到了一个名字,就是杜润生,希望能有机会见见他,跟他请教一些问题。1985年的时候,我知道杜老当时主持很多工作,是非常忙的,在那种状况之下,杜老还特地接见了我,交代了中央农村政策研究室的同志照顾我、安排我到农村,到安徽凤阳去收集资料,使我能够很顺利地完成了在芝加哥大学的博士学位。我1987年回国的时候,离开国内已经五年了,从我1979年回大陆到1987年回国,也不过就是八年的时间,在国内也没有任何我认识的人,或是真正了解我的人。在那种状况之下,我找工作单位,很多单位表面上是欢迎我的,但是当我讲我要去那儿工作的时候,他们心里还是有点不放心的。可是杜老他张开双手,让我到当时的一个很重要的中央决策单位,中央农村政策研究

---

* 本文为作者2003年7月在农村改革座谈会上的发言(根据录音整理)。

室，国务院农村发展研究中心下属的发展研究所，去当副所长。因为杜老的这样一个胸怀，让我这么一个从海外回来的学子，能够很快地了解到、甚至在有些地方参与中央政策的讨论，观察中央的决策过程，让我有机会对中国改革所面临的问题，所遇到的困难，有深刻的了解。对我个人作学术研究工作以及后来的理论发展，这是一个最宝贵的经验，是我这一辈子最幸运的一件事情。从1987年回国工作以后，在1987年到1993年，基本上是在杜老的直接领导下工作，这可以说是我这辈子最幸运的、最充实的、最值得怀念的七年。1994年到北京大学成立中国经济研究中心以后，到现在转眼间前后有十年了。在这十年当中，我也是无时无刻地在杜老的精神感召之下，来研究中国的改革发展的问题、中国农村的问题。所以今天在杜老生日的讨论会上，我想再一次对杜老说，非常感谢杜老能够以一个长者的胸怀，以一个革命者对年轻晚辈关心的胸怀，接纳我这样一个从台湾回来的，从海外回来的学子，让我能够在大陆成长。

今天的讨论会，我的心情和刘主任、锡文的心情是一样的。首先觉得这是一个非常荣幸，但是总觉得自己的能力、辈分是不够的。但是既然杜老他看得起我，叫我来谈谈农村改革先行的历史意义，那么我就我自己所知道的，来谈谈我的一点认识。

要把中国的农村改革的历史意义了解清楚，我想必须放在一个比较大的历史背景来了解，因为中国的农村改革是中国现代化当中最重要的事情之一，而中国的现代化可以讲是中国的知识分子努力追求中国怎么样重新富强起来的一个过程。杜老是一个以天下为己任的知识分子。我们知道中国的知识分子在鸦片战争后，一直在想怎么能够让中国恢复到历史上曾经达到的地位。从鸦片战争到现在，经过150年的时间，当中经过几次革命的努力，在1949年毛主席在天安门上面宣布说中国人民站起来了。我记得有一次和杜老聊天，他说中国人怎样才能站起来，要是没有重工业，就没有国防产业，没有国防产业就要挨打。所以从1953年开始，中国开始实行了以重工业优先发展的计划经济体制。这个计划经济体制讲起来，应该说还是很有成效的。我们在很短的时间中，在贫穷的农业基础之上，能够有"两弹一星"的伟大成就。但同时我们也观察到当时重工业太重，轻工业太轻，人民生活没有多大的改善。到1978年开始农村改革的时候，我们还有30%的人口生活在贫困线以下。

怎么让一个国家富强的问题，不仅是中国的问题，实际上是工业革命以后世界所有的发展中国家面临的共同问题。因为从工业革命以后，世界上分成了发达的工业国家和落后的农业、被殖民的国家。二次世界大战以后，大部分被殖民的国家，它们取得了政治的独立，开始追求国家的现代化，包括印度、埃及、中南美洲国家。这些国家在取得政治独立以后，所推行的发展战略，虽然体制上有社会主义和资本主义之分，但推行的基本上也都是重工业优先发展这样一个战略。基本上从二次世界大战后，推行这样一个战略的国家，经过几十年的努力都没有赶上发达国家。所以从70年代末我们开始改革的时候，大部分的发展中国家都共同面临的一个问题，是怎么样使国家现代化以及完成国家的改革发展的问题。

中国是在1978年底开始的这一场农村改革，我们知道推行的家庭联产承包责任制，用农民的话讲"交够国家的，留足集体的，剩下都是自己的"，它极大地提高了农民生产的积极性，农村的生产快速地发展。由于粮食生产、农业生产的快速发展，使我们国家有信心在1985年把改革由农村推向城市。改革推向城市以后，农民还继续为改革做贡献。首先在农村创造了离土不离乡的乡镇企业，对我们的经济发展也是起了一个极大的推动作用。在1978年开始改革的时候，乡镇企业在工业的产值中只占8%，但在90年代初的时候，乡镇企业在工业的产值当中已经是三分天下有其一，在出口当中所占比重也达到40%。到了90年代，农民和农村还在继续为我们的改革做贡献，最主要的表现形式就是有将近一亿农民工进城，这一亿农民工到了东部沿海地区发展我们劳动密集型的产业，使我们的经济发展可以更好地利用我们的比较优势。从 1978 年到 2002 年之间，这 24 年间平均起来，我们的国内生产总值每年增长速度达到 9.3%，我们的国民经济增加了 8.4 倍。在 1978 年底，开始改革的时候，小平同志提出一个目标是 20 年的时间，国民经济翻两番。我们回顾一下，20 年的时间，我们国民经济不仅是翻两番，而且是将近翻三番。这个成就跟农民的创造、跟农村改革的成功是分不开的。

在中国开始改革的时候，苏联东欧也开始改革了，苏联东欧的改革和中国的改革方式很不一样。它们以城市的工业改革作为着手点，推行的办法是所谓的休克疗法。现在十年的时间过去了，最近世界银行出了一本书，这本书对苏联东欧的改革的情形做了一个总结，跟中国从农村开始改革做对比，可以说是天壤之别。在苏联东欧当中，成效最好的是波兰。波兰在 2000 年时国民生产总值跟 1990 年相比增长了 44%，而我们这 20 年的改革是增长了 8 倍。而俄国在 2000 年的时候，它的国民生产总值和 1990 年对比的话，是下降了 36%。尤其是把中国 1990 年的整个国民经济的规模与苏联 1990 年的规模相对比，1990 年苏联是我们的 70%，但是到了 2000 年的时候，俄国只是我们的 24%。不仅是其他改革的社会主义国家经济发展的绩效不好，实际上从 80 年代初开始，世界上绝大多数的发展中国家包括社会主义国家，还有印度，非洲、中南美洲、南亚的国家，也都在世界银行国际货币基金组织的推动下，进行了改革，但是它们的改革绩效同样是非常不好的。最近有一个世界银行的经济学家写了一篇文章，叫作《迷失的 20 年》。他研究了世界上很多的发展中国家在世界银行的推动下在 80 年代进行的经济改革，相对比这些经济改革的发展中国家，他发现在 1960 年到 1980 年的 20 年间，也就是还没有改革的 20 年间，它们平均每年的经济增长速度达到2.5%，但是在进行改革后的20年，也就是1980年到2000年这20年的时间，在世界银行、国际货币基金组织推动下进行改革的这些发展中国家，平均的增长速度是0，也就是基本没增长，比原来没有进行改革的时候还差。

东欧前社会主义国家跟中国改革前所面临的问题都是一样的，因为它们都试图在经济非常落后的基础之上去建立当时比较先进的重工业体系，在这样一个努力之下，它们共同出现了一些问题，也就是我们所讲的两大问题，一个是农民、工人的生产积极性问题，一个是产业结构不协调的问题，重工业太重，轻工业太轻，人民的生活得不到照顾的问题，这是所有发展中国家和社会主义国家共同面临的问题。而中国的改革，能够比较成功的原因是，针对这样一个结构特性，如果是积极性低，我们先提高工人的积极性，如果把积极性提高了以后，那么一批新的物质创造出来，然后把这些新的创造出来的物质，配置到我们原来被抑制的轻工业的部门，那么产业结构能够调整。积极性提高了，产业结构调整了，经济发展就快了，那么物质就多了。物质多了以后，我们就有更多的条件来解决原来的国有企业，原来的经济体系里遗留的问题，也是靠这样的办法来达到稳定和发展。在提高积极性方面，农村改革家庭联产承包责任制起了一个非常好的一个作用。"所谓交够国家，留足集体，剩下都是自己的"，从经济学的角度上讲，农民都变成了生产的主人。在这样的家庭联产承包责任制的改革之下，如果把1978年到1984年间和1978年以前25年的农业生产做对比，我们知道改革之前25年粮食生产平均每年只增产2%，人口增长也是2%，粮食拥有量没有增加，但是改革后这几年，在1978年到1984年，粮食每年增长4.8%。农村牧、副、渔全部包括在内，改革前平均每年增长2.4%，改革后平均每年增长7.7%。所以在80年代初，农民是十分高兴的，而且全国人民也非常高兴，因为农产品的供给也增加了。农村改革，创造了家庭联产承包责任制的改革，创造了这么多的新增加的物质下，农民掌握了这些物质，在改革进入到城市后，农民就把这些物质投入到新出现的乡镇企业，而乡镇企业的投资基本上都是在轻工业部门，在我们市场需求很大的部门这方面投资，同样是改革我们的生产结构，让我们的经济更好地更活地发挥比较优势，推动了我们的发展。这种改革方式，我觉得在理论上非常有意义，不仅对中国有意义，对其他发展中国家，现在还面临着改革和发展问题的国家，也是有意义的。怎么样先调动受抑制的积极性，把受抑制的积极性、生产能力释放出来，创造新的资源，然后把新资源配置到经济结构中，被抑制、被扭曲的生产部门，这样的话，就能取得发展，有了新的资源后，就能更好地解决遗留的问题。

中国的改革能够从农村开始，而且取得这么大的成就，是有些条件的。一个条件当然跟"文化大革命"后的拨乱反正，老一辈的革命家像邓小平、万里等等他们的眼光有关。但同时我还想有两个原因。一个是农民的首创精神，农民他是生活在最底层的，直接面向土地，直接面向自然，直接面向市场。只要将农民的首创精神释放出来，他自己就能创造出对他自己福利的提高有利的制度安排，这里包括家庭联产承包责任制，包括乡镇企业。除了农民之外，很重要的一个是有一批像杜老和在座的农研室领导那样了解国情、善于总结经验的干部，把农民的创造提升到理论，提升到政策的层次，制定与时俱进的政策，让农民的经验成为国内普遍的政策。

1978年改革到现在已经25年了，这25年可以说是中国历史上最好的25年，也可以讲是人类历史上不曾有过的25年。展望未来，现在是21世纪了，在十六大的时候中央提出在2020年全面建成小康社会，要在2020年的时候我们的国民经济翻两番，我想这个目标应该是可以实现的。但这个目标的实现最困难的地方是在农村，因为在80年代初农村改革取得成就是非常了不起的。1984年开始到

80年代后期，农村经济虽然还在继续发展，但是进入90年代以后，农村问题也逐渐在积累，尤其是在90年代末，所谓"三农"问题、农民收入问题成为大家普遍关注的问题。

怎样在农村问题上面继续取得突破？我觉得在80年代农村改革的经验还是一个主要的指导精神，一个是保护农民的首创精神，农民都知道他自己需要什么。但也需要真正了解农村，能够不断总结农村经验，把农民创造的经验提升到理论高度的农业政策的研究官员。我自己现在在北京大学做理论工作，我会沿着这个精神，不断总结我们经济发展、农村发展的经验，对农村改革、发展以及对中国的现代化做点贡献。

我今天再次感谢杜老给我这个机会，非常高兴看到杜老身体这么健康，也希望十年以后，在杜老一百岁的时候，我还能参加这样的研讨会，谢谢。

访谈篇

中共领导人与延安大生产运动

刘良玉

1942年，毛泽东为拍摄《南泥湾》影片题词"自己动手 丰衣足食"。

当时在延安开展的大生产运动中，以王震领导的三五九旅在南泥湾的屯垦成就最为突出，中外闻名。1944年6月，中外记者西北参观团访问延安时，周恩来提出首先访问南泥湾，由王震出面接待；7月22日，美军观察组到延安时，由叶剑英陪同参观南泥湾，王震又参与了接待活动。中外记者写了许多文章向国内外报道南泥湾的屯垦事业。

在具体指导和关注南泥湾屯垦的过程中，毛泽东和朱德以及当时主管大生产运动的林伯渠、李富春，还有被称为延安"四老"的谢觉哉等人，都留下了被人们传颂的故事。

毛泽东在延安大生产运动中

提出"自己动手，丰衣足食"的决策

1940年9月30日，陕甘宁边区政府在为八路军募捐寒衣代金券的信中写道："八路军是第一能打仗的军队，也是第一穷苦的军队，战士们没有饷，一个兵每月只花费国家几毛钱，有时连草鞋也穿不上，赤脚在霜雪地下跑；没有衣服，有的冬天还穿着单衣，他们单衣赤脚还在为民族为老百姓打仗流血……"

事实上，陕甘宁边区周围沟壑遍布、碉堡成群，形势岌岌可危。国民党沿边区构筑了五道封锁线，对边区实行军事、经济封锁，与此同时，日军亦不断对边区进行封锁与进攻。

形势是严峻的,出路在哪里?在马列主义经典著作中无法找到现成的答案。中国共产党人必须勇敢地迎接挑战,在重重包围中拼杀出一条血路。

此时此刻的毛泽东又想些什么呢?

这一时期的毛泽东留给人们的印象是:面目清瘦,磨破的棉衣袖口露出花白的棉絮,棉裤的膝盖处补了两块大补丁。他就穿这样的衣服上街,和群众拉话,为抗大学员、党校学生讲课。

当年的摄影记者为毛泽东拍下了穿着这身衣服讲课的瞬间。

1938年11月的一天,在凤凰山麓毛泽东与总政连以上的干部党员有过一次意味深长的谈话。

那次,是在干部党员刚听完中共六届六中全会精神的传达不久。当总政治部主任王稼祥陪同毛泽东从中间一孔窑洞走出来时,大伙用热烈掌声欢迎他们。

毛泽东微笑着跨前两步,走到大家面前,像乐队指挥伸出双手往下按了按,适才止住了掌声。

他简单介绍了当前形势。谈到如何解决边区遇到的困难时,摆出三条出路供同志们选择。

第一条是"蹲下"。毛泽东边说边把两手往袖筒一插,做出下蹲的姿势;蹲下干什么?就是在延安等死。这个办法行不行?大伙齐声喊:不行!

毛泽东微笑着"啊"了一声,似乎不在意地说出第二个办法,那就是大家统统打起包袱,不去抗日,不去革命,"聋子放炮仗——散了!"大家又齐声喊:不行!

毛泽东又笑了笑:看来第二个办法也是没有哪个赞成的。这时,他用坚毅的目光扫视在座的:那第三个办法就是大家团结一致,发扬艰苦奋斗、自力更生的革命精神,去战胜一切困难,这才是我们的唯一出路。机敏的毛泽东把一个严肃的话题采用轻松活泼的方式表达了出来。对这条办法，大家没有不赞成的。

就在这次谈话后不久，日寇的飞机三次轰炸延安，延安城变成一片瓦砾，毛泽东便从凤凰山麓搬到了杨家岭。

就是在杨家岭，毛泽东和他的战友们一道决策，开展起"自己动手，丰衣足食"的大生产运动。

三五九旅靠自己的双手创造一切，毛泽东称赞王震"有创造精神"

提到大生产运动，人们当然不会忘记三五九旅开创的光辉业绩。这一支英雄的部队，以他们的艰苦创业精神，使大生产运动这一历史篇章熠熠生辉。

1940年到1941年，是陕甘宁边区最困难的时期。对这一艰难困苦的局面，三五九旅旅长王震深有体会。

国民党掀起第一次反共高潮时，三五九旅从前线调防回到边区。一次，王震问毛泽东：部队发饷怎么办？毛泽东这样回答他：何应钦（时任国民党政府军政部长）不发饷，我哪有钱？

为了克服边区遇到的困难，中共中央号召开展大规模的垦荒运动。1941年3月，三五九旅的将士们在王震带领下，开赴南泥湾，打响了一场特殊的战斗。到1944年，他们开荒35万亩，做到了耕三余一，上交公粮300万斤，还建起了纺织厂、肥皂厂，搞起了长途运输。以三五九旅为代表的一大批屯田区先后建成，为边区的经济建设释放出源源不断的能量。

1942年12月14日，西北局高干会表彰奖励了领导大生产运动有功绩的22名领导干部和三五九旅等3个集体，毛泽东亲笔题词称三五九旅是"发展经济的前锋"，称赞王震"有创造精神"。

1943年9月，秋高气爽，南泥湾迎来了又一个丰收的节日。在这金秋时节，毛泽东、朱德、任弼时等领导同志来到南泥湾视察。一路上，走走停停，中午时分才到了三五九旅的驻地金盆湾。

稍事休息，旅首长请他们吃饭。毛泽东风趣地说："刚来就吃饭，可见你们的粮食很多啰！"他问部队的伙食标准，王震很自豪地回答："刚来的时候，平均每人每天种三亩地，只吃两顿杂合饭。1942年以后，随着生产的发展，生活一天天好起来。每人每天至少吃到斤半粮、斤半菜，每天平均五钱油，每月吃两至三斤肉。"毛泽东听了不时点头微笑。

在通讯连，毛泽东看到了战士们用桦树皮做的学习本。王震解释说：同志们都叫它油光纸。毛泽东插话：你们这里什么都不花钱，同志们靠着自己的双手，创造了一切。

在宿舍，他看到战士们脸色红润，便问，有没有发现柳拐子病（俗称大骨节病）？战士们摇摇头。毛泽东揉着一个战士的手指头："国民党要困死、饿死我们，他们越困，你们越胖了。看，困得同志们连柳拐子病也消灭了。"幽默的话语，把战士们全逗笑了。

毛泽东的南泥湾之行是匆忙的，但却从南泥湾的变化看到了边区光明的前景。在招待陕甘宁边区劳动英雄大会上，毛泽东这样评价军队大生产运动："我们的军队既不要国民党发饷，也不要边区政府发饷，也不要老百姓发饷，完全由军队自己供给，这一个创造，对于我们的民族解放事业该有多么重大的意义啊！"

是的，三五九旅所创造的自力更生、艰苦奋斗的光辉业绩，已经成为我们克敌制胜的巨大法宝，成为中国共产党人思想宝库中的宝贵财富。

毛泽东把自己亲手开荒种的辣椒送给斯大林

在大生产运动中，毛泽东是一位普通劳动者。他选中的是自己窑院下面靠近小河沟的一片空地。出于工作考虑，身边的工作人员曾多次提出为他代耕，都被谢绝了。这以后，不管是早晨，中午或者下午，毛泽东都会抽空到这里劳动。他在工作之余开垦出一亩左右的一块菜地，在这里种上青菜、西红柿、辣椒之类的蔬菜。他不辞劳苦，常常汗流浃背地给菜地松土、浇水、上粪肥、锄草。

土地没有辜负他的辛劳。夏天，地里的青菜绿茵茵，西红柿红艳艳。毛泽东用自己的劳动果实犒劳登门造访的贵客。他还托苏联机组的同志送给斯大林一小布袋亲手种的红辣椒，以表达对苏联支援中国抗战的谢意。

1940年2月18日，延安中央大礼堂召开各机关、部队、学校生产总结颁奖动员大会，毛泽东与张闻天、王稼祥等人被评为"特等劳动模范"。

在大生产运动中，中共中央领导人就像普通百姓一样，毫无特殊之处。周恩来、任弼时被评为"纺线能手"；朱德不但把自己的马匹让出来搞运输，还时常背上粪筐积肥。一个美国人在延河边散步，碰到了从田野挑马草归来的林伯渠，发愣地喊："主席先生！我在这块土地上，从你们的行动里，看到了中国的光明和希望。"

朱德多次勘察南泥湾，为部队屯垦选址

李富春陪同勘察选址

在1943年的生产运动中，八路军第一二〇师三五九旅取得的成绩格外引人注目。这支部队是1939年从华北调回陕甘宁边区担负保卫党中央和保卫边区任务的。当时，为了不增加群众负担，朱德提出"屯田军垦"的主张，得到毛泽东的支持。李富春也很赞成这个主张。三五九旅开垦的是位于延安东南金盆区的南泥湾，这是李富春陪同朱德进行多次勘察后选定的一块地方。南泥湾地区辽阔，土质肥沃，荒无人烟，适于开垦。同时，这里又是边区的前哨阵地，往南就是国民党统治区，部队驻扎在这里可以同时兼顾打仗、生产和做群众工作三大任务。[①]

---

① 选自房维中：《李富春传》，中央文献出版社2001年版，第258页。

露营南泥湾，绘制开发地图

1941年的春天，朱德又带领二十几名警卫战士来到南泥湾，为开展南泥湾大生产勘察定点。那一天，朱德和战士们带着干粮，骑着马，走了百余里路，来到了南泥湾。当时的南泥湾，到处是齐腰深的蒿草，满山是一片片的野树丛，百里远近的地方，只有几户人家。朱德首先请来当地的一位老农，亲切地向他询问南泥湾的情况。在这位老农的指引下，朱德又骑着马仔细地勘察了南泥湾的地形。他拔起一棵棵老蒿子，看黑土层有多厚，适合种什么庄稼。走一沟看一沟，整整察看了一天，还没有看完。晚上，朱德就让战士们点起几堆篝火来，露营在这里。同志们围着火堆一边吃着带来的干粮，一边听他讲红军长征时的故事。朱德充满信心地说："现在可以挖到野菜吃，比红军长征的时候好多了。当前的困难是暂时的，我们会好起来的。"这天夜里，山里的豹子和野狼，对着火堆嚎叫，马惊得又蹦又跳。就这样，战士们跟着敬爱的朱德总司令，在南泥湾度过了一个终生难忘的夜晚。第二天的上午，朱德又查看了九龙泉的一些还没有转到的地方，绘制了一张开发南泥湾的地图，就返回来了。以后，当三五九旅开发南泥湾的时候，朱德又把警卫战士送去开荒生产。两年以后，朱德又一次视察了南泥湾，这时这里已经变成了"陕北的好江南"。[①]

叶剑英关怀南泥湾的生产和练兵

在延安艰难的岁月里，大家工作异常紧张繁重，生活极其清苦。在这样的条件下，叶剑英始终以积极乐观的态度和大家一起动手改善物质文化生活。他响应党中央、毛泽东提出的"自己动手，自力更生，艰苦奋斗，克服困难"的号召，领导军委机关、部队积极开展大生产运动。他从重庆带回用苎麻纺成的线和织成的布，在延安

---

① 选自朱德警卫员李少清：《缅怀敬爱的朱委员长》。

办展览，试制推广。①他不仅带头在参谋部驻地周围开荒种地，纺线织布，养猪种菜，而且非常关心在延安附近南泥湾屯垦的三五九旅，多次亲临视察，指导生产和训练。当年的三五九旅旅长王震在回忆这一段历史时，激动地说："那时，叶参座非常关心我们，一来了，饭也顾不上吃，就到屯垦地段去视察，和战士们一起座谈生产经验，商量怎么达到生产自给的指标。为了保卫延安，打退胡宗南部队的骚扰和进犯，他亲自指示预定战地和布防。有一次部队搞野外演习，他来到现场观察指示，要求很严，边看边做笔记。演习结束后，他做现场讲评，鼓励部队既要会生产，又能打仗，要练出杀敌真本领。他讲得很幽默，很风趣，在场的官兵和美军观察组都听得入神，感佩不已。我至今还保留着他在练兵场上讲话的照片，每次看到它，心情都很激动。"②

林伯渠带农业技术员到南泥湾勘测

军队实行屯垦这是朱德倡导的，其中也渗透着林伯渠的许多心血。南泥湾在延安东南90里处，水源充足，土地肥沃，百年前，曾经是人烟稠密、经济繁荣的地方。清朝同治年间，清政府镇压西北捻回起义，使这里人烟断绝，荆棘丛生，成了狐狼出没的地方。早在1940年春，林伯渠利用回延安向党中央汇报工作之机，就曾亲自带领农业技术人员去南泥湾进行过踏勘，认为这里是开荒生产的好场地。1941年春，王震率领八路军三五九旅到南泥湾地区实行屯垦后，把荒凉的南泥湾变成了到处是庄稼、遍地是牛羊的"陕北好江南"。林伯渠对三五九旅在一年之内开垦良田万顷，做到"禾黍盈野绿，瓜菜满阡陌"，十分喜悦。他在《和朱总司令游南泥湾诗》中写道：

---

① 访问吴有恒谈话记录，1987年11月。
② 访问王震谈话记录，1989年9月。

农可属于兵，犹兵寓于农。
执枪杀贼寇，释枪事田垄。
兵农一身任，是为真英雄。
伊谁先示范，三五九旅功。
……
用知策群力，自不患困穷。
从来言兵者，粮秣预为充。
粮匮军亦匮，今古一例同。
谁能宏创造，自给谢民供。
不为环境苦，红军仍足风。

1943年春节，林伯渠亲率边区政府慰问团到南泥湾，视察驻军的生产情况后，向记者发表谈话，盛赞三五九旅艰苦奋斗、克服困难的革命精神。他说："像这样忠于保卫边区而又竭力设法减轻民负的军队，乃真正的是我们边区人民自己的军队。"号召边区干部和人民，向军队学习，并在各方面给军队以具体的帮助。当时，边区留守部队除屯垦南泥湾外，还在槐树庄、大凤川、豹子川、清泉沟、戎芦河等地屯垦，这些部队也都为保卫边区和大生产运动作出了贡献。①

在大生产运动中，毛泽东主席、朱德总司令提出了屯田政策，三五九旅一面保卫延安，一面到南泥湾进行屯垦，而最先踏勘南泥湾的却是林伯渠。1943年，林伯渠带着边区政府的礼物前来慰劳军垦战士，在做报告时说："八路军是无敌的军队，它既能从日本侵略军手中夺取武器，武装自己，又能征服自然，自己动手，丰衣足食。"给了指战员很大鼓舞。②

---

① 选自《林伯渠传》编写组：《林伯渠传》，红旗出版社1986年版，第263—264页。
② 参见王震为《林伯渠传》所作的序，红旗出版社1986年版。

谢觉哉到南泥湾休养和考察

1944年8月，谢觉哉再次到南泥湾休养。同去的还有李鼎铭夫妇和刘景范等人。南泥湾既是休养胜地，又是边区生产运动的大本营。谢觉哉来到这里，既可休养，也能考察生产情况，学习经验。于是，他常常爬山越岭，到部队农场去察看庄稼。8月11日这天，他同刘景范、李力果，步行十数里，到边府农场去看秋田的长势。他将这里的稻田同部队种植的相比，发现两处有些差距，便从中找原因，总结经验。在沿途的梢林中，刘景范还帮他认识了好几种药苗，他采回几株黄连作为标本。谢觉哉将他亲眼所见的生产情景，在休养所里写成诗篇和文件，带回延安，报告给党中央。①

（本文写于2002年11月，
作者系中国农垦经济研究与技术开发中心高级农经师）

---

① 参见《谢觉哉传》编写组编：《谢觉哉传》，人民出版社1984年版。

王震与石河子军垦事业

许人俊

1949年底，我解放大军解放了除西藏、台湾以外的国土，新中国已经诞生。当时，党和政府正面临医治战争创伤，克服经济困难，迅速恢复和发展生产的严峻局面。

民以食为天，吃饭第一。亿万人民要吃饭，四万多工厂生产要原料，全国粮、棉、油、肉等基本生活必需品严重短缺，加快发展农业生产的任务万分紧迫。同时，大规模战争基本结束，庞大的军队开始整编和精简，全国有二百多万解放军官兵需要妥善安置。另一方面，新中国漫长的边防线又亟待加强和巩固。这一连串关系国计民生的大事，无一不牵动着中央领导人的心。毛泽东、刘少奇、周恩来、朱德等审时度势，当机立断，决定组织军队参加农业生产，确保粮食供应。

当年12月5日，毛泽东发布命令，号召全军："除继续作战和服勤务者而外，应当负担一部分生产任务，使我人民解放军不仅是一支国防军，而且是一支生产军，借以协同全国人民克服长期战争所遗留下来的困难，加速新民主主义的经济建设。""人民解放军参加生产，不是临时的，应从长期建设的观点出发。而其重点，则在于以劳动增加社会和国家的财富。"

当时，王震将军正在新疆军区担任司令员。他是农民出身，一向眷念土地，热爱农业生产。早在抗日战争时期，他在延安就响应毛主席"自力更生，丰衣足食"的号召，带领八路军三五九旅在南泥湾开荒种地，轰轰烈烈掀起大生产运动。通过艰苦奋斗，终于将荒无人烟的南泥湾变成了塞北的"米粮川"和"好江南"。

这一次，他又积极响应毛泽东主席的号召，向新疆部队发布开展大生产运动的命令，动员十一万名指战员在天山南北、戈壁荒滩安营扎寨，屯垦种田，创建军垦农场，实现部队粮油基本自给。

时任新疆军区副司令员的起义将领陶峙岳、二十二兵团参谋长陶晋初和军政治委员张仲瀚等将军，也纷纷热烈表示拥护党中央的决定。

王震将军工作雷厉风行，历来说干就干。

第二年元旦刚过，边疆大地寒风凛冽，天山冰雪尚未融化，王震就邀请陶峙岳、陶晋初、张仲瀚和二十六师政治委员王季龙，外加几位农业、水利专家一行人马启程。

他们跨上战马，不顾寒气袭人，纵马驰骋，冒着风雪前往玛纳斯河流域西岸进行现地勘察。

只见那里水土资源丰富，荒草丛生，一望无际，有四百多万亩可垦荒滩，大家兴奋至极。几位将军和专家踏着冰雪覆盖的荒野勘测，初步商定将这一带作为部队垦荒生产的基本地区。

王震还提出：根据彭德怀司令员的指示，我们打算在玛纳斯河流域兴建一座现代化的新兴城市，既有利于大规模发展农业生产，又有利于安置转业退伍官兵。

革命将领和农业、水利专家们一致赞成这一方案，人民共和国一个开拓创新、富有理想、垦荒兴建石河子城的伟大设想，就这样在戈壁荒野上初步确定了！

石河子位于天山北麓，准噶尔盆地南缘，原是古丝绸之路上一个荒僻的乡野小村。因玛纳斯河流经那里，岸边有一条山洪造就的卵石沟，宛如一条流淌着石子的河。于是人们就为它起了一个苍凉的名字——石河子。

过去，从新疆首府迪化（今乌鲁木齐）到中苏边境城市伊犁，漫漫荒野，路途遥远。人们从事经商活动，常常长途跋涉，风餐露宿，旅程十分艰难。中途饮水、喂马、食宿、休息，诸多不便。后来，有三户人家开始在玛纳斯河边、戈壁荒滩上大胆、艰难地建起一个大车店。

当时，那里虽然只有一条泥泞、坑凹的道路，但因位于东西方丝绸之路要道上，水质、水源又好，自然成为古代客商、行人往来食宿、饮马的驿站，颇受人们青睐。

随着岁月转移，商贸来往不断发展，石河子也缓慢发展。

三户人家，加上一个大车店，这就是古老石河子的最早起源。

1950年8月，戈壁滩上烈日炎炎，玛纳斯河流域热浪滚滚。新疆军区司令员王震偕同陶峙岳、张仲瀚等，再次挥鞭策马来到石河子荒滩，为垦荒建城作进一步勘察。

王震跃身下马，一手牵马，一手挥鞭遥指远方冰雪皑皑的南山，热情豪爽地对陶峙岳等人说："你们看，天山是座宝库。山顶终年不化的积雪，是用之不竭的天然固体水库。山下这一片土地肥沃，是我们建家立业的好地方。我们不但要把石河子建成一个生产指挥中心，还要把它建成一座现代化的新城！"

陶峙岳将军戎马一生，曾带领部下驻守边疆、征战多年。新疆和平解放之前，他和好友赵锡光将军曾经商定：要尽力保边境、安百姓，决不让国土在自己手中受到帝国主义势力入侵；新疆一旦和平解放，就把国土和新疆部队一起交给共产党和解放军，结束历史使命，解甲归田，告老还乡。

陶峙岳是一个具有袍泽深情讲义气的军人，个人事小，众人事大。部队起义后，他经常思考的一个问题是：那些随自己守卫边疆、征战戈壁多年的部下如何安置？不能让他们无家可归，流离失所呀！然而，新疆安家落户，困难又很多。谈何容易！他曾经想得最多、最好的办法是：发点钱，给点路费，把大家遣散回老家。

正当陶峙岳为如何安置众多部下彻夜难眠时，没有想到王震竟代表共产党向他表示："起义部队过去守土有责，立了功。起义以后，可以和我们一起转向生产，屯垦戍边嘛！而且我们还要兴建一座现代化的新城，妥善安置大批退伍官兵。"

这一设想，陶峙岳从来没有想过，也从来不敢想。现在王震将军主动提出来了，充分体现了共产党人的远大理想、宏伟气魄和崇高品德。

他既感到无比惊奇，又感到非常钦佩，举双手赞成。当即兴奋提出："王司令员如果同意，这件事就交给我吧！"王震豪爽地答道："有陶将军挂帅，定会旗开得胜！"

几位将军不顾炎热，在石河子荒滩上边走边谈，兴致越来越浓。王震突然想起唐代边塞诗人岑参写的《火山云歌送别》。陶峙岳随即脱口而出："火云满山凝未开，飞鸟千里不敢来。"王震虽是工农出身，但一向充满浪漫色彩，喜欢诗词。他听后兴奋地说："对，对，就是这一首。不过，我们现在要改一改！你们看，把这两句改成'瓜果遍地百花开，火车开到这里来'，怎么样？"陶峙岳、张仲瀚等齐声叫好，荒滩上顿时响起了欢快的笑声。

陶峙岳驻守新疆多年，熟知古代王朝在新疆屯垦戍边的故事，他即兴讲述了一些。王震满怀豪情地说："过去封建朝代能做的事，我们为什么不能做？不仅要做，而且还要比古人做得好才对。咱们此行的目的，就是要干一番前无古人的事业。要让戈壁变绿洲，沙漠变良田。"

王震不仅善于指挥打仗，而且善于指挥建设。在他的统一指挥下，吸收上海著名建筑专家参与的规划设计小组迅速成立，很快拿出《新疆省石河子市城市建设方案》草图。他积极参加讨论，富有远见地提出："要用现代化的眼光来建设现代化的城市和农场。今天的设想，过几十年以后，要让人们看了仍然感到新鲜才对。"

张仲瀚是个知识分子出身的老八路。当时，他曾经画过一张城市规划草图。主张把城市马路设计得宽一些,但遭到部分同志反对,说他脱离实际,好高骛远。

后来,讨论城市规划时,王震将军支持说:"他们说你把马路设计得太宽,我看还可以再加宽,要能两辆车并排行驶才行。我们不能只看眼前,要想到几十年后,石河子的人口大量增加。到那时再拆再挖,人们就会骂我们这些创业者目光短浅。"

为了长远打算,王震还建议在规划设计图纸中再留几所大学的地盘。

经多次反复讨论,城市规划设计方案最终确定。石河子定为二十二兵团领导机关的驻地,市区的机关、工业、商业、文教、卫生保障、住宅区,以及体育馆、公园、道路、林带绿化区,均科学布局,划定范围。城市道路设计宽广,交通干线整齐合理,四处植树造林、栽种花草,从而为后来建设绿色美好城市创造了条件,奠定了科学基础。

兵贵神速,军人一向视时间和速度为生命。三个月后,二十二兵团司令部的大队人马,从乌鲁木齐出发,浩浩荡荡迁往渺无人烟的石河子。由兵团负责人赵锡光、张仲瀚等将军挂帅的工程处,迅速发号施令,调动大批部队会战,并从四面八方选调能工巧匠参加城市建设。

由军人选址、军人设计、军人施工建设城市,这在我国城市建设史上是罕见的。兵团广大官兵听说要为自己在新疆屯垦戍边、建设安家落户的城市,个个兴高采烈,人人干劲十足。于是戈壁荒滩上霎时间人流如潮,车辆奔驰,人欢马嘶,到处一片沸腾。

那时,王震、陶峙岳等高级将领在石河子,不仅深入连队和伙房,关心官兵的日常生活,而且深入施工现场,和大家一起呼喊劳动号子,挥汗如雨地奋战在建筑工地。

榜样的力量是无穷的。目睹将军们身体力行,以身作则,广大官兵更受鼓舞，大家常常日以继夜战斗在工地上，弄得干部们经常堵门截路，劝阻战士们不要摸黑上工地干活。

当时，建设条件相当困难，王震一再强调实事求是，量力而行。修建兵团大楼时，原计划中间塔楼盖七层。王震视察后，认为塔楼面积小，不大适用。加之施工技术性强，建筑材料短缺，他指示去掉塔楼，改为四层。

对于大家的生活住房，他提出："房子修好一点，窗上装玻璃，不要糊纸，让同志们住好一些，生活过得幸福一些。"

1952年，兵团办公大楼和礼堂等建筑相继竣工。此后，一座现代化的新城在军垦部队的手中逐步完善，神奇地出现在茫茫戈壁荒滩上。

军垦官兵们以现代化的眼光和科学态度，加上辛勤的劳动和汗水，在玛纳斯河流域建起了宏伟美丽的军垦城，为军垦人铸成一座史无前例的历史丰碑。

时代在前进，社会在发展。此后数十年，石河子市的领导班子虽然历经更迭，但城市建设规划大格局基本未变。各项城市设施和功能，在王震、陶峙岳、张仲瀚等创始人规划的基础上，也不断完善、充实，不断创新、发展，但还没有出现过大改建、大拆迁，这充分体现了王震将军等老一辈领导人的智慧和远见。

时光流逝，岁月轮转。几十年后，陶峙岳老将军回首往事，感慨万千地写道："抚今追昔，今天之所以有石河子新城和生产发展的局面，主要是由于王震同志的高瞻远瞩和卓越的见解，以及他果断的决策所致。"

王震和陶峙岳二人原来并不相识，只因新疆和平解放、进军戈壁滩、建设石河子、屯垦戍边等宏伟壮丽事业，使他们朝夕相处，建立了深厚的友情，成了密友、挚友、诤友。

1970年，陶峙岳将军离职回到家乡湖南长沙安度晚年，王震依然时时惦记、关心陶峙岳，凡路过长沙总要前去探望老朋友。

1980年4月，王震再次路过湖南长沙，又去看望老友。91岁的陶峙岳激动万分，写了一首《书怀》相赠，特意在前言中说："今日新疆建设之成就，实有赖于当时王司令员植其始基，缅怀往昔，因缀数语以志之。"诗中写道："百年魔怪舞，国步苦艰难。重霄发惊雷，为民解倒悬。奇兵向边塞，春风度玉关。将军何雍容，谈笑指天山。边军同举义，弃暗乐开颜。各族紧团结，军民同苦甘。改造大自然，开发戈壁滩。挥锄为富国，执戈以防边。万里若金汤，漠野变良田。且喜百业兴，万众齐争先。卅年勤建树，景物更鲜妍。伟哉共产党，饮水必思源。四化又长征，投砖幸有缘。遥望阳关道，欣看猛着鞭。"

1982年9月，这位起义将领，经过王震、张仲瀚等老同志和党组织的帮助，在93岁的耄耋之年，终于加入了中国共产党，实现了深藏胸中的久远理想。

立足农业，农工商各业并举

军队自古以来都是吃"皇粮"的。新中国成立前，驻守新疆的军队，一直是向由当地百姓征供粮，或由中央政府从内地长途跋涉调运粮食。唯有共产党领导的解放军，进军新疆后改变了历朝历代"当兵吃粮，吃粮当兵"的传统做法。

解放初期，王震有一次讲话曾经指出："我们伟大祖国领土辽阔，国家在经济上还很落后。所以，我们驻扎西陲的国防军，是要长期驻屯不能换防。因此，就不能不转为劳动军状态。"他还说："新疆军区部队转业为劳动军，从事劳动生产，参加国家建设，就是巩固国防的具体体现。"

如今，王震、陶峙岳等带领新疆部队举着红旗进军戈壁滩，开始垦荒种田，建场建城，执行屯垦戍边的历史使命，全军上下感到无比光荣和兴奋。

那是 1950 年夏天，广大官兵集合在亘古戈壁荒原上，大家聚精会神地看着王震、陶峙岳将军一手扶着犁，一手牵着马，挥动马鞭，策马拉犁，启动了新疆军区具有历史意义的军垦第一犁，从而拉开了新疆垦荒建场、屯垦戍边的帷幕。

接着，大家争先恐后挥舞镐头、铁锨，轰轰烈烈掀起垦荒种田的高潮。

进军石河子荒原的军垦部队，既有当年在延安南泥湾开展大生产运动的三五九旅，也有新疆和平起义的部队。他们共同的特点是：大都是农民出身，来自农村，熟悉农业，能吃苦耐劳；具有部队集团作业的传统，组织纪律性强，听从指挥，服从命令。

部队在广阔的戈壁荒原上，像执行战斗任务一样，领导指向哪里，官兵们就战斗在哪里。一个个生龙活虎，头顶蓝天，脚踏荒滩，战天斗地。

当时，茫茫荒原上红旗招展，人头攒动，铁锄翻飞，车来人往。到处都在披荆斩棘，垦荒造田；荷镢扶犁，挖掘渠道；修路架桥，植树造林……

那是一个革命激情如火如荼的年代，解放军官兵人背手拉扶犁开荒，挥着镐头挖渠，常常是"一寸一滴汗、一步一哼哈"地艰苦奋斗。

军垦部队当年艰难垦荒造田 83 万亩，就是这样艰难开垦出来的，而且当年丰收，竟然生产粮食 6854 万斤、棉花 7500 担、油料 372 万斤，创造了人间伟大的奇迹。

这些辛勤生产出来的粮油，足够新疆部队吃半年以上，不仅大大减轻了国家的负担，而且也免除了当地少数民族的负担，受到各族同胞的高度赞扬，密切了军民关系，增强了民族团结。各族群众齐声欢呼"共产党亚克西！""解放军亚克西！"

1954年10月，中央正式批准成立中国人民解放军新疆军区生产建设兵团。司令部设在石河子，陶峙岳任司令员，程悦长、赵锡光任副司令员，中共中央新疆分局第一书记王恩茂兼任政委，张仲瀚任副政委。兵团属于军队序列编制，受军队和地方双重领导。

这是人民共和国国防建设上少有的一项重大战略决策。因为，地处我国西部边陲的新疆，不仅地域辽阔，占全国国土面积的六分之一；而且与周边印度、巴基斯坦、阿富汗、蒙古等国接壤，共有五千多公里地形复杂的边境线。那里，还是我国通向中东和欧洲的交通要道。自古以来，国际帝国主义和民族分裂势力，他们在那里一直虎视眈眈，兴风作浪，不断制造武装冲突，挑起边境事端。巩固国防、守卫边疆的任务十分艰巨、繁重，单靠国防军显然难以完成这一重大历史使命。所以，中央确定必须本着亦兵亦农、劳武结合、屯垦戍边、寓兵于民的方针，组建新疆生产建设兵团，在漫长的边境线上配合国防军巩固国防。

兵团直辖南疆管理处和石河子管理处，下辖十个农业师和一个工程建筑师，共计十多万人。原二十二兵团二十五、二十六、二十七师依次改编为农业建设第七、八、九师，骑兵七师编为农业建设第十师，骑兵八师编为工程建筑第一师。他们执行"生产队、工作队、战斗队"的历史使命，长期扎根边疆，守卫和建设边疆。

石河子是新疆军垦事业的发源地，新疆生产建设兵团是我国军垦事业的开路先锋，也是我国最早大规模开发大西北的排头兵。

军垦部队用勤劳和汗水，将西部边陲沉睡千年的亘古荒原，改造为渠道连网、良田连片、树木成行的军垦农场。它带动了西部和全国各地大规模兴起农业开发的高潮，大大缓解了我国人多地少的矛盾，充实了西部缺粮地区的供应，功勋卓著。

新疆光照时间长，光能资源丰富，富有棉花生产的自然优势。但过去国际棉花研究权威理论一向认定：北纬44度以上的玛纳斯流域地区，是棉花种植禁区，不能种植棉花。

军垦部队并不墨守成规，而是发扬艰苦奋斗、勇于开拓创新的精神，坚持做前人没有做、不敢做的事情。

从20世纪50年代初起，兵团农业科研人员在玛纳斯流域，坚持同垦荒官兵紧密合作，开展棉花试种，摸索经验。三年后，石河子八一农学院院长涂治和苏联棉花专家在该地区进行两万亩棉花丰产试验。

功夫不负有心人，几经反复试验，棉花丰产喜获成功，皮棉亩产高达66.3公斤。

五年后，该地区8万亩棉花，继续大面积丰收，皮棉亩产50.2公斤。

军垦人两次创造了大面积棉花单产的全国纪录，打破了该地区不能种植棉花的国际定论。国内外棉花种植专家高度评价这一成果，称赞是"戈壁绿洲的奇迹"。

石河子棉花研究所的专家们，在几十年的科研生涯中，先后培育出5个优良棉花品种，其中抗病新品种"新陆早10号"填补了新疆棉花生产的空白。这些棉花优良品种，不仅成了新疆的主栽品种，而且在西北地区广泛种植，取得了巨大的经济效益和社会效益。兵团是我国优质棉花的主要生产基地，20世纪90年代，他们的棉花生产利用覆盖技术，平均亩产已超过100公斤。如今我国已成为世界第一棉花生产大国，新疆生产建设兵团功不可没。

20世纪70年代，美国人造卫星从高空观测，发现新疆戈壁荒漠中有一大片绿岛，不知何物。若干年后，联合国粮农组织派出考察组，深入新疆戈壁滩进行实地考察，才知道那是军垦战士多年垦荒造田、植树造林，用勤劳的双手和惊人的智慧、毅力，将沙漠逼退60公里，最终形成的人造绿洲。大家惊叹不已，高度称赞："由退伍军人组成的绿色开发部队，是中国的一个创造，创造的是一个历史辉煌！"

如今，新疆地区每三亩半耕地中，就有一亩是军垦战士开垦的。兵团农场已成为我国重要的粮食、棉花、畜产品生产基地和农产品出口供应基地。这是王震将军等指挥百万军垦大军改造和战胜大自然的伟大历史贡献。

王震是个奇才，他虽然出身农村，但目光远大；他读书不多，但思路开阔；他热衷农业，但又不局限于农业；他没有学过经济，但却懂得经营。

当初，在石河子垦荒造田时，他就经常思考办什么样的农场，是单纯搞农业，还是同时也搞工业、搞商业？在大生产过程中，他还思考：是为商人提供各种生产原料，还是自己去收购、去供应？农场生产出来的产品，是自己去销售、加工，还是交给商人去办？

当时，他就敢想敢干，大胆主张要想搞好农业，就离不开加工业，也离不开商业。所以，从1950年到1952年，他不仅指挥部队开垦了一百多万亩土地，而且指挥大家在垦区内建立了大批军人合作社、城市合作社和农产品加工厂，让生产、加工、销售形成一条龙。

在规划石河子城市建设时，王震将军曾经富有远见地提出：市中心建行政办公区。南边建商业区，北部建住宅区，西部建工业和公园区，东边建文教卫生区。在城市四周环绕地带，兴建农场群。市内的道路，要求呈内、中、外三环加放射式。所有的街道，要栽种树木花草，形成林荫大道。

在他的倡导下，石河子四周不仅建有十八个麦浪翻滚、瓜果飘香、牛羊成群的农牧场，而且在市区建有繁华、兴隆的商店和发电、水泥、棉纺、毛纺、糖果等大中型工矿企业，还建起了农学院、医学院、农科院、电影院、剧场、体育场等配套社会保障服务设施。

军垦部队这种生产、加工、销售一条龙和农工商综合经营的模式，最早就起源于石河子。

这种生产经营方式，给石河子的经济发展注入了巨大的活力，使城市发展速度大大加快，工农业生产总值飞速上升。石河子的经济实力，在新疆很快就名列乌鲁木齐之后，位居新疆第二。新疆生产建设兵团的工农业生产总值，也占到了新疆经济总量的四分之一强，成了新疆地区的一大重要经济支柱。

为了让石河子城发展更快更好，王震将军20世纪50年代还前往上海，请求陈毅市长给予大力支援。随后，大批上海知青和文艺体育、科研人员，热烈响应号召奔赴石河子城，上海的一些工厂也先后迁往石河子。

石河子的人口结构迅速发生变化，上海人比重多了，城市文化、商贸以及穿衣打扮、日常生活方式，到处充满了浓厚的海派气氛。因此。当地人称誉石河子是"戈壁滩上的小上海"。

早在五六十年代，石河子作为戈壁滩上的一个新型移民城市，不仅名闻全国，而且名扬海外，深受世人瞩目。

党和国家领导人朱德、董必武、周恩来、陈毅、贺龙等，都曾先后前往视察，高度赞扬军垦战士垦荒建场屯垦戍边的杰出贡献。同时，越南胡志明主席、柬埔寨西哈努克亲王等国家元首，也相继慕名而至，赶来参观、访问，亲睹中国军垦部队在戈壁荒滩上建造的这座英雄城市的迷人风采。

1965年7月，周总理和陈毅副总理出国访问归来途经新疆，特意视察石河子垦区。他们看到垦区良田棋布，渠道纵横，林带葱郁，工厂林立，非常高兴，热情称赞军垦战士自力更生、艰苦奋斗的精神，勉励大家和各族人民团结在一起，为建设社会主义的新疆而奋斗！

那次，周总理和陈毅副总理还在石河子总场的大田里，热情接见来自上海的杨永青等十一位知识青年。周总理风趣地指着陈毅对大家说:"这是你们的老市长,他关心你们,特意来看望你们!"两人在田野里向大家问寒问暖,勉励知识青年扎根边疆,与工农结合,为祖国社会主义建设贡献毕生。

周总理接见兵团干部时,引用"埋骨岂须桑梓地,人生处处有青山"的诗句,鼓励大家扎根边疆。他还写了"高举毛泽东思想的胜利红旗,备战防边,生产建设,民族团结,艰苦奋斗,努力革命,奋勇前进"的题词。陈毅副总理写了"乌鲁木齐欣暂住,石河寻访得逍遥。白杨梯堤护农地,水道纵横育稻苗。戈壁惊开新世界,天山常涌大波涛。人人勤奋为集体,集体生根最自豪"的诗句。

著名诗人艾青在延安南泥湾大生产运动时,是王震将军风雨同舟的好战友。1959年,时任农垦部长的王震视察石河子,特意动员他到新疆体验军垦农场的火热生活。从此,艾青在石河子待了整整十六年。他用诗人的眼光去体验军垦战士在戈壁荒滩改造大自然的光辉业绩,用诗歌的语言热情赞美石河子城:

我到过许多地方
数这个城市最年轻
它是这样漂亮
令人一见倾心

不是瀚海蜃楼
不是蓬莱仙境
它的一草一木
都由血汗凝成

你说它是城市
却有田园风光

> 你说它是乡村
> 却有许多工厂
>
> ……
>
> 艳阳天，风雪天
> 在黎明，在黄昏
> 一年三百六十天
> 看它三万六千遍
>
> 因为它永远在前进
> 时时刻刻改变模样
> 因为我透过这个城市
> 看见了新中国的成长

十年"文革"，农垦事业难逃厄运，新疆生产建设兵团遭撤销，各团场思想混乱，石河子处境困难。

"四人帮"被粉碎后，我国政治、经济局势出现转机，党中央领导农垦事业沿着改革开放的道路乘胜前进。

1978年，华国锋总理率领党政代表团赴南斯拉夫考察访问。回国后，指示农垦系统学习、借鉴贝尔格莱德市兴办农工商联合企业的经验，办好我国的国营农场。

如前所述，石河子市早在20世纪50年代，在王震将军指挥下就搞过农业、工业、商业三业并举，生产、加工、销售一体化的经营模式。只不过当时没有认真、系统总结，更没有从经济理论的角度加以提炼、升华。如今国外有南斯拉夫的模式，国内有自己多年的实践，石河子市当然轻车熟路，得手应心，一帆风顺。遭受挫折的石河子工农业生产，很快焕发青春，迅速成为全国农垦系统试办农工商联合企业的先进典型。

1981年8月，邓小平在王震陪同下，到石河子市视察。看到农工商联合企业办得红红火火，工农业生产发达，市场繁荣，城市美丽，无比兴奋。他高度赞扬军垦战士为屯垦戍边、繁荣边疆经济立下了不朽的功劳，明确指出"新疆生产建设兵团是稳定新疆的核心"，"新疆生产建设兵团恢复起来确实有必要"。

不久，党中央、国务院果断作出了恢复新疆生产建设兵团的决定，兵团的计划、财政等各项工作在中央单独立项。此后，新中国的屯垦戍边事业，又进入了一个新的发展阶段。

（本文写于2008年4月，
作者系原中国农垦经济研究所所长）

邓子恢与包产到户

许人俊

1972年秋，农村工作的卓越领导人邓子恢，在历经坎坷后，终于在76岁高龄时一病不起，长期躺在北京医院里与死神周旋。

一些老战友和老部下，闻讯后纷纷赶往医院看望这位德高望重的老人。老人时而昏迷，时而清醒。清醒时思维清晰，常和战友们畅谈往事，其中触及最多的话题是20世纪30年代的红军生活和60年代的包产到户。他怎么也忘不了包产到户，总要强忍病痛向人们陈述自己保荐包产到户没有错，并顽强地预言包产到户迟早会实行。尽管陪伴在身旁的夫人陈兰劝他少讲话，他依然要讲包产到户，他似乎已同包产到户融为一体。

同年12月8日，邓子恢病情加重，因缺乏必要的保健护理，他在夫人陈兰刚刚上卫生间时，突然从病床上滑下，头部重重摔在光光的水泥地上，头颅严重损伤，病情更为恶化，从此陷入昏迷状态。在这生命垂危之际，可敬的邓子恢竟然仍在喃喃细语，他一字一顿，慢慢地吐出："包——产——到——户——没——有——错……"两天后，邓子恢离开了人世，他为何临终也念念不忘包产到户？似乎令人迷惑不解。其实熟悉邓子恢的人，都知道从60年代初起，他就与包产到户结下了不解之缘。

在人民公社化运动高潮中，他头脑清醒不发昏

1958年我国进入"大跃进"时期，各地掀起"跑步进入共产主义"的热潮。作为主管农林口工作的国务院副总理、中央农村工作部部长的邓子恢，深知农村家底"一穷二白"，他头脑冷静，态度消

极，不跟风，不刮风，反对穷过渡。同年8月毛泽东宣布由谭震林负责农村工作。随后农村人民公社化运动风起云涌展开，全国沉浸在一片狂热之中，到处宣传莺歌燕舞的大好形势，"共产风"和浮夸风也趁势席卷中华大地，《人民日报》把河北徐水人民公社食堂，以及实行劳动军事化，吃饭不要钱，家务劳动集体化等作为"共产主义萌芽"大加赞扬，号召学习。

在大好形势鼓舞下，加之受某些激进人士的影响，毛泽东主席一度认为农民的自留地是资本主义温床，想取消它。这年6月，邓子恢到中南海游泳，在游泳池里见到毛泽东。毛泽东突然向邓子恢提起取消自留地的想法。根据多年农村工作的经验，邓子恢深感我国农村生产力水平极低，匆忙取消农民的自留地极为不妥。但因为双方都在游泳，不便展开谈。

邓子恢回家后想到此事，越发不安，夜不能寐，随即提笔给毛泽东写信，详细陈述保留自留地的必要性。他权衡利弊后指出：保留自留地"这是最适合不过的措施。只要把五亿农民安顿好了，我们的市场就稳如泰山了"。

信第二天就送给毛泽东，毛泽东仔细阅看邓子恢的信，深感老战友言之有理，从此再也不提取消自留地之事。实践证明，正是这一点点自留地，后来在三年经济困难期间，竟成了亿万农民度荒保命的"救命地"。

但是，树欲静而风不止。随着"大跃进"和人民公社化运动步伐的加快，浮夸风、"共产风"愈演愈烈，各种"卫星"不断升天。8月20日，《人民日报》在显著位置报道："人民公社的成立，给徐水县的共产主义试点提供了条件"。似乎共产主义将会降临在贫穷落后的中国农村。邓子恢读后甚感惊讶，他立即会同中央农村工作部副部长王观澜、农业部副部长刘瑞龙等人赶往徐水县考察。不看不知道，一看吓一跳。他发现那个共产主义试点的"高产卫星"，纯粹是弄虚作假，极为气愤，公开指责徐水县是浮夸风、"共产风"的典型。

在全党上下"拔白旗、插红旗"的强火压力下，邓子恢却直言不讳，确实难能可贵。

幸好11月间，毛泽东也觉察人民公社出了乱子，并开始着手纠正某些错误。

邓子恢一向反对在生产关系变革上搞冒进，也反对超越我国农村生产力发展水平搞空想社会主义。1959年元旦刚过，他立即主持召开全国农村工作部长会议，有针对性地部署调整公社体制。强调公社规模不能太大，生产队一百户左右；生产劳动不能再搞大兵团作战；要保护社员的生活资料，不能平调；如果动了的，要先作价后偿还等等。当时有人责难邓子恢"刮西北风"。邓子恢没有理会这些责难，会后以中央农村工作部的名义，直接向党中央和毛泽东主席写报告，明确提出公社、大队、生产队、生产小组要分权，按"三定一奖"办法，把生产任务包下去，不能再搞大呼隆、"大锅饭"和平均主义。

"大跃进"、人民公社兴起后，我国农村的生产关系远远脱离了生产力的发展水平，拔苗助长，经不起历史的考验，各种矛盾日益暴露，突出的是"一大二公"、平均主义、瞎指挥，侵犯社员利益，挫伤农民生产积极性。人们形容农村"红旗遍地飘，社员在打闹，出工不出力，人人瞎胡混"。最终是地减产，人挨饿，民不聊生，到处上访告状。

1960年6月，刘少奇委托正直求实的邓子恢下乡调查，摸清真情。邓子恢抱病率工作组离京，他先到山西汾阳，后到河北石家庄。朴实的他头戴草帽，脚穿布鞋，一身布衣，在农村走乡串户。他找干部和农民开座谈会，到社员家中揭锅盖，看粮袋，掌握了许多真实情况。

为避免片面性，邓子恢又不顾疲倦劳累，风尘仆仆南下江苏，深入水乡无锡调查。他深感北方南方大同小异，公社内部管理混乱，一平二调，瞎指挥，矛盾众多，群众不满，亟须制定一个条例，把各项方针政策条理化、规范化，公布于众，以纠正错误，稳定民心，使农村生产尽快恢复和发展。

邓子恢是个雷厉风行的实干家，他立即组织写作班子，在无锡埋头苦干，反复推敲，奋战40多个昼夜，终于起草了一个66条的《农村人民公社内务条例》（草稿），接着，召集一些省委农工部长到无锡座谈讨论，修改后正式上报中央。

刘少奇、周恩来看过这个条例后交口称赞，急送毛泽东审阅。

此时，毛泽东正因公社化的混乱局面而心烦意乱，他也想搞一个人民公社工作条例，但未能如愿。看到邓子恢搞的公社内务条例，他兴奋不已，立即把它作为研制《农村人民公社工作条例（草案）》的重要参考材料。这个内务条例，实际就是后来毛泽东主持制定的《人民公社工作条例》（60条）的前身，所以人们常说前66条是后60条的基础；没有邓老的前66条，就不会产生后60条。

1961年3月，中央工作会议在广州召开，毛泽东在会上严肃批评党内许多领导人"不搞调查研究，闭着眼睛瞎说"，随即出人意料地大声赞扬：我这里要提一提邓子恢同志，他长期深入农村搞调查研究，这种精神值得大家学习。他搞的那个"农村人民公社内务条例"，我看是个创举。他的观点是正确的。邓子恢同志脾气犟得很，过去我为了说服他，跟他谈了好多次。现在我和他的争论已经结束了，跟他统一了。农村工作后头犯的错误，他没有份。毛泽东还以责备口气说：你们看不起邓子恢同志那是不行的！

毛泽东边说边将目光扫向会场，他在寻找邓子恢的身影。但未能见到，于是大声询问："邓老来了没有？"顿时会场人员都在帮助寻找邓老。谁知邓子恢那天身体不适，迟到一会儿，就坐在会场的后排，离主席台较远。加之耳朵有些背，起初没有听清毛泽东的讲话。当人们突然冲着他大笑时，他莫名其妙地问身边的叶剑英元帅："他们笑什么？"叶帅乐哈哈地说："笑你哩，毛主席表扬你了！"

听说毛主席在讲自己，邓子恢精力更集中了。只听毛泽东声音洪亮，自问自答：农村工作找谁啊？还是要找邓老，他有很多意见是正确的。

过去，毛泽东批评邓子恢在农业合作化上是"小脚女人""右倾"，许多同志都甚感不公。如今毛泽东公开承认邓子恢是正确的，人家都向邓子恢热烈鼓掌，表示敬意。有些省委书记立即把这些情况当成特大喜讯，连夜通过长途电话向本省传递。邓子恢也深受鼓舞，他觉得还是毛主席了解自己，原先的委屈情绪也一扫而光。

热心向毛泽东保荐包产到户

公社60条下达贯彻后，农村情况有所好转。但因公社权力过于集中，农民缺少自主权，多劳不能多得。加之又遇上连年自然灾害，天灾人祸搅在一起，农村经济陷入极端困难的境地。

如何才能尽快摆脱这种困境，全党上下都在关注，邓子恢更是焦虑万分，多方搜集情况。

穷则思变，各地农村为了度荒活命，在百般无奈之中竟想出了一些新招，如河南有"借地"，安徽有"责任田"，连毛泽东的家乡湘潭、刘少奇的老家宁乡，也同样要求包产到户。这实际是对当时时兴的"越大越公越好"观念的否定。

民以食为天，填饱肚子是头等大事。1961年秋，心系农村、忧国忧民的邓子恢，尽管已65岁，而且长期患糖尿病，但他依然率工作组南下调查，希望找到迅速恢复农业生产的办法。他坚信实践出真知，群众出智慧。他先后到河南、江西、福建农村调查研究，心中逐渐有数。年底回京途中，路过安徽合肥作短暂停留。他早就耳闻安徽搞包产到户责任田，因为"户"字有资本主义之嫌，众人避讳，故巧妙称"责任田"。安徽省委第一书记曾希圣见到邓子恢光临甚为高兴，当面向他汇报说，全省农村已有39.2%的生产队试行责任田，凡试行的生产队，社员责任心大大增强，生产积极性大大提高，产量增加，效果很好。一向注重实际的邓子恢当即表态："你们的办法好，我赞成。"这是邓子恢首次接触包产到户责任田，他产生了浓厚的兴趣，似乎看到了农村恢复和发展生产的希望之光。

第二年初，在中央七千人大会上，毛泽东批评了安徽的包产到户责任田。曾希圣被免职，由李葆华接任，已经兴起的责任田处于进退两难境地。5月，安徽宿县符离集区委书记武念慈上书邓子恢，诉说他们从1961年3月起试行责任田，当年粮食增产18.3%，受到广大干部群众的欢迎，但上级批评这是农民资本主义自发倾向，大家想不通，要求中央放宽政策，允许人们继续试行。

邓子恢读信后心情颇为沉重。这时，中央农村工作部副部长王观澜率领的工作组，正在安徽当涂县农村调查责任田问题。不久，他发回报告高度赞扬责任田，反映："责任田把责任制和产量结合起来。农民个人利益与集体经济结合紧密了，社员的劳动热情空前高涨，对恢复生产起了积极作用。"并说："责任田还解决了农业合作化以来一直存在的社员劳动不顾质量，以及农民自留地、家庭副业与集体生产争肥、争时间的矛盾。应该总结经验，加以提高。"

对农业生产和农民都有利的责任田，竟遭到一些非议，邓子恢甚为困惑。为慎重起见，他又派人到符离集地区调查。

当涂县地处淮南，属于水稻区；宿县符离集地处淮北，属于杂粮区。尽管作物不同，但他们调查后发现，符离集的包产到户责任田增产效果同样明显，群众感到越干越有奔头。

当地县委、区委、公社党委都反映：包产到户责任田为农村恢复和发展生产找到了一条新出路，恳切要求不要给他们扣方向性错误的帽子。符离集区委甚至以全体同志名义再次上书中央，对包产到户责任田作了系统性、条理性的陈述，列举十大变化和七大理由，论证包产到户责任田方向对头、效果明显，确实是利国利民的好办法。他们甘冒风险为民请命，令人敬佩。

经过调查研究和大量数据论证，邓子恢确信安徽的包产到户责任田很有希望，是改革人民公社吃"大锅饭"管理体制、调动农民生产积极性的希望之路。

为了让中央领导层有更多的人了解包产到户的真相，他特地把安徽的有关调查报告，连同广西、湖南等地包产到户、田间管理的经验，向中央书记处作了汇报。刘少奇、邓小平、陈云、李富春等表示支持，邓小平甚至公开说："不管黄猫、黑猫，抓住耗子就是好猫。"

此期间，中南局第一书记陶铸、第二书记王任重在对广西龙胜县的包产到户做了调查后，联名向党中央写了报告，认为"在集中统一经营形式下的包产到户，还是社会主义集体经济"。毛泽东阅后称赞他们"所作的分析是马克思主义的，分析后提出的建议也是马克思主义的"。短短批语中，竟连用了两个"马克思主义"的字样，邓子恢感到毛泽东的态度有变化，解决包产到户问题机不可失，应该趁热打铁。

1962年7月的一天夜里，邓子恢与中央农村工作部副部长陈正人、廖鲁言等驱车进中南海，再次向毛泽东陈述各种情况的理由，竭力推荐安徽的包产到户责任田，整整谈了一个通宵，毛泽东最终勉强同意包产到户"可以小范围试一试"。这是邓子恢磨来磨去的一大胜利，他庆幸地笑了。

因积极倡导包产到户，他受到批评

20世纪60年代初期，我国农村天灾人祸震惊海内外，中央党政军机关议论纷纷，思想混乱。许多单位纷纷派人向农村工作权威邓子恢反映情况，请求解答。因为毛泽东主席讲过"农村工作还是要找邓老嘛"。

年迈体弱的邓子恢不顾身边工作人员的劝告，先后应邀到解放军总后勤部、政治学院、中央党校、中央团校、中央直属机关等单位作报告。他客观地分析农村形势，实事求是地承认问题和困难，但又指出有前途、有出路。他高度赞扬和支持安徽出现的包产到户责任制，认为它给解决农村的困难带来了希望。邓子恢的讲话实实在在，有理有据，生动活泼，富有说服力，获得了热烈掌声。许多当年听过报告的人，至今仍记忆犹新，极为敬佩其大胆直言的求实精神。

那时，尽管毛泽东私下表示包产到户"可以小范围试一试"，但大家也深知他并未改变其反对包产到户的基本态度。一些中央和地方领导人还经常散布"包产到户是资本主义"的论点。因此一些好心人曾劝邓子恢对农村的包产到户少说为佳，等毛主席明确表态后再讲也不迟。

然而，耿直的邓子恢却坦然表示："怕什么！不能为了保自己的乌纱帽不顾农民的死活！"

1962年的7月上旬，邓子恢接到了中央将在北戴河召开工作会议的通知。同上年3月在广州的中央工作会议一样，这次由各大区和省、市、自治区第一书记出席的会议，将要研究和决定农村工作的大政方针，事关亿万农民的前途和命运。邓子恢以只争朝夕的精神，起早贪黑为会议研究农村工作做准备。

7月17日，他又一次进中南海见毛泽东，重点自然是谈安徽农村情况，他竭力保荐包产到户。毛泽东依然一声不吭，只听不说，始终不表态。直到邓子恢起身要走时，才表示：把你们给我的报告和符离集区委同志的汇报送来，我要看看。

邓子恢第二天把毛泽东要的材料送走后，又不顾中央农村工作部一些同志的劝告，继续组织人员围绕安徽包产到户准备有关材料，大有"不到黄河不死心"的劲头。

8月初，祖国大地骄阳似火，而北戴河却凉爽宜人。全国各路军政大员从四面八方云集这一避暑胜地。大家聚集在一起，竟无意欣赏海滨风光，反倒七嘴八舌大说包产到户，气氛空前火热，一些省委书记甚至推举广东领导人牵头，组织一个小组，起草有关包产到户的文件。邓子恢目睹人们如此热情关心包产到户，深受鼓舞，精神振奋。他顾不上休息，又兴冲冲地去找毛泽东面谈。他想多给毛泽东提供一些各地的实情，说服毛泽东支持推行包产到户。

然而，这一次邓子恢不走运，因为毛泽东已拿定主意反对包产到户。面对邓子恢滔滔不绝的陈述，毛泽东毫不客气地说：包产到户搞了几十年了，还要搞吗？！如果搞包产到户，不用几年就有人雇工、讨小老婆。他甚至把包产到户同当时波兰的所谓"自由化"联系起来责备邓子恢：你怎么又动摇了，波兰搞自由化还不敢解散合作社哩。邓子恢当然不是这个意思。他接受不了，于是据理力争，声明：搞包产到户，不是解散合作社。话不投机，两人发生了争论，弄得不欢而散。

随后，毛泽东在北戴河会议上作了阶级、形势、矛盾问题的讲话，公开批评邓子恢和包产到户，把包产到户说成单干，并提到是无产阶级专政还是资产阶级专政、是走社会主义道路还是走资本主义道路的高度，甚至指责他们是站在地主、富农、资产阶级的立场上反对社会主义。

这一讲话如晴天霹雳，炸得全会场鸦雀无声。原先热烈议论包产到户的气氛顿时消失。随后会议出现一边倒，迅速转入讨论阶级斗争和批判包产到户。有人攻击邓子恢对合作化和公社化"有许多荒谬说法"，"什么人民公社不如高级社，高级社不如初级社，初级社不如互助组,互助组不如单干,实际是要走资本主义道路"。还有人攻击他说:"思想上最大的问题,是认为目前自耕农的生产方式最先进,他这个思想是十年一贯制,所以实际上他成了富裕中农的代表。"

邓子恢保荐包产到户,原本是为中央出谋划策、使我国尽快摆脱农业生产的困境,谁知却遭如此横祸,引来这么多恶语中伤。他始料不及,深感突然,但心底无私天地宽,他问心无愧,毫无畏惧。面对巨大的攻势,他回敬那些批判发言是"无中生有,别有用心"。

邓子恢确实是个犟脾气,在北戴河中心组会议上,他当着毛泽东的面理直气壮地发问:工业上可以搞责任制,为什么农业田间管理就不可以搞责任制?责任田根本不涉及所有制问题,不存在反对集体经济的问题。

由于邓子恢不屈服,不认错,于是9月份召开的党的八届十中全会,进一步批判邓子恢,把他批得一无是处,说他"一贯反对合作化""一贯主张单干""不是社会主义革命者,是民主主义者",连他领导的中央农村工作部也被错误定性为"十年一贯制","没有办一件好事"。

八届十中全会后,中央宣布撤销农村工作部,"拆庙搬菩萨",邓子恢被安排到国家计委当副主任,分管银行工作。

随后,中央安排邓子恢同陈毅、贺龙、聂荣臻等一道去广东休养。

罢官后,他在广西化名秘密试验包产到户

中央农村工作部被撤销了,邓子恢的部长职务也不存在了,然而他心系农村和农民的志向始终不变,大路不通走小路。推行包产到户的道路被堵死了,他决定另找出路研究改进农村的现状。

1962年冬,邓子恢在广东休养期间,先后到花县、从化、汕头

等地了解农村金融情况。中央不是安排他到国家计委当副主任、分管银行工作吗？他同样可以接触农村了解情况。在花县，他对花山公社试行耕牛折旧存放款办法产生兴趣。于是就地深入进行调查，他认为这个办法符合马克思《资本论》中关于保值、增值、扩大再生产的理论，也是反对刮"共产风"、制止公社剥夺农民利益的有效措施，有普遍意义。

后来，他让人民银行派工作组去花县作专题调查。无独有偶，1964年元月，他从四川省委的文件中发现该省资中县农村同样实行耕牛、大农具折旧办法，内心充满喜悦。68岁的邓子恢随即戴起老花镜，伏案给党中央写报告："从花县、资中两县试点情况看，举办耕牛、农具折旧存放款，不仅可以保证当前农业的生产力永不衰退，保持农业的持续再生产，而且可以有效地保持生产队的公共积累，巩固集体经济。"他建议中央号召各省、区搞试点，取得经验，逐步推广，并应形成制度。报告于2月25日发出，他期盼有满意的答复，但却石沉大海，一直杳无音讯。

但邓子恢并不灰心，后来他又发现北京九个县和郊区的公社也早已实行固定资产折旧制，他喜出望外，立即派人调查。不久，他了解陕西、河南等地也有类似的做法，于是再次提笔向中央写报告。他从经济学的角度指出："没有提留折旧金，耕畜、农机具在每年生产中所消耗的价值应该得到的补偿部分，被社员分掉，到了更换时就要借贷负债，所留公积金有的不够弥补，这对巩固集体经济是一个严重的威胁。"这一年5月16日，他把报告送给毛泽东、邓小平等。邓小平当即批示：印发中央工作会议研究。然而，中央工作会议正集中讨论第三个五年计划和农业规划等问题，根本未涉及耕畜、农机具折旧制一事。

尽管如此，邓子恢不肯罢休。中央工作会议结束不久，他同儿孙一行三人去中南海游泳，在游泳池里见到了毛泽东。大家游了一会，毛泽东上岸休息，他也随后上岸。工作人员为他们搬来椅子，两人并排而坐。邓子恢趁机汇报建立耕畜、农机具折旧制的重要性和紧迫性。谈了很久，毛泽东一如既往静静地听着，始终不吭一声。只是临走时，邓子恢把儿孙介绍给毛泽东，毛泽东才笑着同孩子们一一握手，高兴地说了一句：祖孙三代啊！

事后，邓子恢又以老骥伏枥的精神，亲率工作组到辽宁金县农村调查，似乎不达目的绝不罢休。

然而不久，"四清"运动开始了，要清查"四不清"干部"在上面的根子"。邓子恢当然又成了"上面的根子"。当时，毛泽东同一些外国党领导人反复谈某国党内所谓"三和一少""三自一包"修正主义，多次点了邓子恢的名，指责他身为农村工作部长和副总理，"到处乱窜，刮单干风"。

饱经沧桑的邓子恢襟怀坦荡，毫不在乎这些责难。同年11月，他反而主动要求到广西农村，参加了近两年的"四清"运动。

1964年11月至1965年7月，邓子恢先在广西玉林地区搞"四清"，1965年10月至1966年7月又转到桂林地区参加"四清"。当时上级机关曾通知有关地委领导："邓子恢这次是来参加'四清'，他不代表中央讲话。"但是地委领导和干部对这位德高望重的老领导和农村工作的老前辈，依然充满了尊敬和信任之情。

邓子恢对自己要求极为严格，他同广大干部同吃同住，强调服从当地党组织领导，生活上绝不能特殊化，不给地方增添麻烦。

为便于工作，他化名李建中，以科委干部身份参加"四清"。这位古稀老人，身穿中式布衣，头戴军帽，手摇芭蕉扇，在生产队走村串户，同基层干部和农民聊天谈家常，了解情况。他熟悉农时节气，懂得耕耙种收，社员们常把他当成农业技术员，或者当成农业教授。这期间，他在农村每天目睹社员们"出工一条龙，干活一窝蜂，收工打冲锋"，完全是吃"大锅饭"，大呼隆，出工不出力，搞无效劳动，深感不安。他问社员有什么办法改变这种劳民伤财的状况，人们说最好还是包产到户。

包产到户，这是农民的心声。但毛主席批判过包产到户。怎么办？邓子恢提请他"四清"时的党小组讨论研究这一难题，大家认为包产到户是禁区，不能闯，但还是可以搞责任制。毛主席批过包产到户，并没有公开批判责任制啊。何况这里离北京那么远，谁知道呀！邓子恢拿定主意，向地委书记韦树辉打了一下招呼，说要选几个点试行农业生产责任制，实际是亲自搞包产到户试验。韦树辉也知道邓子恢的用意，表示支持。他们是在冒政治风险。为了确保试验顺利进行，双方商定绝对保密，暗中试验，不对外泄露。于是玉林地区一场绝密的包产到户试验，在邓子恢的指导下，借助"四清"运动的旗号，悄悄地展开了。

试验过程中邓子恢特别强调要联系产量承包。他曾对韦树辉说：农业生产责任制不和产量结合起来是难包的。要解决生产一窝蜂、分配上吃"大锅饭"的问题，最大限度地调动农民的积极性，不联产不行。

一次，他从内部资料中看到一份广东某地搞包产责任制的报道，立即拿给韦树辉看，并说：说不联系产量，实际上是联系了嘛！你批你的，下面还是照样要搞嘛！

世上没有不透风的墙，邓子恢在玉林地区暗地试验包产到户，原是严格保密的。但久而久之，还是传到自治区党委领导耳朵里。有一次，区党委负责农村工作的副书记霍泛，见到了韦树辉，很关切地询问在玉林蹲点搞"四清"的老领导邓子恢情况如何，韦树辉私下悄悄地透露了这个机密情况。霍泛是邓子恢的老部下，在中央农村工作部工作过，一向敬佩他。他得知邓子恢在"四清"中秘密试验包产到户的情况后，也一直守口如瓶，同样对别人保了密，所以知道这一秘密的人很少。事后谈起此事，霍泛十分感慨地说：邓老对他认为正确的事，即使在强人的压力下，他也是要坚持的。大家不愿去做，他去做；不能明里做，他就暗里做，除非实践证明它是错误的。

功夫不负有心人。生产实践证明：邓子恢亲自主持秘密试验的包产到户责任制完全正确，既符合农民的心愿，也符合农业生产力水平和生产规律，效果极为明显。1965年，四个试验点粮食总产6911万公斤，增产1887.5万公斤，比上年增长37.5%。基层干部反映，这是农业合作化以来，当地田间管理质量最好、增产幅度最大的一年，人们都感谢那位指导他们搞试验的科委"李老头"。

然而，好景不长，第二年全国"文革"风暴突起，邓子恢奉命匆匆离开广西，返回北京。

同包产到户风雨同行、荣辱与共

"文革"开始后，一向沉静的农林口机关大院热闹了，"炮打"邓子恢的大字报、大标语铺天盖地贴满了大院和邓子恢家的门口。各大专院校的红卫兵，也赶来揪斗邓子恢，然而邓子恢问心无愧，沉着对应，处之泰然。

揪斗中，造反派抓住包产到户做文章，批邓子恢一贯反对毛主席，同毛主席唱对台戏，是顽固不化的"三反分子"，要他低头认罪。邓子恢申辩说：我从不反对毛主席，对包产到户，党内有不同看法，那是正常的，谈不上反党。他从不违心承认包产到户是错误，也拒绝低头认罪。

随着"文革"岁月的推移，年迈的邓子恢已逐渐进入风烛残年，原有的保健医疗待遇早取消了，只好到附近街道门诊部看病。由于病情加重，最后才被北京医院收留。他病卧在床榻上，回顾过去，往事如云。许多人间旧事逐渐淡忘，唯有当年他在闽西领导红军创建革命根据地和保荐包产到户两件事深深刻在脑海里。在他弥留之际,"包产到户"这四个关系亿万农民命运的字眼,总是在梦呓低语中不断出现。因为这四个字曾经同他风雨同舟、荣辱与共啊!

1972年12月10日,为革命事业和农村工作奋斗一生,为包产到户呐喊呼唤的邓子恢,终于敌不过死神的折磨而与世长辞了。当时"四人帮"尚未垮台,但党中央还是为这位鞠躬尽瘁、死而后已的革命老人举行了隆重的追悼大会。周恩来总理亲自主持追悼会,叶剑英元帅代表党中央致悼词。重病在身的朱老总悲痛万分,不顾家人劝告,硬是穿着厚厚的大衣,头戴皮帽,拄着拐棍,冒着严寒,步履蹒跚地到八宝山为老战友送行。毛泽东尽管多次批评邓子恢右倾,但始终佩服他刚正不阿,称赞他是"犟脾气""搞阳谋,不搞阴谋",也送了花圈。

历史是公正的,九年后的1981年3月9日,党中央本着实事求是的原则,把颠倒了的历史重新颠倒过来,正式发文指出:邓子恢"是我党领导农民运动的卓越领导者,在农村工作方面有过巨大贡献。他和他所主持的中央农村工作部,是坚持社会主义方向,坚持党的路线、方针、政策的,工作成绩是显著的。过去党内对他和农村工作部的批判、处理是错误的,应予平反,强加的一切不实之词,应予推倒,恢复名誉。"邓子恢矢志不渝、积极倡导的包产到户责任制,历经人间风雨后,也终于写进了中共中央当年的一号文件,并在中华大地普遍实行,成为推动我国农业生产迅速发展的强大动力。邓子恢作为包产到户的积极倡导者和我国农村改革的先驱,已载入史册,为后人永志不忘。

(本文写于2004年12月)

万里与农村改革在安徽的兴起

王郁昭

1992年邓小平同志说"中国的改革是从农村开始的，农村的改革是从安徽开始的，万里同志是立了功的"。在万里同志的直接领导下，我有幸参加中国农村改革的一些具体工作，感到十分欣慰。下面我想谈一谈对万里同志领导安徽农村改革中的几个关键问题的感受。

一、发展农业的关键是制定正确的政策，调动农民的积极性

1977年6月，中共中央改组了安徽省委领导班子，派万里同志任省委第一书记。我当时在滁州地委工作。当时，"四人帮"已被粉碎，但安徽在揭批"四人帮"的斗争中，却捂了八个月的盖子，"两个凡是"的思想仍在盛行，十年"文革"造成的恶果远未消除，农村经济处于徘徊状态，派性远未消除，形势也不稳定，人民生活很困难。

万里同志到安徽以后，首先揭批"四人帮"，狠批派性，解放干部，调整了各级领导班子，形势急转直下，逐步走向稳定。紧接着省委把工作重点转向农村，转向农业生产。万里同志认为"安徽的问题关键在农村，农业上不去，就会影响全局"。他明确提出农村工作要"以生产为中心"。正在这个时候，他在清理过去省委文件时，发现了滁县地委1977年5月份向省委报送的《关于落实党的农村经济政策的情况和今后意见》的报告。万里同志很重视这个报告，随即批转各地、市委，指出："滁县地委组织力量深入群众，对农村经

济政策认真进行调查研究，这是个好的开端。这个问题，很值得引起各地重视。报告中提出的意见，可供各地参考。"这是万里同志到安徽后批转的第一个报告。

为了进一步了解全省农村的情况，万里等省委领导到农民中去，直接听取基层干部和农民的要求和意见，当时称为"麦场调查"。经过三个月的调查研究，形成了省委《关于当前农村经济政策几个问题的决定》草案，并召开全省农村工作会议对这个草案进行讨论。会议开始时，万里同志发表了重要讲话，他指出："摆在我们面前的中心的问题是研究当前农村迫切需要解决的经济政策问题，把农民发动起来，全党大办农业"，"最重要的生产力是人，是广大群众的社会主义积极性，没有人的积极性，一切无从谈起……调动人的积极性要靠政策，只有政策对头，干部带头……群众就会积极起来，农业就能上得快"。会议通过了省委《关于当前农村经济政策几个问题的决定》，即安徽省委著名的"六条决定"。这个决定冲击了许多禁区，是政策上的拨乱反正，受到了广大干部和群众的拥护和欢迎。为此，《人民日报》发表了姚力文同志的《一份省委文件的诞生》的重要文章。邓小平曾多次提到安徽省委的"六条决定"，在全国引起了强烈反响。"六条决定"的公布，标志着安徽省乃至全国农村改革的序幕已被拉开。

紧接着万里又深入到农村进行调查，发表了一系列的重要讲话。他特别肯定了滁县地区定远县纠正过去农业生产"瞎指挥"的做法，有水种水稻，无水种旱稻，全由生产队自主决定的做法。他指出："尊重生产队自主权，实际上是个尊重实际、尊重群众，发扬民主，反对官僚主义瞎指挥的问题"，"说到底是一个对待群众的态度问题，……不尊重生产队自主权，这是我们过去农村工作中许多错误的根源"。为此，《人民日报》发表了《尊重生产队自主权，必增产》的重要文章，并加了编者按。这在全国有很大影响。

二、尊重农民的首创精神，不断推动农村改革深入发展

安徽的农村改革，经历了农业生产责任制由不联系产量到联系产量，由包产到组到包干到户的发展过程，它充分表现出农民群众生气勃勃的首创精神。

1978年安徽遭遇历史上罕见的特大旱灾。9月初滁县地委召开四级干部会议，布置生产自救工作。那时党的十一届三中全会还没有召开，但"实践是检验真理的唯一标准"的大讨论已经进行了几个月。"两个凡是"的观点已受到质疑，各级干部的思想已经活跃起来。会上，许多公社干部提出了一个尖锐的问题：中国农业长期上不去，原因究竟在哪里？我们一个公社上不去，两个公社上不去，为什么全地区二百四十多个公社都上不去？难道我们这些公社书记都是笨蛋吗？难道只有外国人和大寨的人才是聪明的吗？他们强烈要求地委解放思想，放手让下面干，干好了不求有功，干坏了自动下台。在分组讨论时，来安和天长县一些公社介绍包产到组，小宗作物田间管理包产到户，以及对基层干部按工作实绩进行奖励等行之有效的三种办法，引起了与会干部的很大兴趣。当时有些办法都是禁区，称为"秘密武器"，只能暗中实行。

这些办法都是实行联系产量的责任制。第一个是来安县烟陈公社杨渡大队魏郢生产队在贯彻落实省委"六条决定"时，开始实行包产到组，以产计工，增产奖励，减产赔偿。1978年大旱，其他生产队大都减了产，唯有这个生产队增了产，粮食产量由8.8万斤上升到12万斤，增长38.9%；油料创历史最高水平；社员收入增长30%。第二个是天长县新街公社，在抗旱中眼看棉花苗将要枯死，便实行了棉花包产到户责任制，每户分几垄子棉花，为了抗旱保苗，社员早晨连洗脸和刷牙的水都用于抗旱，结果这个公社棉花产量由上年的29斤上升到55斤，增长89%。第三个是来安县广大公社把

全年粮棉油、猪禽蛋等生产指标量化为指数，对基层干部实行岗位责任制，年终按实绩进行奖罚，大旱之年实现全面增产。

这年的11月份我到合肥有事，万里同志知道后找我去谈谈农村情况。从晚饭后7点钟谈到10多点钟。这是我和万里同志第一次面对面的谈话。我当时把农村存在的问题和抗旱救灾的情况以及上述办法作了详细的汇报。万里同志听了汇报后非常高兴，他对农民的创造非常重视，要我回去后作详细的调查，向省委写出书面报告，并派新华社记者参加调查。

万里同志看了三个调查报告后，随即通知滁县地委可以进行试点。为此地委发了96号文件，将三个报告印发全区，要求各县在一个大队或一个公社先进行试点，待取得经验后逐步推广。哪知道文件下发后，各县纷纷要求扩大试点范围，许多社队都争当试点。随后，一些不是试点的社队也搞起包产到组，形势急转直下。这其中凤阳县城南公社的岳林大队岳北生产队分四个作业组，年终时，该给国家的送给国家，该给集体的提留送给集体，剩下的由作业组进行分配。这就是当时的大包干到组，当时流行的一个顺口溜说："大包干，大包干，直来直去不拐弯。既省事，又简单，干部满意，社员喜欢。"到1979年全区实行包产到组，大包干到组的生产队已达68.3%。

"双包到组"的推行，伴随着激烈的争论。除省内议论纷纷，有的人说王郁昭的胆子太大，迟早要倒霉，有的好心人带信给我，说这种办法不能搞，搞不好是要犯错误的。有的认为滁县地区复辟了资本主义，这种争论也在全国范围内展开。1979年3月15日，《人民日报》发表了甘肃名为张浩的读者来信，标题是《三级所有，队为基础应当稳定》。他认为："现在实行的三级所有、队为基础的体制，适合当前农村的情况，应当稳定，不能随便变更。轻易地从队为基础退回去，搞分田到组、包产到组，是脱离群众的，是不得人心的，同样会搞乱三级所有、队为基础的体制，搞乱干部群众的思想、挫伤群众的积极性，给生产带来危害。"作者认为搞包产到组，是"三级半所有"。《人民日报》为此信加了编者按，提出"要坚决纠正"。

这封读者来信发表后，并在中央台《新闻联播》节目中播出，无疑对滁县地区搞包产到组的农民来说，是当头泼了一瓢"冷水"，引起很大震动。很多人认为编者按"有来头"，惶恐不安，认为滁县地区又犯了方向路线错误。我当时在嘉山县视察工作，吃早餐时，听了广播后立即返回地区，并用最快速的办法，向各县委发了电话通知，指出："当前正值春耕大忙季节，各种形式的责任制，一律稳定下来，不要变来变去，以免延误农时"，"各种形式的责任制是地委同意试验的，如果错了，完全由地委负责"。

正当滁县地区广大干群受到重大压力时，3月16日万里同志来到滁县地区，在全椒县古河区听取了我们的汇报后，他说："作为报纸，发表各种不同意见的读者来信是可以的。别人写读者来信，你们也可以写读者来信"。"这好比公共汽车，你可以打票上车，我也可以打票上车"，"究竟什么意见符合人民的根本利益和长远利益，要靠实践来检验，决不能因读了一封读者来信和编者按，就打退堂鼓"。"产量上不去，农民秋后饿肚子，是找你们县委还是找报社？报社是不会管饭的"。"三级半有什么不好？这是核算嘛，四级核算也可以，家庭也要讲核算，那不是五级核算了吗？"最后，他语重心长地说："你们地委做得对，及时发了通知，已经实行的各种责任制一律不动，只要今年大丰收，增了产，社会财富多了，群众生活改善了，你们的办法明年可以搞，后年还可以搞，可以一直搞下去。""凡是能增产，对国家贡献多，集体经济壮大，群众收入增加，生活得到改善，就是好办法。"听了万里同志的这番话，大家情绪稳定了，对推行各种形式的责任制的信心劲头更足了。

三、满腔热情支持小岗生产队首创的大包干到户责任制

1979年，随着"双包到组"的发展，也出现了一部分生产队暗中搞了包产到户的责任制。这其中，凤阳县小岗生产队首创了"大包干到户"联产承包责任制。包产到户在20世纪50年代曾多次出现过，这是大家比较熟悉的。大包干联产承包到户同包产到户则完全不同，它是中国农民的伟大创造。它们究竟有什么不同呢？包产到户是农民承包土地后，实行承包产量，要按计划种植，要实行五统一，以产计工、统一分配、增产奖励、减产赔偿的办法。农户生产的粮食等，要统一交生产队，由生产队上交国家的，留下集体的，最后按产量计算出工分，统一分配。这种办法不仅手续烦琐，而且在分配中容易出现不正之风和腐败等现象，群众不放心，农民没有产品支配权，更没有土地经营权。大包干到户则完全不同，农户承包集体的土地，由农户同生产队签订合同，农户按合同上交国家的任务，交足集体的提留，剩下的都是农民自己的，奖赔就在其中了。这种办法农民对土地有经营权，对产品有支配权，方法简单。用农民的话说：大包干直来直去不拐弯，完成国家的，交足集体的，剩多剩少是自己的。这种办法"责任最明确、方法最简单、利益最直接、群众最放心"。这种办法农民最拥护，最有利于调动农民的积极性，有利于生产力的发展。所以邓小平同志说这是"中国农民的伟大创造"，是"凤阳之路"的核心。1979年小岗生产队粮食产量达到13万斤，比上年增产6倍，18户有12户超过万斤粮，油料超过合作化20年的总和。人均收入比上年增长6倍。自1957年起的23年来，第一次向国家交售粮食和油料任务，分别增产6倍和50倍。这种办法，虽然能增产，但当时是不合法的，认为这是单干。地委常委通过调查和剖析，达成共识，当时曾同意他们可以继续试验，再干三年。

1980年1月2日，在全省农村工作会议上，我作了《顺应民心，积极引导》的发言，引起很大争论，有人说我是"风派"，"鼓励单干，不符合大方向"。我在发言中，要求省委给"大包干报个户口"，承认它也是社会主义责任制的一种形式。万里同志在会议总结时，很有风趣地说："包干到户不是我们提出的，问题是已经有了，孩子已经生下来了，他妈妈挺高兴。哎呀！可解决大问题了，你不给他报户口行吗？那天王郁昭同志说了，孩子挺好的，给报个户口吧！承认它也是责任制的一种形式……那根本不是资本主义，包产到户不等于单干，单干不等于资本主义，没有什么可怕的。"大包干责任制终于在安徽省报上了户口。但这是地方户口，在全国还不能通行。1980年春节前夕，万里同志来到小岗生产队，从西头到东头，挨门挨户看了一遍，非常高兴。当小岗农民说，有人指责小岗队是开倒车时，万里同志满腔热情地说："地委批准你们干三年，我批准你们干五年，只要能多打粮，对国家多贡献，集体多提留，社员生活能改善，干一辈子也不是开倒车。"老百姓心中一块石头落地了。这时有的农民炒了一些花生，一把一把地往万里同志和随行人员的口袋里装，表达感激之情。万里同志落泪了，语重心长地对随行地县领导说："不管哪一级的领导再也不要给群众念紧箍咒了。"

四、关键时刻邓小平同志讲话了，大包干在激烈的争论中开拓前进

1980年春节过后，万里同志离开了安徽，调中央工作。万万没有想到，此时风云突变，冷风阵阵吹来，围绕大包干的一场大争论突然在安徽的大地上乃至在全国展开。

从1980年4月到6月，安徽省委连续在蚌埠、芜湖、巢湖召开了部分地市委书记会议，8月召开了省委扩大会议，对"双包到户"进行了围攻。在这些会议上，有的领导同志给双包到户扣上了"经济

主义""机会主义""工团主义"等大帽子,说列宁在同第二国际斗争时,批伯恩斯坦、考茨基等机会主义者只顾眼前利益,主张"运动就是一切,主义是微不足道的","为了一个戈比而斗争",指出"包产到户不是方向,县以上领导头脑要清醒,不能只顾眼前利益,犯机会主义即修正主义的错误"。攻击"大包干是两包一脚蹬",并且说"我就不相信,毛主席领导革命几十年,白干了",还威胁说"迟早有一天要算总账"。在这种情况下全省农村改革的形势急转直下,骤然变冷,搞得人心惶惶,有的地方急忙下令不许搞包产到户,限期收回。滁县地区的包干到户责任制,承受着巨大压力,正在这关键的时刻,在一次会议上我看到了邓小平同志尚未发表的《关于农村政策问题》的内部谈话征求意见稿,邓小平同志旗帜鲜明地支持肥西县的包产到户和凤阳县的大包干到户。他说:"安徽肥西县绝大多数生产队搞了包产到户,增产幅度很大。'凤阳花鼓'中唱的那个凤阳县,绝大多数生产队搞了大包干,也是一年翻身,改变面貌。"①这个谈话,在我国农业向何处去的关键时刻,拨开了迷雾,指明了方向。我迅速向各县委书记作了传达。1980年9月,中共中央召开了中央工作会议。9月27日,中共中央发表了《关于进一步加强和完善农业生产责任制的几个问题》的通知,接着连续几年发了五个中央一号文件,明确了"双包到户"的社会主义性质,包干到户迅速在全国普及开来,不断完善。到1983年,全国实行包干到户的生产队达到95%以上,成为我国农村联产承包制的主要形式。万里同志1980年到中央工作,主持全国的农村工作。事实证明,他对以大包干为主要形式的家庭联产承包制在全国的推开,对中国农村的改革和发展,做出了重大贡献。所以邓小平同志说"中国的改革是从农村开始的,农村改革是从安徽开始的。万里同志是立了功的",这是完全正确的,万里同志是当之无愧的。邓小平同志的谈话由于当时尚未公开发表,因此斗争并未因此而

---

① 《邓小平文选》第2卷,人民出版社1994年版,第315页。

结束，省委在 8 月又召开了省委扩大会，继续对"双包到户"特别是大包干到户进行围攻。但大包干责任制，滁州地区在巨大压力下仍然在继续发展，到 1981 年达到了 99.5%。

万里同志他从不作应景的文章，不喜欢讲套话空话。他的讲话，我都非常认真地做记录。他离开安徽后，我的二十多本笔记本都被中国革命历史博物馆收藏。在纪念党的八十周年的大型展览会中我的笔记本连同小岗村按了十八个手印的"保证书"陈列在展览馆内。万里同志坚持一切从实际出发，实践第一的观点；坚持群众路线的观点，尊重群众首创精神；坚持改革开放，发展商品经济，走社会主义市场经济之路；坚持以人为本的思想，指出"最重要的生产力是人，是广大人民群众的积极性"。据说，北京有一位老同志反对大包干到户，说"大包干不符合大方向"。万里同志说："群众拥护大包干责任制，你是要大方向，还是要群众。"那位同志说"我要大方向"，万里说"我要群众"。没有群众必然一事无成，什么方向也没有。万里同志以无产阶级革命家的大无畏气魄和胆略始终站在改革开放的第一线，为中国特色社会主义事业做出了重大贡献。

（2003 年 12 月）

（作者系国务院发展研究中心原副主任）

"三农"问题专家王观澜与毛泽东
——徐明清访谈录

许人俊

王观澜的夫人徐明清大姐，是大革命时期参加革命的老党员。今年95岁，虽然进入耄耋之年，满头白发，但头脑清醒，思维敏捷，性格开朗，精神焕发，具有惊人的记忆力。每当谈及一些久远的革命往事，她总是记忆犹新，如数家宝，滔滔不绝，兴致勃勃。

从20世纪60年代初起，我们就在同一机关工作，住在同一宿舍大院，经常来往。她家宽敞明亮的客厅里，放着一盆盆盛开的鲜花，显得素净清雅。乳白色的墙壁上，悬挂着一副精致的玻璃镜框，里面镶嵌着1941年12月16日毛泽东给王观澜写的亲笔题词，使客厅更增添了珍贵典雅的气氛。人们常坐在客厅里同革命老人谈天说地，听她高唱《满江红》《渔光曲》等老歌，听她讲述王观澜与毛泽东在革命生涯中患难与共、真情相待的动人故事。

王观澜是浙江临海人，1925年在当地学校加入共青团，投身革命活动。1927年"四一二"反革命大屠杀后，全国一片白色恐怖，革命转入低潮。21岁的王观澜毫不畏惧，继续坚持斗争，后被党组织派往苏联学习。在莫斯科共产主义劳动大学，他反对王明的教条主义和宗派主义，积极参与斗争，王明怀恨在心，污蔑他是"托派分子"。

1931年初，王观澜按党组织要求秘密回国前往江西中央苏区工作，曾任闽西特委代理宣传部长，主编党的机关报《红旗报》。中华苏维埃中央政府成立，毛泽东当选主席后，指派他主编《红色中华》，担任总编辑。《红色中华》既是报社又是新闻社，是党的喉舌，也是新华通讯社最早的前身。这体现了毛泽东对王观澜的高度信任和器重。

王观澜不负重托，带领编辑部的干部，克服重重困难，定时编辑出版《红色中华》。把党的主张和战斗情况，从中央苏区不断传播出去，鼓舞全国革命根据地和白区地下党的同志英勇斗争，成为开展革命斗争的有力宣传工具和重要武器，深受毛泽东的青睐。

当时，王观澜和毛泽东的住处仅一墙之隔。一向重视宣传工作的毛泽东，经常到《红色中华》编辑部去看望大家，指导工作，同王观澜促膝谈心，交换意见，两人成了知心朋友。

不久，国民党当局调集数十万大军，对中央苏区发动第二次"围剿"攻势。中央苏区领导层在斗争方针上出现分歧，王明"左"倾路线占据上风，指责毛泽东的正确意见为"狭隘的经验论""富农路线"和"极严重的一贯右倾机会主义"，排斥毛泽东的领导。同时，在党内散布怀疑一切，搞肃反扩大化，一时间闹得革命队伍内部人心惶惶。

王观澜站在毛泽东一边，支持他的正确意见，引起"左"倾路线领导的不满。1933年初，他们颠倒是非，攻击王观澜主编《红色中华》为敌人吹喇叭。继而，胡说他当年在莫斯科反对王明，有"托派嫌疑"等，最终不顾广大党员反对，强行开除王观澜的党籍，撤销其《红色中华》总编辑的职务。

毛泽东不同意，将王观澜留在中央政府土地部担任秘书工作，并向中央组织局领导表示：在中央政府工作，需要解决王观澜的党籍问题。

随后，毛泽东用中央政府的介绍信，派王观澜作为中央政府代表到各地检查工作。

面对"左"倾路线的强大政治压力，王观澜的革命意志毫不动摇。他不怕戴"狭隘经验主义""富农路线""右倾机会主义"的帽子，毅然根据毛泽东的指示，在党中央、中央政府所在地叶坪乡，进行查田试点工作。

当时，毛泽东与王观澜二人思想路线一致，政治观点一致。受打击、排挤期间，相互支持，相互鼓励，常常结伴同行，坚持走村串乡。有时夜晚，两人提着油灯，边走边说，一道深入农村宣传农村阶级分析的道理，并组织农民学习。后来，王观澜干脆搬到农民家中去住，同农民群众朝夕相处，了解的情况更多、更细、更实，毛泽东深为赞赏和感动。

有一天傍晚，得知叶坪乡贫农团要开会讨论阶级分析，二人相约，前往观看。他们没有惊动任何人，而是借助暮色站在会场旁边，静悄悄地观看开会实况。

只见会场气氛热烈，农民们正在就村里某人是评地主还是评富农自由发言，各说各的道理，相互开展争论。毛泽东听得津津有味，高兴地对王观澜说："这就好了，群众发动起来了，这是斗争胜利的保证！"

后来，王观澜在叶坪乡贫农团的基础上，按毛泽东的意见成立了查田委员会，领导农民查阶级，评成分，按政策处理财产，清除农村封建势力。查田后，群众情绪高涨，劳动积极性极高，大搞生产。

当时，正值遭遇干旱，王观澜带领农民组织劳动互助组，成立耕牛合作社，克服种种困难，兴修水利，挑水抗旱，生产搞得红红火火，农业获得了丰收。

农民生活改善后，热情拥护党和红军，党的威信进一步提高，苏区各项工作开展十分顺利。群众纷纷借粮草给红军，争相送儿女参军，支援苏区开展反"围剿"革命战争。当地文化、思想教育工作，发展也很迅速，革命形势喜人。

目睹此景，苏区中央教育部副部长徐特立感慨地说："过去，我们中央教育部帮助他们解决桌子、椅子、油灯、书本等困难，还是没有人来念书。现在不声不吭的就有这么多人来念革命书了。可见，肃清封建势力是个根本问题。"

叶坪乡查田试点工作的胜利，在苏区引起了强烈反响，受到广泛欢迎。各地纷纷要求中央派人前去帮助工作，热情之高，出人意料。毛泽东深感高兴，决定派出工作团到瑞金推广叶坪乡查田的经验，指导工作，王观澜是工作团的主要领导成员。

不久，中央作出《关于查田运动的决议》，苏维埃中央政府任命毛泽东为查田运动领导委员会主任，王观澜为查田运动指导委员会主任。随后，苏区的查田运动轰轰烈烈地展开。

为了提高广大干部的领导水平，当年秋天，苏维埃中央政府在沙洲坝建立苏维埃大学，着手培训干部，毛泽东任校长。财政系由邓子恢主讲，政法系由邓发主讲，群众工作系由王观澜主讲。

王观澜主要讲授中国农民运动、土地革命政策、苏维埃政权建设和党的群众工作等等，由于理论联系实际，通俗易懂，深受广大学员欢迎。

1934年1月，在中央红军第五次反"围剿"斗争中，由于毛泽东、叶剑英、李富春等人据理力争，王观澜终于恢复了党籍，被任命为苏维埃中央政府土地部副部长、中央土地委员会副主任。

王观澜虽然是知识分子出身，在苏联留过学，但他在老家浙江临海县读书时，经常接触农村，早就熟悉农村和农民。回国后，一直在苏区从事农民运动，加之平时作风朴实，联系群众，善于和农民谈心、交朋友，懂得农村，了解农民的需求和心理；领导苏区农业生产时，处处强调因地制宜，主张多办实事，反对讲大话、说空话，农民都拥护他。所以，中央苏区的党政军干部把毛泽东、邓子恢、王观澜三人都列为"农民运动专家"。

与此同时，王观澜曾根据毛泽东的指示，抓紧时间认真总结叶坪乡查田的经验，起草了以经济剥削占有比重作为划分农村阶级基本标准的文件。毛泽东看了很高兴，经过更深入地思考与总结，写出了《怎样分析农村阶级》，由当时中央工农民主政府通过并颁布，作为划分农村阶级成分的标准（后编入《毛泽东选集》第一卷）。由此可见，毛泽东思想是全党智慧的结晶。

1934年夏秋，中央苏区开展第五次反"围剿"斗争，因"左"倾错误领导造成失利，中央红军被迫长征。王观澜被编入红一方面军第一军团地方工作部，在冲破敌人一道道封锁线的日日夜夜里，他一直紧随先头部队前进。每到宿营地，他都不顾劳累、率领工作队出发，发动当地群众打土豪、筹粮、筹款，为扩充红军队伍四处奔走。

遵义会议确立了毛泽东在党中央的领导地位，中央任命王观澜担任中央工作团主任。他的责任更重，工作更忙。到达云南越西后，遵照刘少奇的指示，他在当地帮助红三军团发动彝族群众组建游击队。不久，因国民党大批军队逼近越西，他带领部队主动撤出县城。此时，一位彝族战士奉毛泽东之命挥鞭策马匆匆赶来给王观澜送信。

那是毛泽东的亲笔信，指示他率领部下北上追赶中央部队，说明红二团将在大渡河的富林渡口接应他。

他了解毛泽东的意图，随即快马加鞭，火速赶往泸定桥，在何长工的接应下，顺利通过铁索桥，及时追上中央部队。

他见到毛泽东时不禁热泪盈眶，欲言无语，久久说不出话来。毛泽东见到他跟上中央部队，长期牵挂其安危的心终于踏实了，大大松了一口气，紧握着他的手轻声安慰道："好了，好了，彝民士兵总算把信送到了！"

当年6月，王观澜随先头部队冒着狂风暴雪，历经千难万险，翻越长征途中第一座大雪山——夹金山。接着，同四方面军胜利会师,继续爬雪山过草原,向毛儿盖地区挺进。

古人云:"兵马未动,粮草先行。"

在翻越第二座雪山的进军过程中,为了保障红军能顺利过草原北上抗日,王观澜奉命筹集粮食,他千方百计,四处奔跑,累得筋疲力尽。

有一次,他率工作队外出筹粮途中,不仅没有筹集到粮食,而且随身带的粮食也已吃光,筹粮工作队陷入严重困境。百般无奈,王观澜决定将一匹病马宰杀煮食充饥。岂料病马带有病菌,王观澜不幸染上痢疾,一昼夜拉稀57次。他凭借顽强的意志,坚持带病领导筹粮队继续翻山越岭。

经过万里长征,跋山涉水,王观澜的衣服和鞋子都破了,一双脚丫子露在外边,严重影响走路。加之身染重病,身体消瘦,饥寒交迫,处境极度困难。幸好,途中巧遇毛泽东、林伯渠、徐特立等的队伍,毛泽东极为关切,再三嘱咐王观澜保重身体,并将自己从江西苏区带来的一双新布鞋送给他,林伯渠和徐特立则分别送了一条裤子和一块油布。

这三件宝物,犹如雪中送炭,帮了王观澜的大忙,既解决了御寒问题,又解决了穿鞋问题。尤其是毛泽东的脚同王观澜一样大,送的布鞋穿上后十分舒适,行军、走路更为轻快。

长征后期,王观澜正是身披林老送的油布,穿着徐老送的裤子,脚蹬毛泽东送的布鞋,一步一个脚印,历经千难万险,才顺利到达陕北根据地。

红军到达陕北后,中华苏维埃共和国中央政府设立西北办事处,王观澜担任土地部部长和中央农民运动委员会主任。他不顾虚弱的身体热情投入土地革命斗争,指导陕北地区的干部、群众按《怎样分析农村阶级》办事,严格执行土改政策。

当时,有些地方出现地主被扫地出门和富农只分坏地、不分好地的错误倾向，他耐心解释："我们要坚决铲除农村封建剥削制度，要坚决消灭地主阶级，使广大贫苦农民在政治上、经济上翻身得解放。但是，不给地主富农自食其力的条件，不给他们以生活出路，怎么能改造他们呢？"经过细致工作，这些地方改正了过左的错误做法，给地主分了一些土地，实行在劳动中改造地主、富农的正确政策。

一波刚平，一波又起。不久，有些地方又出现把富裕中农错划为富农的问题，他立即建议西北办事处重新全文颁布《怎样分析农村阶级》，组织大家学习讨论。并在中央机关刊物《斗争》上发表文章，指出："有些同志以为左的错误总比右的好，右的要不得，左的总是革命的。这种错误见解，看不到左倾错误的严重性，看不到把某些中农、贫农当作豪绅地主，是削弱了自己的革命力量。"他强调集中力量，反对和纠正极左倾向，是目前土地斗争中的主要工作。

毛泽东支持王观澜的观点和态度，认为这些意见对于纠正西北革命根据地斗争中的极左错误，贯彻统一战线方针策略，团结各方人士一致抗日，起到了有力的指导和推动作用。

西安事变后，王观澜开始参与党中央对当时错综复杂政治形势的分析研究。1937年5月，毛泽东在延安作了《中国共产党在抗日时期的任务》的报告和《为争取千百万群众进入抗日民族统一战线而斗争》的结论。统战工作成了全党的中心任务，党中央确定成立中央统战委员会，王观澜担任常委，同时任陕甘宁边区党委副书记和统战部长。

1938年11月，王明任中央统战部长。当时，党内斗争十分激烈，王明受到批判被免除中央长江局书记后，内心一直不服气。在担任中央统战部长期间，他常常顽固坚持"一切通过统一战线"的错误主张。

有一次，毛泽东主持中央统战委员会开会研究统战工作，会上发生了激烈争论。王明公然散布："边区"也是"统战区"，没有区分的必要。王观澜坚决反对，强调：边区主要地区是中国共产党早就创建的革命根据地，它同那些虽有八路军驻防、但地方政权仍被国民党控制的统战区有明显区别，党的工作也应因地制宜。毛泽东不断点头同意王观澜的观点。

事后，王观澜根据中央的精神，就陕甘宁边区统一战线工作起草了一个讲话提纲。毛泽东感到很好，让他在边区县委书记和统战部长会议上作报告。王观澜详细分析了统战工作现状，指出国民党顽固派在边区周围制造摩擦的种种事实和统一战线的前途，系统地提出反摩擦和巩固发展统一战线的对策。讲了整整三个多小时，受到热烈欢迎，与会人员深受启发，明确了方向，消除了误解，增强了统战工作的信心。王明听了报告，没有表态。

一天，王观澜到毛泽东住处谈工作，恰好碰到王明。毛泽东询问王明："听了报告有何感想？"王明表示："好是好，就是太长了。"毛泽东说："长一点好，我们有些同志就得像老师给学生讲课那样，给他慢慢讲才行啊！"

王明没有想到王观澜当初在莫斯科反对自己的"百分之百布尔什维克化"理论；后来在江西苏区，又站在毛泽东一边，反对自己的主张；如今到延安，在会上又反对自己的统战理论，越想越气。有一次，他同中央社会调查部部长康生，再次诬陷王观澜在莫斯科有"托派嫌疑问题"，向中央要求再次审查历史问题。王观澜愤怒至极，直接找王明、康生责问。

毛泽东得知后，明确指出："王观澜经过我十年的亲自考验，这个同志如果不是好同志，我们党内就没有好同志了！"

接着，毛泽东主持会议决定组成陕甘宁边区统战委员会，任命王观澜为主任委员，萧劲光、林伯渠为副主任委员，而且指示："今后，边区统战工作的一般问题就由统战委员会解决，大事直接请示中央。"从而彻底排除了王明在工作上对王观澜的干扰。

在毛泽东和中央领导同志的热情支持下，王观澜全身心地投入边区统战工作。当时，王观澜虽然只有三十多岁，但因长征途中患了肠胃病，身体极为虚弱，工作一累就会犯病。在延安期间，妻子徐明清曾多次劝他住院治疗。王观澜总是以工作为重，咬着牙忍着疼说："一点小病用不着如此麻烦。"

尽管王观澜的病情不断加重，却仍然坚持工作。徐明清焦急万分，忧心如焚，担心他虚弱的身体会彻底垮掉，无奈中只好向毛泽东求援，请他出面帮助做劝说工作。

毛泽东十分同情和支持徐明清。随即把王观澜找去，关切地问："观澜同志，你每天都是怎样做工作的呀？"王观澜实话实说："每天无论工作怎样多，我总要处理完毕才睡觉。"毛泽东听后劝道："做事情要分轻重缓急，像你这样怎么行呢？我们要让懒人学勤快，让勤快人学巧干。"如此亲切的谈话，让王观澜和徐明清夫妇深受感动。

王观澜的身体毕竟太虚弱。由于疲劳过度，不仅患重感冒休克，肠胃病复发，而且神经衰弱，彻夜难眠。继而又出现十二指肠溃疡，最终不得不住进延安郊区的中央医院治疗。

毛泽东对老战友十分关心。一天早晨，他在傅连暲的陪同下，从杨家岭出发，徒步走了五六里山路，涉过一条河，专门到医院探望躺在病床上的王观澜。

此事距今虽然已有六十多年，但那感人的场景却永远深刻地留在徐明清的记忆里。她说：当时，王观澜长期严重失眠，面容憔悴，头疼难忍，在床上无力动弹。毛泽东在病房里悄悄地走到病床边，坐在一张狭长的木板凳上，拉着老战友瘦弱的手，亲切地安慰说："观澜同志，不能睡就静静地躺着，不要着急，总会睡着的。"他嘱咐医院负责人精心治疗，劝慰徐明清要宽心、照顾好王观澜。

那次探望不久，毛泽东仍惦念着王观澜的病情。一天，又特地派警卫员叶子龙到医院送去一封信。徐明清打开一看，只见是毛泽东用毛笔亲自写给王观澜的：

既来之，则安之，自己完全不着急。让体内慢慢生长抵抗力和它作斗争直至最后战而胜之，这是对付慢性病的方法。就是急性病，也只好让医生处治，自己也无所用其着急，因为急是急不好的。对于病，要有坚强的斗争意志，但不要着急。这是我对于病的态度。书之以供王观澜同志参考。

毛泽东
十二月十六日

毛泽东如此无微不至的关怀，使王观澜夫妇感动万分。这封信，不仅鼓舞了王观澜同病魔作斗争的勇气，而且从此成为广大革命者坚强乐观战胜疾病的座右铭。

这一期间，陈云等人也不断到医院看望王观澜，给了他许多安慰和鼓励。王观澜虽然几十天饮食不进，全靠输液补充营养，但始终记着毛泽东等领导人的鼓励，乐观顽强地同疾病作斗争。

1945年，初春来临，延安大地回春，万木复苏。重病缠身的王观澜，经过医务人员精心治疗，加上自身乐观顽强斗争，病情大有好转。毛泽东闻讯后，立即赶来看望。他看到王观澜能下床走动了，极为高兴，热情鼓励王观澜坚持锻炼身体，争取参加党的第七次代表大会。于是，王观澜天天坚持锻炼，由室内到室外，由平地到爬山。不管刮风下雨，从不间断，身体状况逐渐恢复。

糟糕的是，此时他又拼命看文件、读书，一心想弥补失去的时间。由于精力、体力超过限度，中共七大召开前夕，他疾病复发，而且比上次更为严重。十二指肠溃疡引发血管破裂，鲜血从嘴里喷涌而出，人已昏迷，肠胃堵塞，不能进食。血管呈槽状，无法输血输液，只能靠滴肛维持生命。由于营养出现严重障碍，双目几乎失明，周身并发神经炎，疼痛难忍，彻夜难眠。当时他手不能抬，腿不能伸，只有心脏尚有微弱跳动，情况万分危急。苏联派驻边区的医生别洛夫无奈地告诉徐明清："王观澜活不了一周，准备后事吧。"

徐明清伤心透了，顿时黯然泪下，五脏俱焚，情不自禁地含着泪水，给毛泽东写了一封充满悲伤情绪的信。

尽管毛泽东工作相当繁忙，但接到徐明清的信后，很快回信：

明清同志：

你的信我们都看了，甚为感动。观澜同志的病情如此，当然使你难过到这种程度。但是，一种事实到了面前，如果是无可奈何时，再急再痛也无益，只好承认事实，而客观地对待之。何况王观澜的病不一定是你说的那样，不一定不能救。请你代我问候观澜同志。

徐明清接到这封信，精神上获得一丝安慰，心境豁然开朗。她立即兴奋地读给病榻上的王观澜听。毛泽东的勉励产生了神奇的效果，濒临死亡边缘的王观澜，居然没有出现任何慌张和急躁情绪，而是镇定、安静和乐观。

当时，延安处于敌人的重重包围、封锁之中，物资供应严重不足，生活条件极端困难。但党中央对王观澜关怀备至，组织西医专家会诊，千方百计抢救、精心治疗。在西医治疗的同时，当地中医权威、陕甘宁边区政府副主席李鼎铭和另一名老中医任作田大夫，又用中药和针灸配合治疗。

若干个日日夜夜过去了，王观澜的神经痉挛得到了控制，疼痛逐步减轻，慢慢地能进食少量流汁。后来，医生又给他加服了一些肝汁和菠菜汁。

毛泽东更是体贴入微，他知道王观澜的肠胃消化不良，特地把自己平时土法烤馒头片的铁錾送去。因为王观澜手脚发凉，头昏失眠，他又把自己用的热水袋、体温表、西药针剂和葡萄糖粉送去。

在党中央、毛泽东的亲切关怀和医务人员的多方精心治疗下，王观澜极度虚弱的身体竟神奇地逐渐好转。1946年秋，天高气爽之时，他能开始练习走路，而后练习爬山。有一次，他和徐明清爬到黄土高坡上，精神为之振奋，情不自禁地放声高呼："是党和毛主席给了我新的生命！"

第二年，国民党调动大军向延安大举进攻，我军实行战略转移方针，党中央机关暂时撤离。此时，王观澜的身体已恢复到可以随中央机关转战陕北。

尽管如此，党中央还是安排王观澜夫妇等先行一步，指派民工用担架抬着王观澜渡过黄河，转移到晋绥一带的安全地区继续疗养治病。

他们在山西临县和兴县的张家湾住了一段时间。那时，康生正在那里搞土改试点。王观澜一向关心农村工作，身体刚刚好转，他就闲不住，经常找农村干部和农民交谈，了解情况。

从谈话中他发现康生搞的土改试点"左"得出奇，不仅把地主、富农消灭肉体，而且将富裕中农和中农也扫地出门。一个地主老婆无路可走，被逼无奈跳黄河死了；晋绥分区参议会副会长、开明绅士刘少白，也被拉到街上游斗；他们还强迫开明绅士的儿子牛荫冠（后为我党部级干部）拉着地主成分的父亲游街……这些都严重违反土改政策，破坏党的统一战线，影响很坏。

王观澜十分气愤，立即把驻村土改工作队队长找到床边说："这样扩大打击面，侵犯中农利益是不对的，是不符合中央依靠贫农、团结中农的土改政策的。对地主不能乱打、乱杀，实行肉体消灭。你们还得要仔细学习《怎样分析农村阶级》，掌握好党的政策呀。"

不久，毛泽东等中央领导人也渡过黄河来到兴县，住在晋绥分局蔡家崖。病在床上的王观澜闻讯后，心神振奋，随即让徐明清从留守处借了一匹枣红马，骑着赶往蔡家崖，代他向毛泽东反映上述种种情况。毛泽东听得很认真，气得从椅子站起来，在窑洞里踱了几圈，然后愤怒地说："把没有经过训练的人，派到农村去，名之曰'锻炼锻炼'，实则上是去害人！"

谈完工作，毛泽东转而又关切地询问王观澜的病情，徐明清汇报有所好转。毛泽东高兴地说："这次一定要好好休息，一定要等病好清后，才能让他工作，不能再像上次那样了。"徐明清感激地说："主席，观澜说是你和战友们给了他第二次生命啊！他只有为党多做事情，才能报答你们的恩情。"

毛泽东笑呵呵地说："观澜同志是个意志坚强的人，战胜疾病归根到底还得靠内因嘛！"

据徐明清回忆：那天，谈着谈着，不觉已到了吃午饭的时间，毛主席特意留她吃饭。正好碰到周恩来副主席，也被留下共餐。毛主席立即介绍说：这是王观澜同志的爱人徐明清。接着，又说："《怎样分析农村阶级》那篇文章，就是我和观澜同志合作写的。"看来，毛泽东对当年在中央苏区和王观澜合作写《怎样分析农村阶级》之事，印象极深，看得很重，一直念念不忘。

那天，毛泽东情绪很好，午餐多加了几个菜，其中有他爱吃的红烧肉、辣椒，还有木须肉、鸡蛋炒菠菜。三个人边吃边谈，毛泽东、周恩来都嘱咐徐明清好好照顾王观澜，建议让他到苏联去治疗，争取早日恢复健康。两人还不断给徐明清夹菜，让徐明清吃饱吃好。

饭后，毛泽东又提笔给王观澜写了一封信，建议他去苏联治疗，并提出："待秋季你到五台区，如果平绥路打通，路上好走，即可和那边（苏联）交涉前往"。

这次汇报很成功，收获很大。时年只有36岁、性格活泼的徐明清,拿着毛泽东的亲笔信高兴极了。返程途中,她一路笑着、唱着,快马加鞭,翻山越岭,很快就回到张家湾。她把毛泽东说的那些话和写的信,原原本本、详细地说给王观澜听,乐得王观澜心花怒放,满面生辉,病情也大为减轻。

时隔不久,毛泽东在晋绥分局干部会议上,严肃批评了当地土改中出现的各种"左"的倾向。随后,《晋绥日报》全文发表了《怎样分析农村阶级》,号召各地严格执行土改政策。王观澜那颗久系农村工作的心,终于如释重负,得到了宽慰,恢复了平静。

1948年初,全国解放战争胜利在望。我百万大军在战略进攻中南征北战,节节胜利,党政机关也随之不断前进,有时一天转移一次。

此时,王观澜经常躺在担架上,被民工抬着频繁转移。这对患病的身体显然不利,也给组织上增加诸多不便。徐明清建议王观澜按毛泽东和周恩来的嘱咐去苏联治病,但他半天不吭气,最后才说:"我的病是慢性病,一时半会好不了,出国可能也没有什么效果。"

徐明清继续耐心劝说:"你不是想早一点康复,为党和国家多做一点事情吗?你这慢性病,如不及时治疗,恐怕一辈子也好不了。"

王观澜沉思后,才点点头说:"现在正是解放军大举南下的前夕,党组织为了照顾我,带着我从一个地方转移到另一个地方,除了组织担架抬我以外,还得找医生,动脑子为我治疗,确实牵累大家了。"

徐明清看到王观澜的思想有转变,马上趁机进一步劝说:"那你还不如去苏联,这样既可以不麻烦正在打仗的军队来照顾你,还可以尽早恢复健康,一举两得。为什么不给中央打个报告呢?况且上次我在蔡家崖,毛主席和周恩来副主席也都劝你出国治疗。"

经再三动员、劝说,王观澜终于同意出国治疗了。徐明清立即代他给党中央和毛泽东主席起草了报告。党中央很快批准,而且同意徐明清陪同去苏联，以便更好地照顾王观澜。

这时，毛泽东已率领中央机关来到河北西柏坡，王观澜兴致勃勃地坐着担架去见老战友。毛泽东在房前一棵大槐树下会见了他们夫妇，他热情地握着王观澜的手问长问短，十分亲切。接着，毛泽东又谈起当时新解放区的土改情况，表示要将富农的剥削率从15%提到25%，问王观澜是否同意。王观澜高兴地说："太好了，这样可以扩大团结面！"（毛泽东曾经公开说："王观澜在我们党内是懂得农民和土地问题的，在修改土改政策时，要重视听取他的意见。"）毛泽东的谦虚态度，使王观澜深为感动。

1949年春天，王观澜夫妇就要起程出国了。当时，王明正在莫斯科，他是斯大林的红人，在苏联仍有影响。王观澜考虑到历史上的恩怨可能会带来麻烦，故而请求党中央就"托派"问题有一个文字结论，以备万一。

4月6日，毛泽东指示党中央发电文：

（一）王观澜同志过去在莫斯科学习时，留莫支部曾怀疑他有托派嫌疑，并无事实根据，回国后在中央苏区工作时，又被开除党籍，是错误的处置。因此，王观澜在政治上是可靠的，应为党所信任。

（二）王观澜同志过去曾为党、政做了有益的工作，在工作上表现了他的能力和坚定，中央希望王观澜同志出国安心治病，病好后回国工作。

一个月后，王观澜夫妇满怀喜悦之情，在有关人员陪同下顺利到达莫斯科。这是王观澜十八年后重返苏联之行，苏联医生通过检查，发现病情严重，立即转往克里姆林宫医院治疗。

这所医院条件很好，环境优美安静，物品供应丰富。医生对王观澜十分友好、照顾，使用了许多国内买不到的药品，营养也很充足。王观澜每天清晨坚持锻炼身体，睡眠状况和肠胃消化功能逐渐好转。

此时的王观澜十分关心国内局势变化，病情稍微好转就开始阅读报纸。当他知道我百万大军已渡过长江，直捣国民党的老巢——南京，蒋介石的部队溃不成军时，整个身心都沉浸在欢乐之中。他笑着对徐明清说："新中国马上就要诞生了，毛主席说这是万里长征的第一步，我们今后的任务是要搞好建设，把人民的生活水平提高上去。总有一天，我们会像苏联现在这样好。"此时王观澜的健康状况异乎寻常地好转，他闲不住了，不断要求外出参观，更多地了解苏联建设的最新情况，搜集有关资料，为回国做准备。经过医生同意，他被安排到莫斯科附近的工厂和集体农庄参观访问。

故地重游，他感慨万千地说："苏联现在的模样和我十八年前在这里的时候大不一样，变化这么大，是有很多地方值得我们学习啊！"参观过程中，他不断在笔记本上记着、画着。尤其是对农村集体农庄和国营农场，他更为关心，问得更多，记得更详细。

他是一个勤于思考的人，苏联的农业集体化使他深受鼓舞，但联系到中国的实际，他又多次对徐明清说："苏联农业集体化、机械化程度高，很重要的原因是他们人口稀少，土地广袤，很容易进行大面积耕种。而我国人口稠密，人均可耕地少，一时很难向集体化农庄迈进。那是他们根据自己国家的自然条件、人口特点而决定的，我国不能照套照搬。"

时间过得真快，转眼间已快到10月。王观澜夫妇听说10月1日新中国要成立，两人笑逐颜开，又兴奋又激动。那天一大早，两人怀着激动的心情，静静地坐在收音机旁，等待收听开国大典的广播。当听到毛泽东主席在天安门城楼上用浓重的湖南口音高声宣布："中华人民共和国中央人民政府今天成立了！"他们激动得流下了热泪，亿万人民长期奋斗、流血牺牲苦苦追求的革命目标，如今终于实现了，两人的心头仿佛喷射出灿烂而快乐的火花，一整天都沉浸在幸福和欢乐之中。

从那天起，他们在苏联更待不住了，日夜盼望回国、早日投身新中国的建设事业。

一个月后，经中央同意，他们乘坐火车，穿越贝加尔湖，驰骋西伯利亚，经过满洲里，度过漫漫长夜，万里迢迢回到魂牵梦思的祖国。

新中国到处欣欣向荣，人人欢天喜地。王观澜夫妇更是心花怒放，但王观澜毕竟身体较弱，长途旅行，过度疲劳，出现不良反应，显然不能马上工作。

无奈，他只得听从刘少奇的劝告，去青岛继续治病疗养。健康状况稍有好转后，毛泽东主席便安排他到中央政策研究室任副主任，从事调查研究工作。

后来，中央安排他任农业部党组书记、副部长，会同年迈的民主人士、农业部部长李书城开展工作。王观澜热情很高，当时向中央提交了《关于农业工作的报告》，后来又参与起草国民经济第一个五年计划的农业部分。

由于工作繁重、过度劳累，王观澜的旧病复发了，而且比过去更严重。中央让他住进北京医院动大手术，彻底治疗。周恩来总理每天都要看医院送的病情简报，了解情况变化。有一次，周恩来在简报上看到王观澜的体温突然增高，心里不安，立即打电话向医院查问病情。原来是病房不仔细，写错了体温，闹了一场虚惊。王观澜对此极为感动，事后在党的八大二次会议上，他满怀深情地说："我的身体之所以还能起来工作，不能不深深地感谢毛主席，感谢少奇、恩来、陈云、富春、尚昆等中央和地方许多负责同志的帮助，感谢卫生界积极负责，尽力设法治疗……最后一次在中央、总理和傅连暲同志的直接关注和主持下，动了手术，治了病根。"他幽默地称自己是一个"棺材漏",同死神擦肩而过。

1954年秋天,王观澜完全康复后,中央任命他为中共中央农村工作部副部长。他积极支持邓子恢副总理稳妥地开展农业合作化运动。1956年4月,他带领工作组到浙江临海等县农村调查研究,为农民算了一笔账,发现实得原粮和副业生产收入比上年下降很多。回京后,给毛泽东写了一个报告,如实反映情况,并建议:"我们党的许多负责同志,尤其是领导财经工作的,领导城市工作的同志,最好也抽出一些时间到农村去看看。"

毛泽东对此十分重视,随即批转全国各地,指出:为农民算账是一个很重要的问题,王观澜同志报告中所述临海县的情况,是农民不能增加收入的情况,如果这种县多了,则事情未可乐观,值得严重注意。

1957年夏季,中共中央发出指示,在全国范围内开展反右派斗争。当时,中央机关都有抓右派指标,任务繁重。王观澜作为中央农村工作部副部长和机关党委书记,负责抓政治运动,压力很大。但他和邓子恢面对各种议论,仍然坚持从实际出发,没有划一个右派,在中央机关独树一帜。大家原以为要受批评,结果反而受到毛泽东主席表扬,夸赞他们坚持实事求是原则。

第二年,中共八大二次会议后,在全国发动"大跃进"运动,很快浮夸风、"共产风"、瞎指挥风泛滥。新闻单位大肆宣传国民经济发展多快好省,到处莺歌燕舞,形势一片大好,工农业生产大放"卫星"。河北徐水县人民公社亩产超万斤的消息,成了《人民日报》头版新闻。头脑清醒的王观澜不信,他随邓子恢副总理驱车前往徐水,深入田头进行实地考察。两人不约而同认为情况很不正常,王观澜说:"亩产超万斤,不可能,也不符合当前的科学水平。"

在中央的一次会议上,王观澜再次表示:"这是主观愿望啊!有些东西,不要说科学知识,连农业常识都没有了!"他从在中央苏区时起就搞农村工作，熟悉农业，对农民有深厚的感情，深知浮夸风、"共产风"、瞎指挥风祸国殃民，危害极大，不可等闲视之。

然而，1959年夏天中央庐山会议错误批判彭德怀以后，全国又掀起"反右倾"运动，政治风气更坏。到处"拔白旗、插红旗"；只报喜，不报忧；颠倒黑白，混淆是非；隐瞒实情，欺骗中央。王观澜忧心如焚，夜不能寐，他想向毛泽东如实反映情况，痛陈时弊。但当时毛泽东住中南海，工作十分繁忙，而自己住在西郊万寿路，两家相距较远，诸多不便。

1961年春节，王观澜应中央邀请进中南海怀仁堂参加文艺晚会，正好遇上毛泽东。老友相见，分外高兴。毛泽东热情地拉着王观澜的手，让他坐在自己身边，询问身体情况和徐明清及孩子们的情况。然后，开玩笑地说："进城以后，你不来看我了，咱们疏远了。"毛泽东如此亲切、热情，王观澜深为感动，内心很不平静，几次想向毛泽东反映农村的实际情况，但又觉得在那样的场合谈问题，不太合适，于是欲言又止。回到家里，反复思量，还是决定通过写信反映情况。

那时，全国政治气氛仍然严峻，家里人劝他少说为佳，免得招惹麻烦。他全然不听，慷慨陈言："我是共产党员，说是为人民服务，现在服务什么？最多丢官，我是豁出去了！"

最后，确定由徐明清执笔，用徐明清的名义给毛泽东写信。他说一句，徐写一句，直抒己见，痛陈时弊。内容如下：

主席：

昨天晚上，王观澜见到主席，主席还记得明清，我很感激，也很感动。王观澜病重时，主席给以极大的关怀，帮助，我们才有今天。毛主席的英明伟大，在中国革命中的舵手作用，将永载史册。最近一段时间，我翻来覆去睡不着觉，精神苦闷。一些字义、概念都模糊了：左和右、好和坏、真和假、是和非、快和慢、多和少、敌和友、公和私、大和小、上和下、进和退、黑和白……广西二三千，震动那么大。如果二三万、二三十万、二三百万，或者数目更大，面积更广，又怎样呢？浮夸是害人之本，欺骗是万恶之源。主席处世英明，处处争取主动。我们的海燕已经闭经四个多月了，李讷怎样？李讷应改为毛讷了吧！

此致

敬礼！

明　清
1961年1月25日

　　信写好后，没有直接寄给毛泽东，怕中央办公厅的工作人员当作普通来信来访处理。王观澜特意让徐明清写了几个信封，外边信封写叶子龙收，里边信封写毛主席收。

　　当时，他是冒着巨大的政治风险写这封信的，因为全国批判"右倾机会主义"的高潮尚未过去，中央机关上挂下联，抓了一大批"右倾机会主义分子"，一些高级革命领导干部也不例外。有人甚至议论中央农村工作部的邓子恢和王观澜"一贯右倾"，是"老右倾机会主义分子"。生性耿直的王观澜，毫无惧色，将个人风险置之度外。书信一发出，他就把三个都是共产党员的儿女找在一起，说明为什么要写这封信，再次重申："我是共产党员，我豁出去了，最多丢官，你们要作好思想准备。"

　　儿女们尽管也都为此信担忧受惊，但他们政治上都成熟了，十分理解父母的心情，支持父母给毛泽东主席写信，愿意共同承担政治风险。令全家人没有想到的是，三天后奇迹出现了，毛泽东读了王观澜夫妇用心良苦、措辞尖锐的信后，突然从中南海给王观澜打来电话说："信收到了，谢谢！"

毛泽东接受了王观澜的意见。一直心神不定、紧张不安的王观澜全家都松了一口气。王观澜更是感到由衷地欣慰，兴奋得几夜睡不好觉，他预感到党内风气将会发生重大变化。

果然，不久毛泽东主席就要求全党恢复实事求是、调查研究的作风。他说，我们党是有实事求是的传统的。最近几年，调查做得少了，不大摸底了，大概是官做大了。我这个人就是官做大了，从前在江西那样的调查研究现在就做得很少了。请同志们回去大兴调查研究之风，一切从实际出发。他还说，搞社会主义建设不能那么急，可能要搞半个世纪。今后搞几年慢吞吞，指标不要那么高，不要务虚名而招实祸。

同年 3 月，毛泽东在广州主持召开中央工作会议，着重研究农村工作问题。会上，他指名道姓严厉批评中央某领导人不搞调查研究，闭着眼睛瞎说！同时表扬邓子恢等"长期深入农村搞调查研究，这种精神值得大家学习！"

随着思想路线的端正和农村政策的调整，三个月后，党中央针对过去农村工作中出现的种种问题又明确规定：过去批判和处理错了的，要改正过来，恢复名誉，恢复职务；部分问题批判和处理错了的，改正这一部分问题的结论；错误地对群众（包括富裕中农）进行的批判，应该向他们道歉，如果作了错误处分，还应该纠正。

这一系列政策，消除了"反右倾"斗争的消极影响，既调整了党内政治关系，也调整了党同受过错误批判的群众的政治关系。

王观澜夫妇目睹毛泽东胸襟如此坦荡，重视老战友和广大干部、群众的意见，正视问题，采取果断措施，纠正错误，迅速恢复党的实事求是优良传统，深受鼓舞。两人都走出了长期困惑，对未来充满了信心和希望。

王观澜是个意志坚强的人，尽管他身体不好，时不时住院治疗，但只要病情稍有好转，他就要出院工作，经常深入农村调查研究。

他长期从事农村和农业工作,喜欢同农民打交道,熟悉和热爱农村、农业。中央机关一度流传我国领导人最懂得农村、农民的有三位:毛泽东、邓子恢,还有一个是王观澜。1962年底,中央农村工作部被解散,新成立国务院农林办公室,中央任命他为副主任。1964年他又兼任北京农业大学校长、党委书记。北京农业大学广大师生早就了解王观澜同毛泽东主席的亲密关系和故事,加之王观澜为人随和,平易近人,所以大家都热烈欢迎他的到来。从此,他遵照毛泽东"教育要与农业生产相结合"的指示,领导广大师生积极从事农业高等教育和科研的实践活动。

然而,不久我国政治风云突变,"文化大革命"骤然而起,到处掀起红卫兵运动。北京高等院校首当其冲,王观澜被农大红卫兵作为"走资派"打倒,天天押着他在市里批斗、游街。北京市造反派召开数万人"批斗彭真反革命修正主义集团大会",也把王观澜作为"集团成员"拉去批斗。康生甚至指示红卫兵"王观澜要开大会斗六次"。王观澜的妻子徐明清也被作为"叛徒"隔离批斗。

老革命碰到了新问题,王观澜不理解"文化大革命",曾经叹息:"三年困难时期过去了,现在刚刚恢复,为什么又搞'文化大革命'?"真想问问老战友。但是,他万寿路宿舍的家已被红卫兵抄了,通往中南海的电话线也被掐断了。无奈之中,妻子徐明清曾向当时中央文革的大红人江青写信反映情况。岂料对方冷若冰霜,置之不理。王观澜只有默默地忍受着无情批斗的痛苦。幸好不久,周恩来总理从农林口联络员那里了解了有关情况,立即指示农大红卫兵恢复王观澜的自由。于是,61岁的王观澜一边写检查,一边参加劳动,一边锻炼身体。那时清晨,人们在农业大学附近的马路上,常常可以看到一位老人经常一步一个脚印迈步前进,坚持长途行走,毫不气馁。他就是王观澜。

1971年"九一三"事件发生后,周恩来提出让王观澜"解放"

出来，参加工作。然而，忠实执行"四人帮"路线的人，却将王观澜定为"死不改悔走资派"的材料报上去。周恩来极为生气，逐一批驳说："王观澜是好同志，有错误可以批评，但不能打倒！"

第二年春天，原中央农村工作部副部长陈正人不幸去世。在八宝山的追悼会上，周恩来看到了多年不见的王观澜，心情沉痛，紧紧握着他的双手，关切地说："身体不错吧！没有浮肿吧！可以工作！可以工作！可以工作！"周恩来总理连说了三个"可以工作"。

事后，王观澜作为国务院业务组成员开始工作。当时，国务院的副总理早已被打倒，工农业生产遭到严重破坏，国民经济出现危机。周恩来只好临时组成国务院业务组抓经济工作，王震和王观澜等都是业务组成员。他们经常深入各地农村，调查研究，了解情况，不断向周恩来总理汇报。

1974年春，"四人帮"掀起"批林批孔"运动，矛头指向重病在身的周总理。王观澜非常气愤，曾经写下诗词"青山绿水迎春游，万水千山一叶舟；惊涛骇浪心弦战，白天作梦骂孔周"，耻笑"四人帮"，敬颂周总理。

1976年初，王观澜万万没有想到处处关心自己、劳苦功高的周总理病逝了。随后，朱老总和自己十分熟悉的毛主席也相继离开人世，王观澜悲痛万分。幸好不久，他看到了粉碎"四人帮"。中央让王观澜担任农林部的顾问后，他不顾年高体弱，经常深入农村调查。

1981年9—11月，他带领工作组在河北保定、安国等地连续考察两个多月，并亲自起草调查报告。接着又赶回北京出席全国人大常委会，并在会上积极发表意见。12月23日，王观澜因劳累过度病倒被送进医院，不到一个月就撒手人寰，享年76岁。彭真、万里、胡乔木、谷牧等中央领导人出席了他的遗体告别仪式。

时光轮转，岁月流逝。如今，王观澜和毛泽东、周恩来等老一辈革命家，虽然都已早离人世，但他们在长期革命斗争生涯中形成的深情厚谊,以及王观澜、毛泽东两人多次书信往来的种种故事,将永存人间,流芳百世。正如革命老人徐明清所说:他们永远是革命后人效法的楷模,将激励人们政治上相互信任,工作上相互支持,生活上相互关心,始终真诚相见,为革命和建设事业奋斗终生!

(2005年2月26日)

1942年陕北农村问题调查
——于光远回忆*

姚监复 整理

对农村土地问题的系列调查

从1942年起，我对河北、山东、山西、陕西等省农村土地问题作过调查。对山西土地调查中，有一个值得重视的资料，就是为被调查的每一位农民写一个小传，其中有一位没有什么特点，但是后来成为全国劳动模范。在山东土地调查中，对一个村作了很详细的原始记录。对河北、山东、山西的土地调查，很多资料未及整理，有的散失了，有的我仍保存着。只有对陕甘宁边区绥德、米脂县十个村的土地问题调查整理出了一本书。现在找出一本解放后人民出版社再版的《绥德、米脂县土地问题调查》送给徐孝白先生。对这两个县的土地问题，如果能在半个世纪后再作一次追踪、对比调查，看看1998年同1942年状况的变化是很有意思的。这本书在美国用英文出版过。

在边区问题研究室的调查

1942年绥德、米脂县土地问题调查，由中共中央西北局第四局边区问题研究室经济组负责组织，具体工作由柴树藩领导。第四局除了研究陕甘宁边区问题以外，还有一个"友区问题研究室"，即研究国民党统治区状况。我所在的经济组既研究边区的合作社问题、商业问题、劳动组织问题，也研究土地问题，作为一个重要方

---

* 1998年8月4日，经济学家于光远在会见美国华盛顿大学农村发展研究所徐孝白律师时，愉快地回忆起五十多年前对陕北农村土地与经济问题的调查。本文是这次谈话的摘要整理，未经本人审阅。整理者系农业农村部农村经济研究中心研究员。

面。1942年将绥德、米脂土地问题的调查报告汇总,在延安出了一本书。

在经济组工作时,我们的调查是深入实际的。在我调查煤矿情况时,下了矿井,由于煤层很薄,有的只有几尺甚至不到一尺厚,矿工们是躺着采矿的,光着身子趴在装有四个轮子的木板车上运煤和进出坑道,我也同矿工一样光着身子趴在小车上进了坑道。坑道里面是用油灯。在矿井下面是保护老鼠的,因为矿井里有老鼠,说明井下的瓦斯浓度还不足以使小生物死亡,生命没问题的生物标志就是老鼠。

采出的煤的分配方式是25人分成25股,挖出的煤分成25份,一人一份。20个矿工有20股,另外5股是"英雄股",矿井出口所在地的地主1股、矿井坑道所经过的村1股、外窑头1股、内窑头1股、勘探人员1股。

我们还专门调查过盐业生产状况。陕北打井从地下取出卤水,洒在地上,水蒸发了再提取土盐,然后集堆,再浇水溶解、过滤、熬干,成为小盐。同时可提出溶解度比盐(NaCl)更高的硫酸钠。当时的边区有的产盐地方生产面貌也很壮观,一大片小生产制盐的小企业,处处都在冒烟。

于光远夜走凤仪亭,刘澜波谈话五分钟

调查团工作紧张,但生活活泼,一位年轻人曾将调查中的小花絮编成章回小说的回目,令人难忘,有一个回目关系到我和刘澜波。当年调查团遇到一道难题:要同传说中貂蝉——四大美人之一的出生地米脂县的一位美人"貂蝉女"打交道。她是一个小商人的妻子,又担任妇女主任,调查团可能有必要同她打交道。但是,当地干部事先就向调查团打过招呼:这个"貂蝉女"很漂亮,也很风流,按现代话说就是婚外恋比较多,你们要注意防备这个女人。虽然俗话说得

好——"米脂的婆姨绥德的汉",由于事先有了招呼,调查团的同志们都尽量避免同这个"貂蝉女"联系,不去她家,以免引起非议。但是,这件事让我轮到了,当调查工作进行一大半时,发现对商业问题未作专门调查,需要再作补充调查,这事分配给我了,这样必须同这个村的小商人谈话,就一定要去小商人之家,即避免不了见这个"貂蝉女"。由于白天没有时间,我只好有天晚上去拜访这位小商人,由于害怕引起非议,调查访问时间很短,匆匆忙忙谈了一阵就连夜赶回调查团住处。回去后,大家很好奇地问我,"貂蝉女"长得怎么样,我的回答是,连她是什么模样都没看清楚,问完了小商人几个问题就赶回来了。关于此事,善于写章回小说回目的年轻人命名为"于光远夜走凤仪亭"。

无独有偶,调查团的刘澜波分工负责调查政法方面的情况,需要同妇女主任谈次话。刘澜波解放后曾担任电力工业部部长。他在整理材料时发现缺少一个同妇女主任谈政法问题的调查材料,因此必须亲自去找"貂蝉女"——妇女主任谈话。因为这次谈话是直接对话,他也怕引起非议,因此他很匆忙地只谈了五分钟话就算完成任务,赶回来了。他也说,只低头记她的谈话,也没有看清这位"貂蝉女"的模样。那位年轻人又将此事写成章回小说回目的下半句:"刘澜波谈话五分钟"。

高岗、江青也在调查团中

1942年这次农村调查,规格很高,一个团由张闻天带队,我参加的这个团由高岗带队,但是到了调查地点后就分散了。我同高岗也没有接触。

在调查团离开延安时,江青也参加了调查团的活动,同我们一起下农村,走了两天,江青是骑在马上,她手里拿个树枝,不断地摇着抢着。大家都像陕北老乡一样头上扎个白毛巾,走走热了,再取下来。到了绥德以后，还没开始正式调查，毛主席打来电话叫她回去，她就走了，没有作什么调查。这是我最初认识江青时的印象。

吃的糠分三等六级，小地主也吃糠

农村调查中专门了解地主剥削农民的情况。绥德、米脂没有很大的地主，但是有地主，调查中使我增加了很多知识。农民每年要交地租，在荒年交不上地租，地主就在账上记下佃农欠下多少钱，再加上高利息，农民就欠下地主永远还不完的债，他自己也不知道欠了多少钱。问农民自己，他都说不清，因为账由地主记，账在地主手中，农民自己也不会算账、记账，这样就成了一笔无限期追索的永远还不完的账。

农村缺粮食，还需要吃糠。在绥德、米脂，1942年调查时不仅贫农吃糠，小地主、富农也吃糠。糠实际上也有不同等级，分三等六级，不同等级的人吃不同等级的糠。糠的原料主要有三种：黄米壳、萝卜、红枣。高级糠不是全部用黄米壳，有一部分还是没去皮的黄米，再加上一部分黄米壳；所用的红枣要用枣核，在锅中将枣煮烂、晒干，再磨成枣粉，这种高级糠是小地主和富农食用的。而最差的糠所用的原料就全是黄米壳，没有黄米了；枣核也磨碎放进去。因此，三等六级的糠，原料相同，而配制比例、加工选择方法不同，特别是黄米、枣肉所占百分比不同。而且地主是有时吃糠，贫农是天天吃糠。

我们在农村调查时，也吃糠，糠炒面、糠窝窝头，吃下去，也有不同反应，最主要是大便极困难，有时需要抠出来。每种糠我都尝过，反正三等六级，等级越低越难吃下去。农民生活当时确实很可怜，连小地主也得吃点糠。真使人体会到孙中山的判断是准确的，只有"大贫、小贫"之分。

张闻天在杨家沟调查，讲那里的大地主最大，印斗的大地主算第二。这个大地主会打算盘。

土地调查与陈伯达

我们调查时是个别谈话，一个一个人谈，有时几个人一起谈，提出问题，他们回答，毛泽东的调查会的方式很好。农民对调查没有顾虑。我们把调查的报告和一部分原始记录在延安出版了一本书。对1942年调查的土地问题、减租减息等一大堆原始材料，我一直保留并带到北京。很可惜，可能是在"文革"中丧失了。

原来我设想写一本关于中国土地制度的书，考茨基写过土地问题的书，列宁称赞过。由于1952年以后，我的研究方向转向《资本论》、社会主义政治经济学、技术经济学、国土经济学等，放弃了研究土地问题的方向。

关于土地问题，我还同陈伯达有过一段交往。在《读书》杂志上，我写过初识陈伯达的往事。他当年在延安发表了《中国近代地租概说》一文。我写信给他，说此文有一些错误。他于是请我去，说："你的批评，我看了，非常感谢。我这个人《资本论》学得不好。你的批评对我是最大的帮助和鞭策，终生难忘。"果真他终生难忘此事，耿耿于怀，在1966年北京"文革"中终于进行反击说："于光远就是我的老对头。"陈伯达在学术上确实不懂地租。

继续深入研究中国新农村新农民新农业

1942年的调查，由于开始整风运动就提前结束了。如果能在55年以后的今天，再去作一次追踪调查，那是很有意义的。绥德地少、文化水平较高，是新区，土地没有没收。当时，还有一个问题没有着重研究，就是农民互助的会团较发达的原因，是原始公社制残余、农民重新分配还是一种合作形式？

当时陕北山上很漂亮，桃杏等水果满山坡，但是由于种粮需要，把果树都砍了开荒种地。实际上为了粮食破坏了生态环境、原始植被，绥德、米脂没有万花山、水果山，也没有薪炭林了，这应该说是个教训。这样造成严重的水土流失的后果，可能就是严重的水旱灾害，需要后代人承担损失和付出更高的代价了。因此，解放后我注意技术经济学、国土经济学的开拓。需要从长周期、全国国土的可持续发展与经济合理的利用，发挥地区的资源优势的角度，判定某一政策的正效应与负效应。也组织了一个民间性的当代市场经济研究所，想研究中国新农村新农业新农民的问题。从1942年对中国陕北土地问题调查，到现在研究国土经济学的陆地与水面、大陆与海洋、山区与平原、南方与北方、东部与西部、地面与地下、地面与空中、国土与公土、整体与局部等12对24个概念，将土地研究从耕地延伸到山区、海洋、地下、领土、领空、领海和公海的整体研究、系统研究。这样的研究需要多方面的人才、多部门的合作及国内外的协作深入地长时期地研究开拓。

有关农业合作化的争论
——霍泛访谈录*

卢文 刘新

问：20世纪50年代初期山西首先提出"动摇私有制"，当时的背景是怎样的？

霍泛：山西老解放区土地改革结束得早一些，在1947年就基本上结束土改了，如太行等地区，1948年土改复查是"左"的。日本投降后，阎锡山在山西没占有多少地盘，基本上是老解放区，因而较早开始土改，到1948年土改结束。1943年就提出组织农业互助组。记得1943年秋，我在黎城当县委书记的时候，就开始提倡建立互助组。1950、1951年，山西省委发现不少互助组解体，农民不愿意搞互助。基本原因是，农村已经中农化，中农已占农村户口的70%左右。他们一般都有生产工具，自己有能力有办法耕种，不愿搞互助。当时山西省委书记赖若愚根据这种情况进行了分析，说互助组解体，根子在私有制。这就需要搞农业合作社，实行土地入股，成立以土地入股、按劳分配的农业生产合作社（后来称为初级社）。这样，第一，可以避免互助组解体和发展资本主义；第二，从土地入股最后过渡到完全取消土地报酬，便进入社会主义，消灭私有制。认为不先动摇私有制是进不了社会主义的。就是在这个时候提出动摇私有制的。以后，就开始在长治地区试验，一共有十个农业合作社搞试验。

山西省委把这个看法和试点报告给华北局。当时，华北局的书

---

* 本文是2001年7月，农业部农村经济研究中心当代农业史研究室对原中共中央政策研究室农村组组长、山西省原副省长霍泛进行的访谈。访谈者卢文系农村经济研究中心研究员，刘新系农村经济研究中心退休干部。

记是薄一波，主持工作的是刘澜涛。华北局不同意山西的观点和做法，认为动摇私有制和全国政协的《共同纲领》规定在新民主主义阶段允许有资本主义经济不相符合。华北局批评了山西提的动摇私有制的意见。后来华北局觉得两种不同意见到底谁对，在理论上没有把握，便把不同意见反映给刘少奇同志。那时，我在中央政策研究室任农村组组长。刘少奇基本同意华北局的意见。他认为农村出现两极分化并不可怕，私有制存在还是允许的，现在就提出动摇私有，搞社会主义性质的农业合作社，是不可以的。还认为，搞集体农业合作，一个重要的前提是国家工业化，工业能为农业提供现代化的机械设备及其他现代化的生产资料和生产技术，现在还没有这些条件，因而，现在就提出搞农业合作社是不可以的，是错误的，是空想农业社会主义。不同意山西搞农业合作社。

后来情况反映到毛主席那里，主席召开了有少奇同志、周总理、陈伯达、廖鲁言等人参加的会议（山西未参加）。这次会议的主要内容，是事后总理的秘书李琪同志告诉我的。主席支持山西省委的意见。他认为：私有基础就是要动摇的，不动摇怎能达到社会主义？保护私有正是为了动摇私有。主席还指出，西欧资本主义的发展，在没有使用蒸汽机以前，有一个工场手工业时期，主要靠分工协作就把生产力提高了许多。农业生产合作，同样会形成新的生产力，提高生产。争论最后以主席的意见统一起来，肯定了山西的意见和做法。这是农业合作问题，党内高层的第一次争论。

问：50年代前期农业合作化的变化过程是怎样的？

霍泛：在1951年11月份，开全国第一次农业互助合作会议，肯定要搞互助合作。在这个会议上准备通过《关于农业生产互助合作的决议（草案）》，叫陈伯达做准备和起草。为此陈伯达一方面叫中央政策研究室和华北局政策研究室给他提供材料，那时我就紧张地收集这方面的资料；另一方面准备召开一个吸收各有关方面参加的座谈会听取大家对发展互助合作（主要是合作社）的不同意见。开座谈会是毛主席的意见，主席让陈伯达召开这个座谈会，听取有关方面的意见，特别交代陈伯达这个座谈会一定要吸收赵树理参加。主席认为他最懂农村和农民，要听取赵树理的意见，看他对组织互助合作怎样看。那天参加座谈会的人很多，农业部去了几个人，都是搞农村政策研究的；中央政策研究室去了几个人；华北局政策研究室也有一部分人参加。座谈会一开始，陈伯达简单讲了开会的目的，说主要是听取大家意见，看看对组织互助合作大家意见怎么样，是赞成，还是反对，问有没有困难？农民赞成不赞成？他讲了以后，就先指定赵树理发言，说："赵树理同志，你是农民作家，你懂农民，你对成立合作社有什么意见，反映怎么样？"赵树理就说："农民愿意单干，不愿意参加合作社。"他这么一说，陈伯达恼火了，马上就批评他："你这是右派言论。"这一句话说得赵树理不说话了，也就没有再讲农民愿意单干的理由，这样开始以后，大家发言很少，会议开得不成功。这个会议没有山西的同志参加。会后，陈伯达向主席汇报，汇报什么内容我就不知道了。有一点是他把赵树理的发言给主席讲了，说赵树理不赞成搞合作社，说农民愿意单干。主席一听想了想，说："看来农民有两种积极性，一种是互助合作的积极性，一种是个体生产的积极性。"这两种积极性究竟哪一种占主导地位，主席没有明确说。此后，陈伯达就着手起草会议决议。大概是9月间深秋，开互助合作会议之前，山西省委书记赖若愚到了北京，我去看了他，我们原来都是太行山的，他是我的老领导。他告诉我，陈伯达准备找他谈话，看来也是为起草决议征求意见，所以特意找他，因为他是农业合作社的重要发起人。至于第一次全国互助合作会议开得怎么样，我没有参加，都是省、市、自治区里负责人参加的。会议讨论了起草的《关于农业生产互助合作的决议（草案）》。经过修改后，中共中央在12月间将这个文件发给各级党委试行，下边就开始搞农业生产合作社的试点。

1952年春,中央指定由农业部牵头组织赴苏联农业考察团,农业部副部长张林池任团长带队,有两百多人,全国有名的农业劳模几乎都去了,中央政策研究室去了陶醒馥、霍泛和陈平等三个人。在苏联参观了三个月,各农牧区都去了,我重点了解的是苏联农业集体化经过的历史情况及其经验教训;参加了苏联"五一"庆祝活动。这次参观对所有劳模来说感受较深的是机械耕作,这对以后急于搞高级社有一定的影响。

问:当时所谓"砍合作社"是怎么回事?

霍泛:1953年成立中共中央农村工作部,邓子恢任部长。邓老搞农村工作是比较有经验的。有人说他搞"四大自由"(雇工自由、放债自由、租地自由、买卖自由),其实真正出布告提倡"四大自由"的是华东,邓子恢在一次互助合作会上还批评过"四大自由"这种提法。1943年有一次邓小平找我谈话,当时我在太行山黎城县做县委书记。那时战争比较紧张,太行根据地的游击战不断扩大。邓小平讲这是群众性的游击战争,要开展这种战争,干部要地方化,要培养群众领袖。他说中国最了解农民的群众领袖有两个人,一个是邓子恢,一个是王维纲。他说邓子恢很了解农民,和农民最熟悉。1934年冬红军退出苏区以后,邓子恢在福建坚持游击战争,敌人有好几个团来围攻邓子恢住的地方,围了好长时间也找不到邓子恢,原因是他被群众掩护着。邓子恢在抗日战争期间,在淮北搞减租减息,搞群众运动是有名的,大家都叫他"中国的马克思"。邓子恢非常熟悉农民的心理,像包工、包产这种最初的责任制是邓子恢亲自提出的,他认为这种责任制是非搞不行的,农户一包就有了责任心。他有个特点,一切从实际出发,遇到有困难,他就说:"从实际出发么!"所以大家就说:天不怕,地不怕,只要邓老来个从实际出发就解决了。王维纲这个人在农民中间也有威信,抗日战争一开始,他回县一号召，一个团的兵力就组成了。后来任中央纪律检查委员会副书记。中共中央农村部成立以后，邓子恢是部长，陈伯达、廖鲁言是副部长，后来还有陈正人、王观澜任副部长，杜润生是秘书长。当时我在二处（即互助合作处），李友九是处长，我是副处长。原中央政策研究室人员全部合到农村部了。我们农村组六七个人合到二处，二处算是一个主要处，是搞农业互助合作的。李友九是福建人，一到农村部二处不久，陈伯达就派他到福建去蹲点做调查了，因为别人不懂闽南话，更不会说闽南话。

农村部成立不久，就收到华北局关于农村情况的紧急反映，说河北、山西两省在发展农业社和推广农业新技术方面贪多、贪大、求快，铺的面很广，农民接受不了，有些县区干部就实行强迫命令，一时造成人心惶惶，春耕生产陷于停顿或半停顿状态，请中央和农村部紧急设法制止。产生问题的原因，首先是许多从事农村工作的领导者不了解或不甚了解中国农村广大的分散的小农的特点、思想习惯和领导小农前进的原则；其次是发展农业社的计划数字规定得太大，超越了当时领导办社的能力水平。农村部当即采取如下的措施：（一）把情况向中央反映；（二）派人到河北、山西深入调查；（三）代党中央起草纠偏的指示。我被派往山西老家黎城去调查并亲自住在我的老家里。我在那里调查了十多天，找了熟人、农业劳动英雄及农村基层干部深入交谈，了解到：当地农民对农业生产合作社还有很多顾虑，不愿把地交社，不相信农业社种地比自己种得好，不相信人人都尽力劳动，有抵触思想；乡村干部急于求成，召开大会，宣布村村成立合作社，农业社的牌子挂起来，实际上是有名无实，季节谷雨已过了，地里还不见人，生产完全陷入停顿状态。我回到北京向部里如实作了汇报。廖鲁言批评我尽讲缺点，不讲好处。邓子恢叫我继续讲下去，使部里了解农村的真实情况。中央农村部在代中央起草指示方面，写了《关于春耕生产给各级党委的指示》

《关于布置农村工作应照顾小农特点的指示》两个文件，由中央批准发出。此外，还代《人民日报》写了《领导农业生产的关键所在》的社论。两个文件和社论指出了在发展农业合作和推广农业新技术时对农民应有的认识和态度；暂停发展农业社，对已组织起来的农业社普遍加以整顿，群众不自愿和不够办社条件的，经过细心工作，转为互助组或加以解散，全力转入抓春耕生产。以后不久，毛主席亲自把上述文件和社论合编成一个册子，题名为《当前农村工作指南》，印发全国，并发了专门的指示。到1953年6月，上述偏向基本上得到纠止。华北区原有9283个农业社，经过整顿后，保留的占64%，其中有一半社有10%的社员退社。纠偏后，群众反映较好，生产也及时抓起来了。

  1953年10月26日至11月5日，中央委托农村部召开全国第三次农业互助合作会议。在会议之前和中间，毛主席两次召集农村部几位负责人谈话。在后一次谈话中，毛主席较严厉地批评了中央农村部，说："纠止急躁冒进，总是一阵风，吹了下去，吹倒了一些不应吹倒的农业社。倒错了，应当查出来，讲清楚，承认错误。"还批评农村部是"从小农经济做文章"，这是"群居终日，言不及义，好行小惠……难以哉！"（引《论语》话），"至于'确保私有'、'四大自由'，那更是小惠了，而惠及富农和富裕中农"。农村部的人们对此都感到很突然，不可理解。因为前半年的纠偏文件和社论都是经主席同意的，并由主席亲自编成《当前农村工作指南》。这些批评实际成为这次会议的指导精神。这次会议通过了《关于发展农业生产合作社的决议》。到秋收结束时，全国农业社发展到14000个（主要在华北、华东老区）。这一段农业合作社的发展，还是较正常的。毛主席首次对中央农村部的批评（亦即对邓子恢的批评），虽然没有形成争论，实质上在对农业合作这一问题上，是党内第二次争论。

  1954年冬季，全国农业生产合作社有了巨大的发展，到1955

年1月已达48万个，但还在迅猛发展，到3月份竟达到67万个。其中很大一部分是在毫无准备的情况下建立起来的，于是发生了有的新社垮台和部分社员退社的情况，还出现大批出卖、宰杀牲口和乱砍林木等现象。毛主席召集邓老等几个领导人汇报农村情况，他听后说："生产关系要适应生产力发展的情况，否则生产力会起来暴动，目前的杀猪宰羊，就是生产力起来暴动。"对当前农业社的发展，主席提出"停、缩、发"的三字方针。具体到各地是：河北、浙江发展多了，要收缩一些；华北、东北已发展不少，一般停止发展；新解放区发展得少，再发展一些。农村部根据这一指示，把农业社的工作重点从发展转入巩固与提高，在新区适当发展一些。这样1954年的发展情况又发生一次小曲折。经过这一小曲折，列1955年的发展规划，只做少量发展。

1954年冬至1955年春，浙江在互助合作基础极差的情况下，很快发展到5.5万个农业社，很多地方是强迫入社，严重侵犯中农利益，引起农民惊恐，生产混乱，社会不安。这种混乱情况最先由中纪委向中央农村部作出反映。农村部对此反映持十分慎重的态度，因为已经有了1953年纠偏受到主席严厉批评的教训。为把情况确实弄清，派华东处处长张维城（原华东局农村部副部长）去浙江了解情况，证明中纪委所反映的属实，随后由邓老主持农村部会议讨论浙江农业合作问题，决定坚决收缩两万个或一半，但要做好干部和群众的思想工作，按不同情况实事求是地加以处理，不要由冒进又来一个冒退。为更慎重起见，还决定：（一）把会议精神电告浙江省委征询意见，如同意，再派一位负责同志去详细传达和协助处理；（二）向谭震林汇报，请示和听取他的意见；（三）委托陈伯达向主席汇报。（因邓老第二天有出国任务。事后证明，陈没有向主席汇报。）谭震林完全同意农村部的意见，立即打电话给浙江省委，要省委收缩两万个。浙江省委说两万个收缩太多了。谭说："去了两万，还有三万多，还是伟大的胜利！"接着，谭震林又就农村部和他本人的意见征询了在京的浙江省委第一书记江华。江华也同意，并且马上打电话给浙江省委说："浙江冒进，全国第一，你们要坚决按中央农村部的意见办。"浙江省委复电同意中央农村部的意见。农村部即派秘书长杜润生会同中央书记处二办公室袁成隆一同到浙江。那时，浙江正开三级干部会，经过向省委传达和讨论，和省委取得一致意见，并在三级干部会作了具体部署。到5月间，全省共收缩了一万七千多个社，中农稳定了，社会安定了，生产也上去了。

6月间，主席到了浙江。在浙江不知谁给他具体讲了什么，咱们不知道，从浙江回来之后态度就变了。主席返京路过山东看见麦子长得很好，就讲："农业社的麦子长得很好嘛，谁说农业合作社不好！？"这个话别人听了不以为然，但是农村工作部二处（主管互助合作的）就特别敏感，认为这里面有文章。因为1953年中央农村部收缩了一部分农业社受到主席的批评。这次主席又是在浙江"坚决收缩"合作社之后从浙江回来说的。

7月11日毛主席在颐年堂召见邓子恢、谭震林、陈伯达、廖鲁言、杜润生开会，就浙江收缩2万个农业社一事严厉批评说，农村部和邓子恢是胆小鬼，浙江办了5.5万个社，就被吓破了胆，来了个"坚决收缩"，把2万个社砍掉了。处理这样大的事，竟事先不向中央请示，事后也不向中央报告，这是无组织无纪律，是组织态度问题。还批评说，中央农村部很自负，看不起陈伯达。我自己有的事还找陈商量。会议共持续了五个多小时。

在此之前，6月14日，由刘少奇主持开政治局会议（主席不在京）。邓老向政治局汇报1956年发展农业社的计划，是在现有65万个社的基础上，发展为100万个，即翻半番。政治局同意了这个计划。

7月11日会议之后不久的一个晚上，毛主席找邓老去讨论1956

年农业社的发展规划。邓老在去之前，只找了李友九商量，他是坚决主张求稳的，主张翻半番，认为这个界线不能再退让。结果到主席那里就争了起来。主席的意见是在现有 65 万个的基础上，发展到 130 万个，即翻一番。邓老则坚持经政治局同意的意见，即翻半番，理由主要是：（一）农业合作化的发展速度，必须与国家工业化的进度相适应，现在工业还不能为农业社提供现代化机械设备与科学技术；（二）现有 65 万个社存在的问题很多，要加以巩固，打好基础；（三）全国各地办社条件差别很大，应当照顾；（四）干部还需积累领导合作化的经验；（五）农业社内部会计的培养需要一个过程；（六）苏联和匈牙利农业合作化过急的教训，值得注意和吸取。主席提出翻一番的理由不得而知，可能就是在《关于农业合作化问题》的报告中批驳邓老的那些意见。他们争论的时间相当长。邓老在晚上约 9、10 点离家，翌晨 6 点钟才回来。争论过后，主席打电话给邓小平说："邓子恢在农业合作化问题上，思想仍然不通，看来得用大炮来轰，中央要开个会议来解决。"这就是 7 月 30 日召开的各中央局、分局和省市区党委第一书记会议。

问："停、缩、反"三字发展合作社的计划原来是毛主席定的，1956 年农业社翻半番也是政治局通过的。毛主席后来为什么突然变化了？

霍泛：毛主席到华东，可能在浙江有人向他反映了什么，也可能在华东局柯庆施给他吹了什么风？陈云同志曾说，大办钢铁时，毛主席原不准备提翻一番，就是到柯庆施那里，柯说翻一番可以完成，甚至可多些。后来毛主席就变了。合作化是否他在那里吹了风？他一贯是"左"的。

问：毛主席和邓子恢关于合作化问题的几次争论情况是怎样的？

霍泛：邓子恢的思想在毛主席那里有一个印象，说他是"单干户",他不搞派别,不搞阴谋,有不同意见敢于当面提出,即使错了,也是个人的事,就是单干。

毛主席和邓子恢在合作化问题上的分歧与争议,最初是在1953年河北和山西的整顿合作社和1955年浙江收缩合作社的问题上,这两次在上面已说过了。

毛主席和邓子恢关于合作化问题的一次正式的争论,是上面说过的1955年7月关于合作社的发展是翻一番还是翻半番的争论。那次争论后邓老仍然坚持自己的意见。随后,开了省市委第一书记会议和六中全会扩大会议,毛主席在这两个会议上批得比较厉害了,可以看《中国农村社会主义高潮》这本书里收集典型的一些重要批语。主席讲得比较厉害的话都在那些批语中,写了很多。主席的一些想法在那些批语中也有反映,如什么要搞大社,一个乡一个社或是几个乡一个社;什么可以不经初级社的过渡,直接搞高级社,都在这些批语中。而在主席认为是合作化高潮到来以后一年,浙江农村就发生大范围的社员退社、分社和解散社的情况。这个问题浙江是个爆发点。发展农业社冒进,浙江是第一;闹退社,这里又是第一。这是两面镜子,从两面镜子的前因后果可以看出合作化中的问题。浙江闹退社是毛主席先发现的,不知道是谁反映的。突然有一天他把农村部副部长陈正人找去了(陈正人和毛主席很熟识,都是井冈山的,是很老的关系),说是浙江闹解散合作社,你赶快去看一下,去调查一下。陈要我陪他一起去。为了快,陈正人跟空军刘亚楼要了一架专机,我们坐专机到浙江。那时浙江闹得很厉害,很乱,特别是仙居县。我们走了萧山、上虞、仙居、宁波。仙居是个很穷的山区,老百姓把社全散了,把县政府和公安局的门窗玻璃全打掉了,一塌糊涂。其他地方也很乱。为什么砸得那么厉害呢,因为老百姓要散社,要求恢复以前的个人耕作,县里面不敢松这个口,不敢同意他们解散,群众便闹。所到之处,情况都很紧张。我们一路走，江华书记还特别劝我们说不要坐卧车，只能坐吉普车，因为怕目标太大。但走在路上还是碰上了浩浩荡荡的游行示威队伍，我们只好绕过去，要停车他们就会围上来闹了。仙居后来抓了几个带头闹事的人加以处理，并且开展思想教育工作，才缓和一点。浙江前面发展得很快，但不是农民自愿的，是违背农民意愿的，因而才产生后面退社散社的结果，前因后果在浙江的表现非常明显。浙江发生的问题也是全国性的问题，只是浙江较突出。本来应该根据浙江的前因后果总结出基本经验，研究合作化究竟应该怎么搞。可是领导不但没有总结经验，反而看成是两个阶级、两条路线的斗争，认为阶级斗争、两条路线斗争开展得还不够，要进一步开展政治思想战线上的社会主义革命。

1957年7月，党中央在青岛召开省市区党委第一书记会议。毛主席在会议上指出：在生产资料所有制上完成社会主义革命之后，还必须在政治思想战线进行社会主义革命。随后于8月8日发出《关于向全体农村人口进行一次大规模的社会主义教育的指示》，把合作社、统购统销、工农关系、肃反和遵纪守法等问题作为主要题目，采用大鸣、大放、大辩论的方法去进行，把重点放在批判富裕中农思想上。这次辩论实际是两条道路、两条路线的斗争，用批判斗争的办法把不同的意见压下去，把退社、散社的行为强制纠正过来。这次大辩论，有一些省批斗、逮捕了许多人，把一批人定为右派、反革命分子、坏分子。就这样强制压住了退社、散社、闹事之风，恢复了农业社；而领导把开展两条路线斗争看成是巩固社会主义集体经济的主要方法和手段，看作又一次伟大胜利。不久再推向一个新的更高的台阶——建立人民公社。

毛主席和邓子恢的另一次争论是，1962年关于包产到户责任制问题。

农业合作化后，一些地方为了把个体积极性和集体经营结合起来，曾采取农业社包产到户的做法。最早是 1956 年浙江永嘉县，在县委副书记李云河的支持下，开始试办包产到户，很快有 200 多个社实行了。到 1957 年初，温州地区发展到 1000 多个农业社约有 17 万户。1957 年反右派时把它当作资本主义异端，镇压下去，李云河等一批人被划为右派，一批农民被捕入狱，有更多的人被批斗。

在困难期间，许多农村自发地搞包产到户。最早安徽农村自发出现搞包产到户，省委第一书记曾希圣支持，向中央反映，中央不同意，认为这样做就是搞单干，于是就被禁止和取缔了。但是，包产到户的事，仍在一些地方暗中发展。

1961 年 3 月中共中央在广州开会，毛主席在会上说："在不少农村问题上，邓子恢同志是正确的，我和他的分歧，就此结束了。"从此可以看出毛主席老人家对过去农业合作化的指导的一些缺点与错误，是有所思考的。

1961 年冬，邓老到广西南宁过冬。春节后邓老在一次干部会上作关于农村工作的报告，其中讲到集体生产和个体生产各有优缺点，他把两者作了对比后提出要寻找和研究一种恰当的形式，把两者的优点结合起来，从而克服两者各自的缺点。那时广西的龙胜和安徽的凤阳正在搞集体几统一下的包产到户，正是邓老说的把集体和个体的优点结合起来的一种好形式。1962 年 3 月，邓老回北京，路过桂林，桂林地委向他汇报了龙胜包产到户的情况。他表示先作好调查研究，春耕后再酌情处理。他回到北京后，了解到凤阳出现相当多的集体几统一下包产到户的情况，决定派中央农村部的张其瑞去调查。调查证明，实行这种办法增产幅度很大，备受农民欢迎。邓老听后，先后在中央党校、后勤部等几处作报告，宣传包产到户。这事给主席知道了。

1962 年 5 月，中南局第一书记陶铸、第二书记王任重和常委李尔重等到广西，区党委由我陪同到龙胜调查包产到户的情况。在听取地委、县委、基层干部及农民的意见后，陶、王二人向毛主席写了报告，把农业经营情况，归纳为五种形式：集体所有和集体经营的；在集体几统一下包产到户的；在几统一下包产的产品统一分配外，其余产品归社员所有；没有几统一完全包产到户的；山区单家独户生产的。认为有几统一的包产到户，仍为社会主义集体经济，但如果领导不好，就有滑向单干的可能。没有几统一的单纯包产到户，则不是社会主义经济。山区单家独户，应允许他们单干。主席对报告批示："报告所作的分析是马克思主义的，分析之后所提出的意见，也是马克思主义的。是否还有可议之处，请各同志研究，并可以发给省、地两级讨论。"

约在1962年6、7月间，党中央发出一个农村调查提纲，列了十多个题目，其中有一条是：农村是否可以实行包产到户和怎样包法（大意）。广西区党委根据提纲也做了调查。我参加了调查，对包产到户农民一致赞成。并说农村生产最好的时间是土改后那两三年，最不好是合作化后。8月2日和16日，毛主席批发了安徽太湖县宣传部和河北张家口地委书记关于实行责任田和责任制的建议给他的信，批语只提供大家研究，不表态。

1962年9月，党中央在北戴河开会，重点是讨论农村问题。参加会议的人都把包产到组和包产到户的承包责任制当作热门话题。刘少奇和邓小平都赞成包产到户，但他们没敢向主席当面提。陈云认为现在很困难，要调动农民的积极性，应允许搞包产到户。有人说，不要提。陈云说这是关系到千百万人的生活问题，不能不提。他就给主席讲了搞包产到户，让大家试一试也好么。主席听后不同意包产到户。由于会议有股包产到户的气氛，邓老在会上对包产到户更积极起来，到处做包产到户的宣传。这次会议很像1959年的庐山会议，开始反"左"，以后一转，变成"反右"。会议的气氛迅速起了变化，情况急转直下，把包产到户的责任制说成是搞单干，积极赞成和宣传包产到户责任制的邓老,再次成为主要的批判对象。毛主席在会上说他是"一贯右倾","一贯反对合作化","一贯主张单干","不是社会主义者","而是资产阶级的民主主义者"。北戴河会议上主席批评邓子恢搞包产到户,实际也就是指向陈云同志的。主席说:陈云是有意见当面提。邓子恢就不同了,在北戴河会议上他到处活动搞包产到户,对主席是顶着来。主席在这个会上批了邓子恢,把农村部也撤了,说"农村工作部自成立以来没有办过一件好事"。邓子恢的中央农村工作部长这个职务自然也没有了,国务院副总理也不是了,调任到政协当副主席。本来在1962年通过实行包产到户责任制改革农业集体生产管理的体制,是一个转变农村体制和发展生产的好机会,但又压下去了。毛主席在会上作了《阶级、形势和矛盾》的报告,特别强调阶级斗争,说在社会主义时期,"还存在阶级斗争,有时斗争还是很激烈的。""阶级斗争要年年讲,月月讲,天天讲。"他把阶级斗争提到这样严重和紧迫的程度,明显是从农村包产到户和所谓单干引发的。

邓子恢到政协当副主席后,在1964年下半年到1966年上半年"四清"期间,他不顾年老体衰,患有严重的糖尿病,还要求到广西玉林做"四清"蹲点,除了做社教"四清"工作外,秘密地搞包产到户试验。这事如果让主席知道就麻烦了。所以我们知道后,都为他保密。他认准了的事情是轻易不会放弃的,这是邓老品质的优点。

插问:去浙江"砍合作社"是杜润生去做的,但是邓子恢承担责任了,情况到底如何?

霍泛:邓子恢讲:"农村部有错误是我的责任,与别的同志没有关系。"但是包括周总理在内都认为邓子恢出问题,杜润生有一定的责任;主席也是这样看。所以批判了邓老以后,杜润生便调离农村工作部,调到国家科委去了。邓子恢不搞阴谋,有不同意见就说,也不搞团团伙伙,所以主席叫他"单干户",就是不搞阴谋诡计。

问： 以家庭联产承包经营为基础的双层经营是不是您提的？

霍泛： 双层经营不是我提的，是林子力提的。我提出在包产到户后，集体对社的领导方法是："凡事，宜统则统，宜分则分，实行统分结合的责任制。"

问： 您对农村改革开放的发展有什么评价，对今后农村改革发展有什么看法？

霍泛： 搞了责任制以后，我认为有个问题没有解决好，就是双层经营，个人承包这个问题群众自己解决了，所谓集体经营则冷清了，集体就只管土地，许多地方集体经营没有了，如果有的话就是管管土地，只是村负责人管。管土地这点成为贪污腐败一个很重要的东西，随便征地，以国家搞建设、修路为名要了农民的地，征地款究竟是村民拿了，还是村委会拿了，还是集体拿了，现在没有调查研究。从山区到平地来看，老百姓就要分土地，分土地、起房子都要交很多钱。这就成为村干部贪污一个很重要的来源。

第二个是农村土地的变更，到现在没有一个办法。很多人转移到外面打工去了，家里土地种不了，有的地方荒芜了土地。家庭承包以后，土地的变化和流动应该有个办法和制度，要加以管理，这是要研究的，否则集体不存在，没人管，土地就会受到损害。

现在有一个大问题就是大市场和小生产的矛盾。农村的小生产和市场需要如何联结起来这个问题始终没有解决。近些年来农业生产萎缩不前，根本原因就在这里，这瓶颈必须拆除。否则农业情况要严重，特别"入世"之后，市场竞争更激烈，而中国农业又是脆弱的，经不起挑战的。本来中国有个供销社作联结的中间桥梁，像列宁论合作制所说的那样，可以解决这个问题；但是供销社搞坏了，李先念把集体所有的供销社搞成国家所有制，对农民的供和销没有负起责任。搞国家所有以后完全是计划经济的一套，到现在搞不好，一大堆债务，山西供销社欠债几百亿。解决小生产和大市场问题，山西想仿效日本的农协解决问题，结果没有听说有效果，只由少数人试办，领导并不重视。最近我在报纸上发现一篇东西，我想向省里建议一下，《种地要签合同，我省有六百多万亩地有了合同》，公司搞反租倒包，由农民入股搞公司，由公司把产供销和技术指导等一下搞起来。现在不声不响已经有六百多万亩农田搞成这个了。公司的形式很多，有搞蔬菜的、畜牧的、水果的。有的地方西瓜也有个公司，山西的牛奶也搞了一个大公司。山西的牛奶供应基本上靠这个公司，这就叫产业化经营。它不改变农户土地承包，在原承包基础上搞新的联合，这是农村进一步改革的方向性问题。我们搞责任制是多样化的，但是发展的结果是包干到户，一下就统一了，这叫多种形式的选择，最后统一。所谓农村城市化，就是要搞这些东西，要有规模经营。小城镇的发展没有规模经营，就搞不起来。而且没有规模经营，所谓先进技术和产业化经营也谈不上。这个问题我准备跟省里商量一下，想了几条让他们考虑。山西省已经六百万亩搞了，证明这个潜力很大。千万注意不能动摇以家庭承包为基础，让老百姓以多种形式去办各种公司，这样就有新的发展。现在官办企业官气太重。这些问题是需要解决的。

周恩来两访河北沙石峪
——王振扬访谈录

许人俊

1966年前后，我国政治风云变幻莫测，经济形势十分严峻，一场史无前例的"文化大革命"正在静悄悄地暗中酝酿，党的高层领导活动频繁，整天忙得不可开交。偏偏此时此刻，远在欧洲巴尔干半岛的"亲密战友""欧洲明灯"——阿尔巴尼亚又派党政高级代表团来我国访问农村先进典型沙石峪，中央领导人的工作显得更为繁忙。

68岁的周总理受党中央的委托，以国家利益和人民利益大局为重，先后两次亲自陪同阿尔巴尼亚党政代表团前往沙石峪访问。

时任中共中央农林政治部副主任的王振扬，既是访问的推荐和策划人，又是两国领导访问的全程陪同人员。那两次访问是怎么筹划的？缘由何在？如何组织实施的？遇到过什么问题？有些什么动人的故事？王振扬是这一历史的知情人。

王振扬是我的老领导，"文革"前在同一机关工作，"文革"中又在"五七"干校同劳动、受审查、挨批斗，交往甚多，关系密切，感情笃深。2004年12月前后，我们两人恰好在一起开会，晚间我特意到他住处详细寻访此事。88岁的老领导老当益壮，精神焕发，思路清晰。他打开久已尘封的记忆闸门，滔滔不绝地讲述了那两次访问的种种感人往事。

1965年秋，全国农村全面开展"四清"运动，国务院副总理谭震林遵照中央的部署，指派国务院农办、农政领导人张修竹和王振扬带领工作组，到天津武清县农村蹲点，搞"四清"调查。

1966年初春，河北邢台突然发生强烈地震，热爱人民的周总理立即带领中央农林政治部代主任秦化龙等乘直升机赶往震区视察灾情，慰问灾区人民。随后，周总理又启程前往石家庄等地区，连续进行了为期一个多月的调查研究。他发现北京、天津、辽宁、河北、内蒙古、山西、陕西等北方八省市自治区农村旱情极为严重，决定全力以赴，亲自领导北方农村抗旱。

一路风尘仆仆刚回北京，忧国忧民、心系华北农村、农民、农业的周总理，不顾旅途劳累，马上主持召开北方抗旱工作会议。分管农业的谭震林副总理根据周总理的指示，指定在武清农村蹲点的王振扬出席会议。国务院秘书长周荣鑫、副秘书长高登榜、农机部长陈正人、城建部长万里、河北省委书记刘子厚和省长林铁等均匆匆赶来与会。周总理说：人生来第一件事是要吃饭，要穿衣服；吃饭、穿衣的材料、原料，又都是农村来的，农业问题至关重要。接着，他严肃指出当前北方地区旱情十分严重，不仅影响农村春耕春种，粮食生产形势严峻，辽宁、河北、天津等工业城市，粮食供应也严重不足。经济形势紧张，国务院必须成立抗旱领导小组，既抓抗旱保苗，又抓南粮北调和北煤南运，协调解决工农业生产危机和城市用水等问题。周总理宣布亲自挂帅，担任组长，指定周荣鑫、陈正人、王振扬等任副组长。

会后，周总理指示陈正人和王振扬两人，先考察河北、北京、天津一带的旱情，然后去河南和西北，必要时可去新疆一趟。总理布置工作很细致，要求工作组每到一地，必须查明旱情程度、当地政府采取什么抗旱措施、工作组的意见如何，一一写成简报，及时报送总理办公室。

任务紧急，刻不容缓，陈正人和王振扬立即带领随员分头行动，南下北上。

王振扬军人出身，年方49岁，身材高大魁梧，征战南北，戎马一生。两年多前，他还在广州空军担任政治部主任。1964年春，毛主席指示全国学习解放军、自上而下建立政治部，加强地方政治思想工作。他被中央军委选调到农业部任政治部主任，后又到中央农林政治部任副主任。长期的军旅生涯，养成了他雷厉风行、不畏艰苦的作风。转业到地方工作，军人作风依然不减。他身强力壮，精神焕发，身穿一件军大衣，在河北省委农业书记阎达开的陪同下，冒着春寒料峭的刺骨山风，在冀东地区爬山越岭，东奔西跑，一个县一个县的查看旱情。

一天，他们来到遵化县的沙石峪村，了解该村"愚公移山"抗旱生产的经验。

沙石峪村坐落在遵化县长城以南30公里的群山之中，原是荒山秃岭的穷山沟，地挂在山梁上"瓢一块、碗一片"，一亩地多则八九十块，少则八九块。附近没有水，要翻山越岭到几里路外去一担一担地挑。干旱缺水，庄稼难长。好年景时，每人每年也吃不到七八十斤，沙石峪人长期缺吃少穿，受苦受难。全村80户人家，有65户常年外出打工逃荒。新中国成立后，穷苦出身的村党支部书记张贵顺等，领导群众走互助合作的道路，组织起来开山劈岭，寻找水源。因不懂科学，历经挫折，劳民伤财，教训深刻，一度灰心丧气。后因上级政府派水利干部帮助勘察，终于在四里外的地方找到了水源。沙石峪人再接再厉，在坚如铁板的石头上，硬是打出了三眼水井，开始有了十亩水浇地，从而结束了从山外运水的历史。

后来，张贵顺又带领群众办农业合作社，发扬愚公移山精神开山造田，在北山上用石头垒起了一道道石坝，从山下挑土到山上垫地，先后整出73层梯田，造田43亩。1954年寒冬腊月，党支部又组织37名党团员成立开山队，由民兵连长带队，开进深山"狼洼"，冒着刺骨寒风，挥舞铁钢钻，开山炸石，挑土造田。火热的气势，感动了群众，开山队伍随即扩大为 100 多人。经过群众四个年头艰苦奋战，沙石峪的土地由原来的 997 亩扩大为 1390 亩，每人平均增加一亩地。集体栽种果树近万棵，还在北山腰凿开了一个长宽各 6 丈、深 3 丈，能容水 4800 立方米的蓄水池，为农业生产发展创造了有利的条件。

各级政府也给了他们许多支援，中央农业部副部长、著名的起义将领何基沣，当年考察时就曾帮助他们解决了一些引水用的水管。1955 年，他们艰苦奋斗，战天斗地，战胜干旱，获得了粮食大丰收，第一次向国家交售了 5600 斤余粮，实现了粮食自给自足，成了干旱山区脱贫致富的先进典型。

王振扬等在沙石峪爬山头，看水池，走田地，访村民，对党支部书记张贵顺组织群众"愚公移山"、顽强抗旱的动人事迹感触极深，深为佩服，立即写成简报向周总理作了报告。

随后，王振扬又带领工作组赶到遵化县城东 40 里的西铺村考察。

该村也是山多地少、石厚土薄的穷山村。新中国成立前，因村里挂着打狗棍讨饭的人多，当地人称该村为"穷棒子村"，全村每年都有 30 多人被饿死。20 世纪 50 年代初，共产党员王国藩领导 23 户贫农办合作社，其中有 11 户历来靠讨饭为生，合作社的家产只有"三条驴腿"（另有一条驴腿属于社外单干户），富裕农民称他们"穷棒子社"。但他们人穷志不穷，靠勤劳的双手艰苦创业，开山造地，引水种田，终于摆脱了贫困。1955 年，中央办公厅编辑出版《中国农村社会主义高潮》一书时，毛主席特意写按语高度赞扬他们"艰苦创业，勤俭小社"的精神。

1965 年冬天，王国藩又带领大家掀起治山治水的新高潮，苦战 48 天，修建了一条长 1300 米的盘山渠道，把水引上岭子山的倒虹吸工程，扩大了水浇地 17.33 公顷。同时修坝阶 350 道，平整土地

16公顷，还修筑了一条2尺宽6尺高140丈长的护林堤坝。王振扬目睹刚完成的这些巨大工程，既惊讶不已，又无比佩服，也及时写成简报向总理作了报告。

调查组视察了冀东遵化县沙石峪和西铺村后，又驱车南下唐山考察。只见农村到处都在组织群众奋力抗旱，有些农民在山坡上搭着草棚，安营扎寨，冒着刺骨寒风日夜抗旱，吃住都在山上。广大群众热火朝天、艰苦奋斗的施工场面，令人感动。省委农业书记阎达开特意拿着几张农民在山头艰苦抗旱的照片，请王振扬捎给周总理过目。接着又陪同王振扬到丰润县大旺庄，考察农村将玉米秸粉碎成饲料，养猪积肥抗旱夺高产的经验。但当地农机制造厂生产的粉碎机缺少锰钢，硬度不过关，粉碎效率低下。而河北省也缺少锰钢材料，他们希望中央帮助解决。王振扬一一记下，答应一定如实上报总理。

总理对农村抗旱工作抓得很紧，不久召王振扬回京开会，王振扬将河北山区农民奋力抗旱的照片呈总理过目，同时汇报当地农机制造厂制造粉碎机缺少锰钢，恳求中央支援五吨。总理当即询问与会的国家计委领导人李人俊："物资部有没有锰钢可以支援？"李人俊回答："锰钢虽然是紧缺物资，但只要总理批准，我们马上就给。"

河北的锰钢问题顺利解决后，王振扬又汇报天津市旱情日益严重，市区饮用水供应出现危机，要求北京水库紧急支援。

总理一听分外焦急，立即通知北京市派领导人前来开会磋商。分管农业的副市长赵凡匆匆赶来，总理开门见山问他："北京水库的水还有多少？能否给天津支援一些水帮助解决困难？"赵凡如实汇报库存水数量虽然不多，但可以立即开闸放水支援天津。在总理的关怀下，河北、天津的两大难题迅速解决。

周总理这种热爱人民、关心群众疾苦、雷厉风行的优秀品质和工作作风，给王振扬留下了极为深刻的印象，也鼓舞了他投入抗旱斗争的勇气和信心。会后，他遵照总理的指示，继续带领调查组南下河南林县，深入考察农民修筑红旗渠引水抗旱的经验。然后，又转赴陕西、山西考察西北农村的旱情。

王振扬有文化，办事认真，思路敏捷，能说会写，表达能力强，而且写一手漂亮的字。每到一地，他都亲自动手，将调查了解的情况，及时写成简报，不断报送总理办公室。

1966年4月初，总理办公室突然召王振扬返京，到中南海西花厅紧急开会。与会人员有国务院秘书长周荣鑫、外交部副部长王炳南和礼宾司司长等。周总理说阿尔巴尼亚谢胡总理将率党政代表团来我国访问，他们要求参观我国农业生产的先进典型。因为山西大寨他们过去已参观过，这次不再安排。阿尔巴尼亚是一个多山、少雨、干旱的国家，对方要求参观一个地形、环境、气候条件与他们相仿的农业生产先进典型。

当时中苏关系紧张，而阿尔巴尼亚一直坚定地站在中国一边，所以党中央十分重视这次访问，周总理亲自主持研究选择参观地点、陪同参观。他让在华北、西北、中原地区长期搞抗旱调查，熟悉农村先进典型情况的王振扬谈谈意见，拿出方案供大家讨论。

王振扬责无旁贷，立即将河北沙石峪、西铺村和河南林县红旗渠的情况，向会议逐一作了介绍。他认为河南林县红旗渠工程浩大，气势恢宏，成绩巨大，令人鼓舞；西铺村人穷志壮，白手起家，长期艰苦奋斗，历史悠久；沙石峪地势复杂，发动群众，"愚公移山"，开山造田，引水种地，战天斗地，粮果丰收。几个典型各有特点，相比之下沙石峪更符合阿尔巴尼亚的国情和参观要求。问题是沙石峪地处山区，位置偏僻，交通不便。

总理点头赞同王振扬的发言，认为沙石峪的交通不是大问题，只要选点合适，可以让空军派飞机运送代表团。他同意将沙石峪选为参观典型，因西铺村和沙石峪都在遵化县范围内，总理又指示将毛主席表扬的老典型西铺村也列入参观计划，并指定外交部和总参会同王振扬前往沙石峪和西铺村进行实地考察，做好迎接贵宾参观的各项准备工作。

1966年4月28日，以阿尔巴尼亚谢胡总理为首的党政代表团，搭乘专机如期来访。我国给予很高的礼宾规格，周总理、陈毅副总理率领中央各部委领导人到机场迎接贵宾，王振扬奉命前往作为中方陪同人员。

长长的迎宾车队直接开到停机坪旁，威武雄壮的陆海空三军仪仗队列队迎接。阿尔巴尼亚和各国驻华使馆官员站立一旁，身着彩色服装的学生，手捧鲜花，挥动红旗，驻足静候。当谢胡的专机徐徐降落时，欢迎队伍顿时欢声雷动，锣鼓齐鸣。周恩来、陈毅等党和国家领导人随即走到舷梯旁，同谢胡为首的党政代表团成员一一握手表示欢迎，然后乘车经天安门驶向国宾馆。

急驶途中，王振扬的专车突然出故障抛锚掉队。周总理正在国宾馆寻找王振扬时，他才匆匆赶到。总理关切地询问：怎么迟到了？他如实报告：座车老了，赶不上车队，在天安门东侧抛锚，掉队迟到了。总理指示国务院秘书长周荣鑫想办法给王振扬换一部好车。

当晚，周总理、陈毅副总理在人民大会堂举行盛大宴会，热烈宴请谢胡为首的阿尔巴尼亚贵宾。

第二天，年近古稀的周总理、陈毅副总理不顾劳累，带领彭绍辉副总参谋长、王炳南、王振扬等，陪同以谢胡总理为首的阿尔巴尼亚党政代表团，从国宾馆乘车出发前往西郊机场登上专机。一架银白色的大型飞机腾空而起，飞越燕山山脉，在遵化机场降落。然后，换乘直升机前往沙石峪。当地的党政领导早已聚集在村头等候贵宾光临。

那天，沙石峪上空万里无云，春风浩荡，阳光灿烂。从飞机机舱中向下俯视，层层叠叠、长满碧绿苗壮麦苗的梯田，漫山遍野、郁郁葱葱的大片果树林，还有那弯弯曲曲的引水渠和大大小小的蓄水池等等尽收眼底。目睹此景，谢胡总理在机舱内笑颜大开，按捺不住激动的心情，突然拍着大腿、举着大拇指，兴奋地对周总理说道："恩来同志，你们把我们带到了一个好地方，太好了！我们要好好看看！"

长期深居山沟峡谷、从未见过世面的沙石峪人，听说周总理陪同外国领导人来山村参观，无不欢欣鼓舞。男女老少，像过大年、赶大集一样，全部出动，挤在村头欢迎。

当直升机飞临山村缓缓降落时，数百名沙石峪人浴着春光，迎着春风，挥动红旗，敲着锣鼓，热烈鼓掌欢呼。周总理、陈毅副总理、彭绍辉副总长等陪同谢胡总理等外国贵宾，满面笑容，精神焕发，不断向大家频频招手致意。憨厚朴实的沙石峪村党支部书记张贵顺快步上前迎接，周总理和谢胡总理等热情地握着张贵顺的手，让他介绍组织农民群众"愚公移山"、造田植树、引水抗旱、战天斗地、夺取丰收的先进事迹。

张贵顺领着贵宾爬山过岭，边介绍、边参观。大家抬头望去，只见山上七十多层大大小小的梯田里苗青麦壮、绿油油的充满生机；种植的四千多棵果树，竞相开花，香气扑鼻，景色宜人。北山腰开凿的那个库容4800立方米的蓄水池，更让周总理、谢胡总理、陈毅副总理等赞叹不已。张贵顺指着层层梯田告诉大家：沙石峪人是寸土必争，每亩农田都是靠农民群众用双手从山下捧上来，每担水都是大家从几里路外挑回来的。长期艰苦奋斗，亩产终于达到了五百多斤。

贵宾们齐声夸赞沙石峪人不怕一切困难、勇于奋斗的英雄气概。擅长赋诗作词的陈毅副总理，坐在一棵大树旁的石头上眺望远方，不禁触景生情，"万里千担一亩田，青石板上创高产"的诗句油然而生。后来，他把这首诗写下来，留给沙石峪做纪念。

周总理和谢胡总理等回到了村里办公室，沙石峪人用自己生产的大枣、花生、核桃等干果热情招待来访贵宾，宾主双方欢聚一堂，热烈交谈。谢胡总理激动地说："沙石峪的地势、气候，同我们阿尔巴尼亚的条件极为相似。沙石峪农民群众'愚公移山'、艰苦奋斗、战天斗地、夺取丰收的英雄气概和先进经验十分感人，很值得学习。"他热情表示今后要把沙石峪当成培训阿尔巴尼亚干部的大学校，轮流组织干部分期分批来沙石峪参观学习。周总理等鼓励沙石峪人继续发扬愚公移山精神，再接再厉立新功。

从此，沙石峪人冬战严寒，夏战酷暑，长期艰苦奋斗的英雄事迹，很快就通过新闻电讯迅速传向北京，传向海内外，成为沙石峪人的永远骄傲和自豪。

那天，一直为北方农业抗旱整天操心、焦虑的周总理情绪很好，他看得仔细，问得也详细，不断赞扬张贵顺组织群众抗旱夺高产的成绩很大，工作干得不错，先进事迹和经验值得推广。当然，也不断夸奖王振扬向自己推荐了沙石峪这个好典型。此时，他四处寻找王振扬说话，谁知王振扬却一直远远站在众多领导人的后边。听说总理找他，他才匆匆挤到前面。总理问：你怎么站到后边去了？他解释说：领导人太多，我不便上前。总理风趣地笑道：沙石峪还是你推荐的呢！你不推荐，我们怎么能来这里参观呢！两句话说得大家哄堂大笑，沙石峪的山村里到处洋溢着欢快的笑声。看来，沙石峪给周总理和谢胡总理等，确实留下了极为美好而深刻的印象。

参观了沙石峪后，周总理、陈毅副总理等又陪同阿尔巴尼亚党政代表团，登上直升机前往西铺村访问。西铺村主要是在发扬"艰苦奋斗，勤俭办社，努力生产"方面起了带头作用。参观过程中，中阿两国总理都热情赞扬西铺村农民，在公社社长、大队书记王国藩等领导下，用"穷棒子"精神改天换地的英雄行为。

回到北京后，阿尔巴尼亚党政代表团对周总理热情周到的安排，再次表示满意和感谢。不久，谢胡总理率代表团启程回国，周总理又带领国务院有关部门领导人到西郊机场送行，直到谢胡总理的专机起飞腾空后，才嘱咐大家各自离去。而他自己却留在机场，径自向机场大楼走去。他要乘此机会探望、慰问为中央领导服务的空军专机组工作人员，向他们表示感谢。周总理处处、事事关心体贴部下的高尚品格，由此可见一斑。

当时，王振扬作为全程陪同访问的工作人员，主动留在了机场，准备听候总理调遣。总理探望完专机组人员走出机场大楼，发现王振扬还在机场未走，不禁关切地问道："王振扬同志，你怎么还没有走？"王振扬笑着回答："总理还没有走，我怎么能走呢！"接着，总理表扬王振扬这次沙石峪之行安排得不错，大家都很满意，并嘱咐他继续深入农村搞好抗旱调查，随时报告情况。

遵循总理的指示，王振扬不久又带领调查组在北方农村开展抗旱调查，不断向总理办公室汇报情况。

半个月后，华北地区气温逐渐转暖，北京的政治气温也悄然发生变化。随着"五一六"通知的发表，一场史无前例的"文化大革命"骤然爆发。红卫兵从大专院校开始冲向国家机关，大鸣、大放、大字报、大辩论盛行一时。周总理作为一国总理，他一方面心系亿万农民，全力以赴抓北方农业抗旱；另一方面还要积极陪同毛主席到天安门广场不断接见红卫兵代表，处理"文革"中出现的各种派性斗争新问题。他整天忙得不可开交，身心憔悴，不堪重负。

1967年"一月夺权"风暴后，全国政治局势陷入全面混乱状态，"四人帮"乘机挑动红卫兵和造反群众冲击党政机关，砸烂公检法，中央各部委机关多处于瘫痪状态。此时，周总理责任更重，处境更难，压力更大。他日以继夜、废寝忘食地处理各种复杂问题，精神高度紧张，筋疲力尽，夜里经常出现心绞痛。经检查确诊为冠心病和心绞痛。身边秘书、医生忧心忡忡，焦急万分。

2月3日，总理办公室的工作人员，不忍心让总理的健康状况继续恶化，百般无奈中凑在一起，商量给总理贴了一张大字报，"周恩来同志：我们要造你一点反，就是请求你改变现在的工作方式和生活习惯，才能适应您的身体变化情况，从而你才能够为党工作得长久一些、更多一些。这是我们从党和革命的最高的长远的利益出发，所以强烈请求你接受我们的请求。"

大字报贴在总理办公室门口，总理看后在旁边写了八个字——"诚恳接受，要看实践"。

然而，作为一国总理，处在第一线工作，他确实身不由己，无法休息。当时，阿尔巴尼亚以国防部长巴卢库为首的第二批党政代表团，已来我国访问参观，参观地点依然是沙石峪和西铺村。因为，谢胡总理访问我国后，十分佩服沙石峪和西铺村的农业生产先进事迹，不久他便决定组织第二批党政领导干部访问团来中国学习经验。可是，偏偏此时我国的"文化大革命"已经爆发，主管外交的陈毅副总理和主管农业的谭震林副总理相继被打倒，成了"二月逆流黑干将"，国务院秘书长周荣鑫成了"走资派"靠边站。周总理身边没有了助手，他再次将正在外地调查农业抗旱的王振扬召回北京，让王振扬陪同接待阿尔巴尼亚贵宾。

2月5日，也就是周总理表明"诚恳接受"工作人员大字报的第二天，他又以国事为重，不顾疲惫不堪、患有心脏病的身体，振作精神，率领王振扬等陪同阿尔巴尼亚第二批党政代表团，乘飞机前往沙石峪和西铺村再度访问。

这次恰逢春节前夕，华北地区正是寒冬腊月季节，天空浅灰，寒风嗖嗖，滴水成冰。沙石峪的群众，虽然举着红旗，冒着寒风，喊着口号，欢迎中阿两国领导人，但一个个情绪低沉，气氛压抑，远不如去年总理来访时，人人那样欢天喜地，意气风发。

周总理在欢迎的人群中，已找不到沙石峪村原领导人张贵顺的身影。因为，"文化大革命"的狂风刮到了山村后，造反派夺了大队的权，群众组织将张贵顺作为"走资派"和"阶级异己分子"打倒，还开除了党籍，实行群众专政、监督劳动，县委居然正式批准群众开除张贵顺的党籍。这一奇闻，让总理十分惊讶、纳闷。他关心张贵顺，特地指示让张贵顺前来见一面。只见张贵顺低着头，气色灰暗，满脸忧伤，有一肚子委屈的话要说，但又不敢明言。总理理解他的心情，让他暂时离开后，问王振扬怎么回事。王振扬也莫名其妙，也说不清楚。

总理带着满脑子疑问离开了沙石峪，继续陪同巴卢库为首的阿尔巴尼亚党政代表团乘直升机飞往西铺村访问。

那里情况同样如此，到处一片混乱。村子里群众分成两派夺权，争斗不休，各不相让。全国劳动模范、老支部书记王国藩等领导人全部靠边站，党支部班子陷入瘫痪，农业生产无人过问。总理忧心如焚，担心长此下去，农业减产，群众生活遭殃，如何向人民交代？

面对毛主席亲自发动的"文化大革命"，"老革命遇到了新问题"，周总理百思不解，万般无奈，但又不得不加过问。思考再三，访问沙石峪和西铺村刚结束，随行人员在飞机场正要返京时，周总理突然临时决定将王振扬留下。在机场当众宣布：王振扬作为自己的联络员留在沙石峪，了解农村"文化大革命"运动的情况。大家有事可以找他，由他直接向总理办公室汇报。

顿时，飞机场的人都把目光转向王振扬。王振扬毫无思想准备，觉得自己穿一套迎接外宾的呢子大衣留在农村活动不方便，要求回北京换一身棉袄再来。周总理当即亲切安慰道："你不必回去了吧，到了北京，我会马上派人到你家里，取衣服给你送来的。"

果然，刚回到北京，周总理立即让国务院农办到王振扬家里取棉袄。第二天，我们单位局级干部刘铭西迅速奉命乘专车匆匆赶到沙石峪送棉袄。王振扬手捧棉袄，思绪万千，感慨万分：一个大国总理，整天为国内外大事昼夜操劳，日理万机，竟然还惦记着自己的一件棉袄，派专人专程送来。

两天后，春节来临。沙石峪大地寒凛，万木凋零，农民们都在家里欢度节日。王振扬和刘铭西两人对坐在大队队部的暖炕上，边吃饺子边谈论"文化大革命"和周总理的伟人风范，度过了一个永难忘怀的特殊春节。

王振扬和刘铭西在沙石峪住了几天，了解了一些情况后，又转移到西铺村继续执行总理交给的使命。当时，附近部队已派出两名干部到村里"支左"，北京农业大学的红卫兵也派人介入村里的运动，农村更加混乱。村里两个群众组织，都自称是"无产阶级革命派"，斗争很激烈。部队"支左"干部悄悄告诉王振扬：由于"四清"运动产生的恩怨，情况复杂，你不能表态。王振扬感到局势严峻，自己作为总理的联络员在农村活动时，态度当然极为谨慎。因此，他找群众谈话、了解情况时，一般只听，如实记录，决不轻易表态。

一个月后，王振扬完成任务要返回北京。两派群众将他团团围住，非要他明确表态，宣布自己是"革命派"，否则不予放行。他处境困难，幸有解放军派人帮助解围，才得以脱身，匆匆回京向总理汇报。总理对他的工作表示满意，指示他重返沙石峪和西铺村，劝说北京农业大学的红卫兵撤回北京。

然而，此时在林彪、"四人帮"的煽动下，中央机关的"文化大革命"已进入高潮时期，无政府主义思潮疯狂泛滥，周总理的权威受到了严重挑战，王振扬也陷入"文化大革命"汪洋大海的漩涡之中，他已无法执行总理交给的使命。

当时，作为中央农林口最高领导机关的国务院农办、农政，已完全陷入瘫痪。国务院副总理兼农林办公室主任谭震林被打倒了，此前中央农林政治部主任、原上海警备区政委秦化龙将军，也被扣上搞"农业党"、"为彭德怀翻案和执行刘少奇修正主义路线"等莫须有的罪名，受到错误撤职、打倒，惨遭游街批斗。群众愤愤不平，不断向周总理和党中央告状，要求为秦化龙平反。机关里的群众形成两派，相互混战一气。首都大专院校大批红卫兵，也争先恐后、如潮水一样涌进机关大楼，机关大院到处闹哄哄，农林口局势严重混乱。秦化龙问题成了中央农林口的斗争焦点，这引起了总理的高度重视。

5月，一天深夜，周总理在中南海勤政殿召集中央农林口各部群众组织和大专院校红卫兵代表开会，听取大家对秦化龙遭诬陷、被打倒冤案的陈述意见，有七八十人参加。因会议主题是处理秦化龙问题，我们国务院农办农政的七人被安排在会议中心位置。许人俊是秦化龙的秘书，属于知情人，特地被安排坐在总理身边。

周总理记忆力极强，他熟知中央各部领导人名单，对国务院农办、农政领导人更是分外熟悉。会上，他点着名字向我们逐一询问农办副主任张修竹、郝中士、梁步庭、杨煜等人在运动中的情况，转而又关切地问及中央农林政治部副主任王振扬现在怎么样？我们如实汇报王振扬身体状况不错，常在机关大院看大字报。总理随即以赞扬的口气说："王振扬不错！河北的沙石峪还是他向我推荐的呢！"当时，我们有些纳闷：王振扬调到中央农林政治部工作时间并不长，总理对他怎么那么熟悉、那么关切？

众所周知，"文革"初期，中央机关受林彪、"四人帮"煽动，无政府主义盛行一时，各单位群众组织先后成立，争相夺权、揪斗领导干部，自称"无产阶级革命派"，派性斗争十分严重。周总理处事一向谨慎稳重，为避免引起派性，造成不必要的纠纷，因此他在群众场合通常不轻易公开表扬领导干部。

然而，对王振扬偏偏例外，不仅会上公开表扬，而且后来当王振扬身陷困境、面临危难时，周总理还亲自出面，果断干预。

那是当年12月下旬，一个风雪交加的冬夜，农业部的造反派闯入王振扬家中，使用暴力将其绑架，接着用汽车押到远在东郊顺义县的农村拷打、审问。当时，中央农口各单位十分混乱，中央气象局军队转业的政治部主任亓盾被造反派绑架，不久在地下室活活被打死。惨案刚刚发生，又出现农业部造反派绑架政治部主任王振扬的事件。情况十分严重，王振扬的生命危在旦夕。

幸好，此时国务院农办郝中士正在国务院里边上班，尚未受到冲击，秘书边入群将王振扬被绑架的消息告诉了郝中士，他让边秘书赶快报告总理办公室。农口机关连续出现绑架领导干部的事件，使周总理极为震怒，他谴责这是"土匪行为"，立即让联络员通知农业部造反组织，限令："12月21日天亮之前，必须将王振扬送回家去，否则以土匪论处。"

造反派听说总理发火了，顿时慌了手脚，态度大变。连夜派车将关押在北京顺义县农村拷打、审讯的王振扬客客气气送回城里，并让他儿子写收条。他儿子当时年岁小，不知怎么写。写"收到爸爸一个"的收条吧，似乎太可笑。王振扬头脑清醒，灵机一动，不慌不忙，出主意写"今天凌晨3时，我爸爸回家了"。造反派点头同意，拿了收条匆匆离去。事后，他才知道是周总理下令，救了自己一命。

此后，中央机关"文革"局势越来越乱，国务院农办、农政机关也撤销了，王振扬和我们一直被关在"五七"干校批斗、审查。林彪垮台后，处境虽有所改变，但因"四人帮"仍然横行，对他的专案审查并未解除。他同总理长期断绝联系。他也知道总理处境十分困难，只能把对总理的思念之情深埋心中。

由于他昔日参加北方农村抗旱调查，不断给总理办公室报送简报，两次陪同总理访问沙石峪、西铺村，以及担任总理联络员等原因，王振扬同总理办公室联系较多，总理办公室对他有深刻印象。

1976年1月8日，为人民革命和建设事业操劳一生、鞠躬尽瘁的周总理，终因积劳成疾，不幸离开了人间。因"四人帮"捣乱，中央决定在小范围内向总理遗体告别。总理办公室费尽周折，在"文革"混乱期间，竟然从茫茫人海中找到了王振扬，通知他参加总理遗体告别仪式。

1月10日那天，北京天空灰蒙蒙，寒风刺骨。王振扬裹着大衣，迈着沉重的步伐，怀着悲伤的心情，随着吊唁的人群，缓缓走进北京医院告别室，向着敬爱的周总理遗体深深地鞠躬敬礼。

此时此刻，总理要他参加北方农村抗旱，两次让他陪同访问沙石峪和西铺村，派专人给他送棉袄等感人情景，相继浮现在眼前，他不禁热泪盈眶。事出偶然，这时电视台的摄影机恰好久久地对着他，拍了一个长长的特写镜头，当天在晚间新闻中播出。远在外地、长期为王振扬安危担心不已的亲友们，突然从电视里看到了这一镜头，大家既为总理的过早去世万分悲伤，又为王振扬还健康活着而大大松了一口气。

夏去冬来，岁月轮换，弹指一挥间，三十多个春秋过去了，本着"追寻历史真相，展现伟人风采"的精神，王振扬将自己的亲历、亲见、亲闻告诉人们，让后人知道那一段段生动感人的历史往事，永远铭记周总理的丰功伟绩和高风亮节！

回忆篇

杜润生：50年代初我与毛主席的几次会面

一

1949年，中华人民共和国成立，继老区土地改革获得成功之后，新区土改逐步展开。1950年6月，召开了中共七届三中全会，全国政协一届二次会议及中央人民政府第八次会议、讨论通过了《中华人民共和国土地改革法》。对于这项文件的起草工作，中央委托少奇同志主持。为了征求地方意见，他事先把我们几人叫到北京，有华东局的刘瑞龙（华东土改委员会副主任）、中南局的黄克诚（湖南省委书记）、刘建勋（湖北省委副书记）和我（中南局秘书长兼中南土改委员会副主任），座谈了两三天，我们汇报了当前的情况和今后土改的意见。有一天，少奇让我们列席中央的一个会议（好像是毛主席主持的政治局会议）。会议之前，毛主席单独接见了我们几个人（那时他还住在香山）。主席首先说，少奇同志叫你们来出点主意，你们两个大区是新区土改的大头，两个大区的人口合起来有两亿几千万（当时新区人口共3.1亿），你们要早走一步。土改是我们民主革命留下的一个"尾子"。但这个尾子还不小，是个大尾巴。土改搞好了，第二步搞建设本钱就大了，你们有什么意见？于是，首先由刘瑞龙介绍了一下华东的经验，大意是说：要避免过去土改的缺点，这次是更有政策，更有准备。但是封建势力的抵抗还是很厉害的，不能低估。进了城以后，替地主说话的人也更多了。毛主席说：城里的人和农村有着千丝万缕的联系，自然要说话，这可以逼着我们把工作搞得更好一些。接着问中南方面的意见，我就先推黄克诚谈，黄说他只知湖南一个省的事，省里政治情况比较复杂，有起义部队，统战情况更复杂。土改反封建既要彻底，又要掌握政策策略。轮到我时，我汇报了几点，一点是说中南准备把农村工作当作当前的中心，这是中南局已经向中央请示过的。我们把农村搞好，就可以保证城市的供给，而且可以有一个好的政治经济环境。另外一点，农村分配土地之前，第一步划一个阶段，搞清匪反霸，减租减息。这一步所以重要，因为实质上它是个政治斗争，是为了建立农民的政治优势和组织优势，先集中打击目标，把农村最恶劣的称霸一方的封建势力当权派和国民党的武装匪徒扫除一下，同时发动农民，建立农会，通过这个斗争发现一些积极分子，搞个组织基础。说到这里，毛主席说，这一步很重要，这个安排很好。政权是根本，一国如此，一乡也如此，基层政权搞好，国家政权就有了巩固的基础。他还叫我回去写个报告。后来我回去写了个东西由中南局转报毛主席，毛主席以中央名义电复中南局表示同意这个部署，说："我们同意杜润生同志所提的方法，即首先在各县普遍发动群众，进行减租退押反霸及镇压反革命的斗争，整顿基层组织，将此作为一个阶段，接着转入分田阶段，这样做是完全必要的，而且也是最迅速的。土地改革的正确秩序，本来应当如此。华东、中南许多地方，凡土改工作做得最好的，都是经过了这样的秩序。过去华北、东北及山东的土改经验也是如此。"这个电报还发给华南分局并告华东局等。

毛主席的这个指示，丰富了中国土地改革的政治内容。盘踞于全国乡村的豪绅地主统治，被农民推翻，代之以民主政权，中央政府号令可以上下贯通无阻，这为经济发展创造了一个重要的政治前提。国外曾有些学者评价中国土地改革，认为农民所得土地无多，意义不大，他们恰恰忽视了通过土改对基层政权实行民主改造，对于国家发展所起到的重大作用。

这次会见，我又提到，据我们调查，发现地主和富农占有土地只有50%左右，有的地方40%多，最高50%，没有70%的情况，这个数目字和主席一篇文章中提到的数目字有差别，所以将来可分配土地的数量不会太大。如果不动富农，光分地主土地，只有40%左右，无地少地农民数量很大，不够分配。邓子恢同志主张动一下富农的出租土地。我事先听说，1949年底1950年初，毛主席、周总理访苏期间，曾向斯大林谈到土改问题，毛主席提出，中国将对资本家和富农采取一种新的政策。苏区时代对地、富在政策上都是"左"的，一度实行过地主不分田、富农分坏田，以及将土地打乱平分的政策，效果都不好。因此新区土改准备保存富农经济。这个政策拟写入新《土改法》（《中华人民共和国土地改革法》）。斯大林表示同意，并说：中国的富农与苏联的富农不一样，苏联的富农是反对苏维埃政权的，中国工人阶级现已获得政权，而富农人数较少，又没有站在反革命一边，保留富农是有益的，有利于鼓励农民发展生产。

这次我被派来参与新《土改法》定稿，遵嘱将子恢同志建议先向少奇同志转述一遍。少奇同志说：中央一致主张保存富农经济，不过有意见不妨再次向主席反映。毛主席听了我们的意见以后说：土地就那么多，它是个客观事实，说多了并不就变得多，说少了也不会变少。你们有调查，有第一手材料，我们当然听你们的。全国怎么样，还弄不清楚，将来都会搞清楚的。至于富农问题，中央的意见还以不动为好，"富农放哨，中农睡觉，有利生产"。贫农将来分地少，有困难，我们有了政权，可以从另外方面想点办法（当时讲了许多条）。后来关于富农问题，中央决定基本不动，有些地方可因地制宜。这就是《土改法》规定的，各省有权根据情况决定是否征收富农出租的小量土地。由于种种的原因，新区土改中不征收富农出租土地的地区是较少的。

中央此次会议，先讨论《婚姻法》草稿，后讨论新《土改法》。记得一位老同志讲到土改中要引导农民注意节约，分田后不可大吃大喝。毛主席插话:"千年受苦,一旦翻身,高兴之余,吃喝一次,在所难阻。"主席这里既讲理又讲情,这一点,给我留下难忘的印象。通过关于土改的这次谈话,我还感觉毛主席很平易近人,注意听别人讲话,具有实事求是、从善如流的风度。

二

在土改之后,毛主席就酝酿考虑农村的社会主义革命问题,并提议成立中央农村工作部,专门负责农村工作。1952年11月,决定调邓子恢同志组成中央农村工作部。中组部通知我和邓老一块来,邓老任部长,我担任秘书长兼国务院第四办公室(即农业办公室)副主任(主任是邓老)。我们来北京以后,有一天一起去见毛主席,向他报到。毛主席在住处接见我们,说关于农村问题,中央已经有了一个文件,即第一次互助合作会议的文件。在这个文件中,要求把开展互助合作当作新时期一项历史任务。其中正式提出农民的两个积极性,一个是个体经济的积极性,一个是互助合作的积极性。你们农工部,要发挥互助合作的积极性,又必须保护个体的积极性,而不要挫伤它。还说:我们不是说过上下两篇文章吗?上篇搞民主革命,下篇就是搞社会主义嘛;就农村说,土改已经结束了民主革命,现在是要作第二篇文章了,子恢同志,调你来做农村"统帅"。

邓老说:还是主席统帅,我们当助手。中南地区互助合作还没提到议事日程,全国老区和东北等地互助合作已经有了一些经验,搞得很不错了。我们需要一个调查研究学习的时间。毛主席接着说:杜润生同志,咱们见过面,下面农村情况如何?我说:土地改革以后,成了小农经济的天下,小农经济是手工经济,力量单薄,思想还不够稳定,向互助合作方向前进,得从小农经济的现状出发,加以引导,不搞不行,太着急也不行。邓老插话:河南提出允许"四个自由"(即后来毛主席批他的"四大自由",在这之前这"四个自由"中央通过新华社信箱讲过，全国各大区都倡导过），发布告示，让农民放心，这个布告还是好的，起作用的。我接着说，对于新区，还是生产压倒一切，上级发的任务太多（即"五多"），反映非常强烈。毛主席说：好哇，第一件事情就抓这个吧。遵主席指示，我们为中央起草了《关于部署农村工作应照顾小农经济特点的指示》和《关于解决区乡工作中"五多"问题的指示》。此外，农工部还为中央起草了《关于春耕生产给各级党委的指示》，我替《人民日报》写了一篇社论《领导农业生产的关键所在》，这两个加上《中共中央关于农业生产互助合作的决议》共三个文件，毛主席都亲自过目，批示合出一个小册子，题为《当前农村工作指南》。1953年2月，中央农村工作部正式成立，于4月召开了全国第一次农村工作会议，讨论发展互助合作，重心还放在办好互助组和试办初级社。

1953年6月，毛主席正式提出过渡时期总路线的问题，在中央政治局会议上讨论。毛主席讲，要用三个五年计划或更多一点时间，逐步实现国家的社会主义工业化，逐步完成对农业、手工业、资本主义工商业的社会主义改造，党的总路线是照耀一切工作的灯塔，离开它就会犯"左"的和右的错误。可是，也就在这一时期，农工部下去的同志回来反映，某些地方的合作化有一点"冒进"。对建立生产合作社，党内存在一些不同的看法。还在1951年，山西省委就提出应限制富农发展和两极分化，适当地动摇私有制，把互助组织再提高一步，办土地入股共同耕作的合作社。华北局领导和刘少奇同志对此有不同意见，毛主席认为山西的主张是正确的。在下边也有类似的分歧意见存在。在讨论总路线的政治局会上，毛主席批评了"确立新民主主义社会秩序""由新民主主义走向社会主义""确保私有财产"等论点，说不可确保，就是要动摇。不久又批评"四大自由"，认为这都是错误的。看来，批评"四大自由"（即雇佣、借贷、租佃和贸易的自由）是指邓子恢，"巩固论"据说是批刘少奇，实际上从他们二人的讲话记录中没有找到这种说法。但确有人有这种主张，主席当时是借题做文章，教育大家，没有明确是针对谁说的。

这以后，毛主席又召我们见了一面，把问题讲得更明白了。他说：现在我们提出过渡时期总路线，总路线含义是什么？总路线就是过渡到社会主义。什么叫新民主主义？新民主主义就是在桥上，就是过桥，不是跳过去，要一步一步走过去。说由新民主主义走向社会主义这个提法不准确。意思是说，新民主主义就是过渡时期。我们原来认为，新民主主义是一个"阶段"，是五种经济并存的一种相对稳定的社会形态，因而不是在民主革命成功后立即就开始对非国营经济成分加以削弱。毛主席在此次会见时还说：农民是小资产阶级，富裕农民走上社会主义不一定是自愿的。我们国家叫人民民主专政，实际是无产阶级专政，这里面就有改造农民的任务。记得好像就是在这次会见时，他还说：梁漱溟说工人在九天之上，农民在九地之下，农民怎么在九地之下呢？光土改以后少交租子就有350亿公斤，这都是他们的收入嘛，难道不是改善吗？至于和城里面相比，城里一个工人创造的价值高，生活条件也不一样，当然收入会高一些。问题在于，梁漱溟的"仁政"观点，我们的有些干部也都存在。谈到这里，主席留我们吃饭。席间，他又讲了一个重要观点：共产党必须一贯坚持搞好工农联盟，但建立联盟的基础，过去靠民主革命、土地革命，今后要建立在新的基础上，这个新基础，就是社会主义，就是合作化。

1953年底农业互助合作会议，陈伯达和廖鲁言传达了毛主席说的有名的那段话："'群居终日，言不及义，好行小惠，难矣哉'。'言不及义'就是言不及社会主义，不搞社会主义。"又说，只在小农经济基础上，搞一套"确保私有""四大自由"，就是行小惠。那真是"难矣哉"！同时还批评了农村工作部年初的"反对冒进，解散了一批合作社"。

在互助合作的早期阶段，主要是发展互助组。1953年这一年里参加互助组的农户约有40%，其中常年组约占四分之一的比重（比上年增加五分之一），农业生产合作社的数量还很少。年底毛主席讲话后，就将"以发展和巩固互助组为中心环节"的方针，改变为主要发展农业生产合作社，并提出要摊派数字，要有计划。到1954年春，全国初级社由一万多个发展到七万多个。各地方已出现一点强迫命令的现象，这一年又开始实行统购统销，农村出现紧张。据统计，从1953年至1954年粮食年度，国家实际粮食收购392.5亿公斤，比上年多收89亿公斤，增长29.3%。老百姓对统购统销不习惯，对取消粮食市场不知是怎么回事，怨声四起。本来统购统销可以说是社会主义，也可以是一种战时经济措施，现在把它作为总路线、社会主义改造的一部分，和合作化同步实施，强求农民接受，当然有困难。当时中央农工部为避免全面出击，建议合作化应稳一下步子，曾在1954年春正式给中央写报告，叫各地方不要再单纯追求数字，努力先办好这七万个社，使之真正起示范作用，真正是自愿的组合。同年3月，中央批转了这个报告。因此4月开第二次全国农村工作会议，主要目标就是办好这七万个社，主张发展一批，办好一批，稳步前进。一直到1955年春，始终是这个态度。这和毛主席这个时期一连串促进农村社会主义改造的言论是不协调的。

现在回顾一下，有几个观点，当时由于受它们的支配，成为后来人们所批评的保守倾向的内在因素。这就是：（一）尽管毛主席说了过渡时期总路线，并说明新民主主义就是"过桥"，二者是一致的。但按我们当时的学习和理解，认为新民主主义是个很长的发展阶段，有多长呢？至少要有三个五年计划的时间，起码是十五年。总路线就是这么说的，按党的七届二中全会的决议，及以前的《新民主主义论》，都说要建设"新民主主义的文化""新民主主义的政治""新民主主义的经济"，这个过程需要经历一个很长的时间，不然就构不成一个"新民主主义"社会。在这个社会，个体经济、私人资本主义也都要有一定程度的发展，……所以人们脑筋里不存在很快完成社会主义改造的认识基础和思想准备。（二）土改之后，农民才由地主那里获得土地，成为自己的财产，实现了耕者有其田，他们很自然地要求自主经营发展家庭经济。对于贫农而言，他们是有困难的，但不能因为有困难，就把他的私有权拿走。搞互助组，农民是可以接受的；搞合作社，土地集体经营，多数农民就缺乏思想准备。因此，土改结束后，我自己从新区来到中央，头脑中依然带着当地农民的愿望：要有一段发展个体经济时期。认为这样对生产有好处，也能和农民对土地的要求衔接上。合作化早了，农民对土地的要求刚满足，马上又改变，是不利于生产发展的。（三）毛主席的合作化工作路线，是由点到面，循序而进，从低级到高级。互助组有了社会主义萌芽，然后萌芽长大，进而办合作社。但按这个程序去实践，需要时间。中国这么大，生产力发展不平衡，工业发展也要有个过程，没有工业的支持，农村生产力的大提升是不可能的。所以我们心里认为，按十五年时间，在其分配上应该是先慢后快。起步过快，由点到面、循序渐进就会落空。总之，我们的调子是防急、求稳，这终于引出后来毛主席的批评。在这以前据说毛主席曾召集刘少奇、彭德怀、邓子恢谈过一次话，批评他们对社会主义不热心，告诫不要重犯1953年错误。毛主席几次提到此事，彭德怀在党的七届六中全会的发言中也有所检讨。子恢同志似乎未予重视。1953年初华北大名府、太行山整顿合作社，一批合作社又退回到初级社，陈伯达向主席反映说，农村工作部反冒进变成"冒退"。农村工作部讲防止急躁冒进是事实，但并未直接干预，整顿工作是由地方主持进行的。

三

1955年3月中旬，毛主席又找我们几人去谈话，有邓子恢、陈伯达、廖鲁言、陈正人和我参加。当时由我们简略地谈道：现在统购统销和合作化搞到一块儿了（继上一年度之后，1954年至1955年度购粮445.5亿公斤，增加53亿公斤），有几个地方，如浙江等某些省区，粮食任务重，合作社办得急了一点，不但追求办社的数字，还追求全村居民入社的比例，弄得农民宰羊杀猪、卖牲口、不上粪，春耕受了影响。但全国大多数地方还是好的，尤其是大量互助组办得不错，贫农对互助组是很欢迎的。互助组能解决劳力、牲口、农具缺乏问题，那些富裕户缺劳力，贫农缺牲口，他们自己协议好，互相等价交换，所以受欢迎。毛主席听后就讲了那段最有名的话，说："生产关系要适应生产力发展的要求，否则生产力就会起来暴动。当前农民宰羊杀猪，就是生产力起来暴动。"他提出现在有些地方要停下来整顿（如华北、东北），有些地方要收缩（如浙江、河北等），有些地方要发展（如新区），"一曰停，二曰缩，三曰发"。实际上类似的方针在1955年1月10日中央《关于整顿巩固农业生产合作社的通知》中就已提出，提法是"控制发展，着重巩固"。这次谈话以前，在3月8日，邓子恢还跟我说：毛主席嘱咐要重视党和农民关系，农民负担很重；五年实现合作化步子太快，有许多农民入社，并不是真正自愿的。1957年以前三分之一的农民和土地入社就可以了，不一定要求达到50%。毛主席还对谭震林说，到明年10月可停下来整顿一年。此时，我们以为主席和我们之间不存在重大分歧了。其实，这只是战术上暂时的一致，不是战略上的一致。他对于各方面报来的关于农村存在的紧张情况不能不予关注，因而对我们提出的某些缓解政策表示支持，但他提出的过渡时期总路线和推进社会主义改造的战略部署，并没有任何变化。并且他这几年已形成了一种印象：党内不少人包括一些高级干部，思想还停留在民主革命阶段，讲什么确保私有财产，公私一律平等，靠小农经济吃饭，这种思想阻力，必须打破，为总路线开通道路。当他得到一些符合理性预期的信息时，就认为这才代表着事物的本质、主流，那种不符合理性预期的信息，就认定是表面现象，非本质的支流。他主张支流也要注意，但不能颠倒主次。为促进社会主义事业，不能不着重批判那些非本质的支流的宣扬者。了解了这一点，也许可能对毛主席这一年中态度近乎突然的变化作出合理的解释。后来，三年困难时期，"文化大革命"时期，都有过按是否符合"大方向"来判断思想是非的做法。把这个问题简单化，曾使人们产生离开对具体事物具体分析的方法，陷入认识的误区。

1955年春，正当准备召开第三次全国农村工作会议，进一步贯彻"三字"方针时，农村传来更多的信息，党与农民的关系存在某种紧张状况，南方以浙江问题最为严重。国务院第一办公室（即政法办）和中央农村工作部分别派出工作组调查，回报说：该省在1954年春只有2000多个社，到1955年春增加到5万多个，占农户比例由0.6%增加到近30%，扩大了约50倍。在办社中严重违背自愿原则，强迫命令。提出"抓两头，带中间""向中农进攻"等口号，大反"小农经济"和"自发势力"。1954年浙江粮食征购共25.1亿公斤，占总产量的38%，农民留粮严重不足，并多给单干农民派任务，以统购统销来促合作化。全省耕牛减少5700多头，猪、羊减少三分之一至二分之一，卖家具、吃种粮、逃荒、要饭、卖儿女、老弱饿死等现象累有发生。1955年3月下旬，浙江省委书记江华来到北京。邓子恢和谭震林（当时任中央秘书长、书记处第二办公室即地区办公室主任）等人，与江华一起开会研究怎样处理浙江问题，决定用中央农工部的名义，给浙江先发个电报。电报发出前，曾送给陈伯达，托他转呈毛主席，陈回电话说"主席同意"。邓老随即出国访问匈牙利。

电报发出后，浙江省委表示同意我们的建议。谭震林再次召集会议，决定由江华给省委去电话，请省委下决心处理农村问题，同时请农工部和中央二办派人就地商量执行办法。于是把我和中央二办负责华东组的袁成隆派去。4月上旬到浙江后，在省委会议上取得共同认识：关于合作社问题，能巩固的全力巩固；群众意见很大的、人心散了的、强迫命令的、维持不住的，"坚决收缩"。原不准备开大会，省委提出开会才能统一思想，于是开了个干部大会，由我讲了话，浙江省委副书记、省长霍士廉做总结。后来毛主席批评说坚决收缩的决定是在"惊慌失措"下做出的。当然，我在用语上有毛病，如说到"下马"，但这只针对浙江地区的那种无法巩固只能收缩的社讲的，并没有让整个合作化工作下马，更不是让全国合作化下马。实际上有一批办不下去的社，硬撑下去，必将影响当前生产。经过一个多月的工作，浙江的农业社由5万多减少到3万多个，共减少1.5万多个。当时估计河北省也应收缩，河北表示已经搞过了，不再动了，我们去看了看，就没有再搞。这样加上河北和山东自己收缩的，全国一共减少了2万多个合作社（以后，曾被误传为上20万个社，在"文化大革命"以前就这样传开了），社的总数也由67万个变为65万个（在1954年中仅仅是10万个）。1956年浙江把原来收缩的社又都恢复了，但在1957年那里又出现退社潮和自发包产到户现象。

4月20日，中央书记处召开会议，少奇、小平同志等出席，由我汇报农村的情况，谭震林做了补充，主要讲浙江的问题。会议上有几位同志发言，都主张把重点放在已经办起来的社，尽量巩固。最后少奇同志讲了一段话，大意说：问题的核心是个如何对待中农的问题，所谓强迫不强迫，自愿不自愿，就是对待中农的问题，强迫也是强迫中农，自愿也是叫中农自愿。为了保证中农的自愿，可以把速度放慢一下，明年春天停止发展，做好巩固工作。中农看见社办好了，就会自动来敲门，那时候我们把门开开。他们自愿，我们欢迎，这可以保证合作化运动的健康发展。会议提出，当前合作化的总方针是："停止发展，全力巩固"。

4月底，毛主席从外地回来，带回他对农村情势的新判断。5月1日他到天安门观礼，对谭震林说，合作化还可以快一点。大意是：前一段出去看到沿途的庄稼都长得很好，农民种田的积极性很高。麦子长得半人高，谁说生产消极？办合作社的积极性也高。但给合作社说好话的人不多，柯庆施说下边有三分之一的干部对待合作化存在右倾消极情绪，这和上边有关部门领导不无关系。从此主席就认定所谓农村存在紧张、农民不满统购、合作化有强迫现象等说法，一概是"发谣风"，因而进一步强调要反对保守倾向。

5月17日，毛主席在杭州召开十五个省市委书记会议。这次会上，毛主席强调合作化出了点乱子，但主流是好的，不讲这一点是右倾表现。谈到"停、缩、发"的三字方针，主要方面是"发"，尤其在后解放区"基本是发"，3月份所提"三字经"内涵，已有所改变。这次会后向到会各省分派了发展合作社数字，并决定到明春搞一百万个社。在这次会议上，各省（市）负责同志反映中央农工部不放手的毛病，引起毛主席的高度重视。

6月14日，中央政治局开会，少奇同志主持，批准了一百万个社的计划，响应杭州会议精神，对保守倾向也有所批评。

1955年7月31日至8月1日，中央召开了全国省市委书记会议，毛主席作了《关于农业合作化问题》的报告，正式提出迎接农村社会主义高潮，反对右倾保守。党的七届六中全会讲话的基调，就是这个会上定的。毛主席在会后找邓子恢，提出100万个可以再添30万个，搞130万个，看怎么样？邓老说回去考虑考虑。邓老回去以后，找了部里合作处的负责同志商量，看法一致，认为还是坚持100万个的原计划。第二天邓老就去找毛主席，道理讲了很多，其中包括发展合作社的计划要照顾群众觉悟水平和干部领导水平，培养会计就需要时间等道理。主席听了很不高兴，不以为然地说，100万就行，多30万就不行？我看不见得。7月18日，毛主席给我批了一个条子，说："请将上次农村工作会（4、5月间）的各项材料，如报告、各人发言和结论，送我一阅为盼。"我就送去一些东西，以后廖鲁言他们又送了一些地方上送来的材料，毛主席就开始编《怎样办农业生产合作社》，以后在这基础上扩大为《中国农村的社会主义高潮》。老人家一篇一篇地看，加批加注，越写越起劲。后来认为右倾保守不仅是邓子恢的问题，而是全党的问题，于是决定召开中共七届六中全会解决。会前书记处召集我们开会，小平同志传达主席原话，说：看来像邓子恢这种思想，他自己转不过来，要用大炮轰，中央决定召开全国地委书记以上会议，各省市委书记和中央各部部长、副部长都参加。

接着在10月份召开了中共七届六中全会。在会上，首先由邓老和我两人做了检查，承认落后于形势，接受毛主席的批评。毛主席在这次会上特别强调指出：一个伟大的社会主义高潮即将到来，处在大潮中间的某些人还是像小脚女人走路，总嫌别人走得过快；合作社是能办得好的，既然现在能办好，为什么以后不能办好？10万个能办好，100万个、130万个就办不好？能办小的就不能办大的？能办初级的就不能办高级的？说没有干部，干部在实践中学习，在实践中成长嘛！他指出特别是把中农划为上、中、下三类，我们只要团结贫雇农、下中农，就争取了多数，就能保证合作化健康发展。少数富裕中农不愿入社，可以叫他等一等，他批评具有保守倾向的同志是站在富农和富裕中农的立场上说话，提出不能够认为先工业化、先机械化然后才有合作化，说我们先搞好合作化，可以推动工业化。他强调我们应当相信群众相信党，浙江"坚决收缩"合作社是惊惶失措的表现。现在人们看到的《关于农业合作化问题》一文，是在7月讲话稿基础上经过两次修改于10月发表的，此件和7月31日会议文件有差别，其中许多问题，如明确提出"反对右倾机会主义"，批评"小脚女人走路"，"从富农富裕中农立场出发"，批评"下马、上马一字之差"，关于办大社和高级社等等，都是中共七届六中全会上讲了后来加进文件的。他在这次会议上的讲话另有提纲，有许多话没有上文件。

会后不久，中央开会讨论农工部的错误问题，当时有人提出邓子恢检讨不够，毛主席说，邓子恢同志反封建还是很坚决的，此次犯错误是做了检讨的，是可以改的，向来对犯错误做检讨的人都不满意，都说他检讨得不够，我看差不多了。陈伯达提出，邓子恢犯错误，杜润生同志起了不好的作用。主席说，杜润生同志是经验不足问题，是好同志，不是什么别的问题。合作化是新问题，没有经验，下去干一个时期就好啦。陈伯达那样讲我，使我回想起过去和他有过一次激烈的争论，我给他留下一个"很不谦虚"的印象。记得1954年有一次谈话，他说资本主义初期，家庭手工业变成作坊的工厂，作坊里头集体作业，有了分工，于是生产就增长了一倍两倍，难道农业集体化就不会有这种变化吗？我多少年后才知道这是毛主席讲过的话。我当时只凭直感就说，恐怕农业和工业不一样，工业把工人聚集在一个房子里边，手工业老板能够直接监督管理，农业分散在广大的土地上进行生产，维持劳动纪律，更多靠自觉，如果不自觉，就会磨洋工，还可能减产。他觉得我的思想违背马克思主义的教导，不尊重马克思，不听毛主席的。此外还有几个小的争论，其中一个是关于初级社和高级社的，我说高级社可能难办，他说不比初级社难办。在这次中央会议上，他想把我的问题往政治问题方面挂钩，可能与此次顶撞有关。毛主席在那次会上给我和邓老说好话，体现了他一贯主张的允许人们犯错误、改错误，一看二帮。有错，进行严格批评，同时又给予信任，对这种爱护干部的精神，我们都是感觉到的。

今年是毛泽东一百周年诞辰，我回顾的这段历史，也已是四十年前的往事，这段往事，历史发展本身已作出或还将继续作出正确的评估。自然，作为亲身经历者，我个人也可从中获得某些新的认识。

乡村合作化运动，是中国亿万农民向往社会主义美好愿景，在党的领导下进行的一场伟大的探索和试验，这个运动既有正面的也有负面的效应。不论人们对这个事业本身在看法上有多大变化和差异，绝不能动摇我对毛主席的基本认识。我始终认为，毛主席是20世纪中国也是中国历史上的一个伟大的人物，尽管他晚年也有重大失误，但更伟大的一面是不朽的功绩。当他的认识正确地反映了历史变动的趋向，从而做出战略决策时，他那披荆斩棘，一往直前，相信群众，藐视困难，百折不回，义无反顾，务求必成的气概，以及对理想的执着追求，对解放思想、实事求是思想路线的一贯坚持，都是极具特色的。毛泽东在中国革命史上树立的前无古人的业绩和他的理论成就，无疑已成为中国文化传统中的一部分宝贵遗产，永垂青史。

我想谨借此文，表达对他老人家的怀念。

（1993年12月）

张根生：我所亲历的广东土地改革

1950年11月份，由郝中士（时任中南土地改革委员会副秘书长）和我带领中南局和中南军政委员会机关干部六百人到广东帮助土改。到达广东以后，被分配到粤北的两个县，一个是曲江县，以中南工作团和地县机关干部为主，还有南方大学一批青年知识分子参加。一个是英德县，以省工作团为主，带队的是丁兆棋、朱荣，他们当时是供销社副主任和省民政厅处长（曾任农牧渔业部副部长），由省机关干部和南方大学的几百个人组成。也有中南局来的一部分同志参加。我对曲江、英德两县土改的评价，从以后三十多年的情况来看，群众发动是比较好的；对当权的恶霸地主、反动势力打击比较彻底，建立的基层党组织和村政权比较纯洁，培养了大批干部包括土改队的知识青年和农民积极分子。总的是肯定的。当然也有缺点不足，如少数村庄群众发动不够、工作不平衡等。

为了方便工作，我临时参加了北江地委领导班子，兼曲江县委书记，土改试点搞到1951年4月份基本结束。我是被派到广东帮助土改工作的，到广东前在中南局土改委员会调查研究处任处长。曲江土改试点搞完后，叶剑英同志要我留在广东工作，我对叶帅（当时称参座）是十分尊重和敬仰的，没讲任何意见即表示服从组织。由于当时未正式办手续，就回武汉去了。回到武汉几天就接到中南局要我来广东工作的调令，1951年5月中旬就到广东报到了。

广东省土改1950年冬至1951年春是搞试点，1951年秋至1952年春又陆续铺开一批土改县，合计500多万人口。同时在全省普遍开展清匪反霸，减租退押斗争，发动群众斗恶霸地主，初步组织阶级队伍，为土改分田准备条件。1952年4月到秋季进行第二批土改，这是最大的一批，为1000万人口地区，1952年冬季到1953年春季完成800万人口地区，这是第三批。在一年的时间中完成了1800万人口地区土改，这是全省土改最有决定意义的。到1953年4月，全省土改工作基本结束。1953年春对先完成土改的县开展土改复查，共完成54个县5个市郊2100万人口的复查。只完成土改未完成复查的有32县1市郊，共700万人口到1953年上半年全部完成复查，除海南区5个少数民族县和粤北区连南少数民族自治县不进行土改外，其余的县均已完成土改和复查工作。

下面谈谈广东省土地改革的历史背景，叶帅曾多次讲这个问题，以引起大家注意。广东省是1949年10月份解放的，海南岛到1950年4月底解放，沿海一些岛屿也是1950年初陆续解放的，是一个新区。解放前广东有一部分地区是游击根据地，如粤赣湘、闽粤赣、粤桂边、东江、珠江、西江、北江、海南等地区都有一些较稳定的革命根据地，但绝大多数地区没有搞土改。解放之前，国民党残余势力大批南逃广东一带，国民党伪总统府、伪行政院及李宗仁代总统等一批国民党要员包括三四十万人的部队均逃到广东。解放时，大部分被歼灭了，但仍有一部分国民党残余势力和地主、土匪武装势力结合起来，一度十分猖狂，发展到十几万人之多。他们不甘心失败，想作最后的挣扎，经常攻打我区、乡政府，杀害国家干部和群众。北江乐昌等地有几个乡政府被土匪占领了，杀了几十个人。据全省统计，被杀害的干部有一千多人。国民党占据了台湾，妄图依靠台湾、香港、澳门等地来反攻大陆，卷土重来，这是一种情况。另一种情况是1950年10月朝鲜战争爆发，美蒋勾结妄图反攻大陆，国民党极力想挑起第三次世界大战，局势十分紧张。毛主席当时批评广东、广西、福建等地土地改革搞得慢了，说全国有三个乌龟，有两个已经爬上来了，有一个还在后面爬，指的是广东。应该承认批评是正确的。1949年3月中央在西柏坡召开党的七届二中全会指出，在全国胜利后要继续完成民主革命遗留下来的任务，推翻蒋介石的反动统治、赶走帝国主义势力，把半殖民地、半封建的旧中国改变为新民主主义的新中国。改变半封建的任务主要是土地制度的改革，即将地主阶级的土地所有制改变为农民土地所有制，实行耕者有其田，这是民主革命最重要的一项任务。中南局当时还提出新区解放以后，应首先把主要力量放在农村，完成土改，搞好基层组织建设，才能真正巩固人民民主专政，党中央是同意和批准这一方针的。对广东等一批新区土改要加快，要搞得彻底，是中央、毛主席和中南局的意见，这样有利于巩固边防。三十多年后回过头来看，广东当年土改搞得彻底是有其深远意义的。由于农村政权巩固，后来国民党每年都派特务到广东进行破坏，搞爆破、暗杀、破坏交通和多次向沿海地区空投或派小股武装特务登陆，均被消灭了，没有一次成功，这充分说明了广东土改是搞得彻底的，打下了良好的工作基础和政治基础，边防是巩固的。广东土改期间也培养和锻炼了大批干部，涌现了大量贫农积极分子，现在许多省、地、县领导干部都是当年的土改骨干，现任的省委领导林若、谢非、郭荣昌等都是当时的土改干部。总之，土改培养了一大批干部。

对广东土改的一些主要政策如何看呢？广东土改是全国执行新《土改法》的最后一批。我在北方参加过三次土改：1946年贯彻"五四指示"的土改，1947年贯彻土地会议执行《中国土地法大纲》的土改，平津解放后的新区土改，都参加过。在中南局政策研究室和土改委员会工作了两年，1979年后又去东北工作了几年，对全国各地土改也有一些了解，比较起来广东土改算是全国较好的。比东北、华北、华东、西南的土改不会差，比中南新解放区的河南、江西、广西、湖南等省也不会差，最重要的是广东土改中发动群众是比较深入的，消灭封建土地制度是比较彻底的。长江以南的各新解放区都是新《土改法》公布之后搞的。中南局邓子恢同志强调放手发动群众，土改要搞得彻底，这方面与全国其他地方相比亦是比较好的。总之广东土改搞得比较彻底，比较健康。当然也有缺点，也有意见不尽一致的地方。如对依靠大军和南下干部的问题，没有人公开反对，但可能看法不完全一致。广东解放前，革命武装发展很快，达七八万人，形势很好，解放了许多县城和农村。但绝大部分地区未来得及实行土改，故解放后对土改工作不熟悉，加之形势发展很快，尤其是1948年、1949年两年发展更快，在革命胜利前夕，会有少数坏人鱼目混珠、投机钻进干部队伍中来，这是不奇怪的。当然参加到革命队伍中来的青年，绝大多数是好的，但是工作经验不足，这是广东解放初的一些实际情况。1950年10月广东开始进行土改试点，以后又陆续分批铺开。当时由于原来坚持斗争的同志没有土改经验，本来在1949年大军南下时，中央从东北和北方其他一些省份调一批干部到广东，当时有些干部认为广东干部已经不少了，主张不要那么多南下干部。我是亲自听叶帅说，有的同志是在赣州会议上提出来的，因此有的同志到达广东，这是伍晋南同志带的那一批南下干部到了韶关，还有一些人到了省机关，其他约一千人留在了江西。后来中央根据驻广东的部队领导同志的报告，根据国际国内形势要求加快广东土改步伐，在1951年夏季陆续又从各省抽调干部入广东，大约有一千人。这个时期来广东的有：武光、王德、焦林义、王延春、郝中士等一批同志，他们都分配到各区党委或分局机关工作。接着又从湖南、湖北、河南省调来李子元、张云、马伦、杜瑞之、范华、原鲁、李富林等同志。陶铸是1951年11月从广西调到广东工作的，到广东前在广西负责剿匪，取得了很大胜利，扭转了广西形势。广东土改的全面领导是叶剑英同志，大的部署，主要是方针政策的制定、调配领导干部都是他亲自主持决定。陶铸是协助叶帅负责全面领导，直接负责抓土改。1952年初又从华北局调来一批原定转到工业部门的干部到广东参加土改工作，郑星燕、马一品等就是这个时候来的。三批入粤干部大概有一百多人，但到地、县两级南下干部仍然不多，到区一级就极少了。由于形势要求加快土改步伐，为了解决干部力量不足的燃眉之急，经中央同意，华南分局提出了"依靠大军"的方针，因为驻广东部队多，是一支强大的力量。军队根据中央指示和地方要求抽调了近万人下去搞土改，从军、师一直到团、营、连、排各级均抽调了很多干部搞土改。当时驻粤部队有四十一、四十二、四十三、四十五、四十六、四十八等几个军，为了加强领导，全省建立了五个行政区，一个军一个区党委，军政委兼区党委第一书记。伍晋南在韶关算是老资格，资历比部队的军政委老，但是强调依靠大军，还是由四十八军政委当一把手。我是于1951年5月正式调到韶关地委当副书记、第二书记，后来区党委成立时任区党委秘书长兼组织部长，后任副书记、书记。土改搞完后军队军一级的干部都回部队去了，师一级留下少数人，团以下干部多数留下，当时是在那种情况下提出依靠大军和南下干部的。外地干部到广东工作开始不懂本地话，大量工作是依靠当地的青年知识分子和南大学生，南大学生加省机关部分干部大概有两千多人到韶关参加土改，土改中都培养成了骨干和积极分子。还有更多的人到其他地区参加土改。

关于对土改整队的看法问题。广东叫整队，北方叫整党。北方1946年、1947年是先整党再搞土改，广东则是利用农闲时搞土改，农忙时整队。整队主要是查立场、查思想、查作风，学习新《土地法》和有关划分成分等文件。粤北在整队中，县委书记等领导干部作了组织调整，有的由正职调为副职。主要是提高思想、提高认识、端正立场观点，保证土改的胜利，但也查出工作队中有少数不纯分子，后被清除出去。我认为整队是很有必要的，当然也有粗糙的地方，有的干部被作了过火的处理。1947年我们在华北参加土地会议搞土改整党是查三代，整了一个月，不少地县委书记被搬了"石头"，进行回避调到外县。下乡先开三个会宣布党支部一律停止活动，民兵被收枪集中保管，成立贫农团，一切权力归贫农团，不准发划阶级标准的文件，贫农团定什么就是什么，党员也由贫农团审查够不够资格，这种做法当然是错误的。搞了几个月，毛主席在晋绥讲话之后才纠正过来。广东土改没有发生类似的情况，因为广东解放初农村尚未建立党支部，所以没提整党，而是整顿土改工作队。

关于土地政策问题。1947年我们在华北搞土改是按《土地法大纲》没收地主（扫地出门）、富农的土地，对富裕中农多余的土地也要抽多补少和抽肥补瘦，进行平分。解放后广东土改是按照《土改法》孤立地主，中立富农，团结中农，依靠贫农，没收地主的土地，保留下一份给地主自己，对富农只征收其出租部分的土地，富裕中农不动，这样打击面就小了，政策比北方土改宽了。当然也有个别划错成分的，但面很小。广东公尝田多，北方几乎没有公尝田。我在粤北参加土改领导，从开始到结束，全过程都参加了，总的认为执行政策是比较稳的，对地主、富农、富裕中农都是按政策对待的，北方划错成分的较多，我的家乡现在还有人找我来要求帮助改正错划的成分，广东土改也有非法吊打地主的情况，但比较少，有少数人是出于对地主、恶霸的阶级仇恨，地主、恶霸和匪特也有自杀的，但主要是畏罪害怕被斗争和不相信我们的政策。北方1947年有一段时间这个问题比较严重，广东这方面好多了，因为解放后政策放宽了。北方土改是1947年搞的，国民党已发动全面内战，为了保卫解放区，保家保田，要动员贫雇农参军，但这样搞就留下了较大后遗症。讲个例子，我1945年在本县当县委书记，当时有个炮兵旅驻在那里，部队大多数是工农子弟，文化水平低，当炮兵要有一定的文化，旅长高存信向我提出要文化教员，县里当时有个教育科的科员，刚入党，还是预备期。他积极响应党的号召带了80多位小学教师集体参军去当文化教员，因为他是地主出身，他家在"五四指示"土改时还捐出110亩地受到表扬。入伍后，不久开始土改复查进行整党，就把人家的党籍、军籍开除了并划成地主分子，他实际是地主出身的知识分子，不是地主分子。后来他又参加革命，在保定工作。1947年至1978年31年一直没有给人家落实政策。三中全会后他找到我要求帮助其落实政策，我当时在农业部工作，我说你先去找高旅长，如不能解决我帮你再去找。当年的炮兵旅长在军委炮兵部队当副司令，他找到这位副司令，副司令当即表示过去处理错了，很快就帮助恢复了党籍，问题便解决了。从这个例子可以看出，北方划阶级确实有扩大了地主、富农范围的问题。而广东也有个别地方划阶级扩大化的，但数量毕竟很少。

土改这么大规模的群众运动，两年多完成2800万人口地区的土地改革，又是2000万人口地区集中在1952年4月到1953年4月一年完成，强调群众自己解放自己，就必然要放手发动群众，开展诉苦运动，算剥削账，一部分受了害、有深仇大恨的农民，对罪大恶极的恶霸采取过激行动，非法吊打，出现有罪恶的地主自杀、逃跑的现象，这是难以完全避免的。运动的规律常常是纠右必出"左"，"矫枉过正"，关键是领导敢不敢纠正过火现象，当时华南分局和区常委对土改中出现的过失现象发出了紧急指示，坚决进行纠正，引导斗争向正常发展。

土改后期专门进行了全面复查，也是重点解决这些问题。在土改过程中结合开展了镇压反革命分子的斗争，1950年冬至1951年初全国陆续开展了这项工作，中央专门发了文件，当时杀人是杀得多一点。因为解放初地主恶霸的势力很强，仍然掌握着农村的政权，又和土匪勾结起来杀害区、乡干部和农民积极分子，不坚决给予打击，农民不敢起来。结合土改开展镇反，镇压恶霸地主、反革命分子，先是湖南省黄克诚同志提出来的，被杀的人按当时标准是该杀的，按现在标准有的可能就不必杀了，每个县都杀了一些人。"文革"期间有的被杀的亲属起来，要求翻案，我们坚决顶住了，不能翻案。当时杀人虽然法律手续有的不完备，但是经过公安部门立了案的，有的材料不那么详细是可能有的。

关于华侨和工商业政策问题，总的说工商业政策方面，广东土改时是比较注意的。因为这时全国已经解放，七届二中全会决议提出了在新解放区进行经济建设问题，叶剑英同志和华南分局对广东工商业比较发达这个特点是很重视的：对地主兼工商业的，工商业部分不动；为了处理好城乡关系，还设立了城乡联络处，其作用一是支持农民土改，二则保护工商业。广东很少发生农民进城清算工商业的事件，北方这方面较为严重。另一个问题是华侨政策的问题，现在来看这方面可分为两个问题，一是该不该专门划出华侨地主，二是华侨地主的房屋和土地处理问题。广东华侨很多，绝大多数是因生活贫困到国外打工，当然也有少数人发了财成了资本家，但大多数人是热爱祖国的，在政策上应该放宽，华南分局对此很重视，总的说是注意了这个问题，但现在来看还可以再宽一些。关于划不划华侨地主问题，当时主要是从发动群众，没收地主土地，分给贫下中农，促进发展农业生产考虑，因此划了华侨地主，但一般划的面较小。被划为地主的土地、房屋被没收和分给了农民，1953年土改复查时，就改变了华侨地主的成分，也考虑过要不要把他们的房屋给回原主，如果收回来又怕影响农民积极性。土地分就分了，反正他们自己不直接耕种，反映很少。关键是房屋问题，华侨的房屋观念颇深，这个问题没有解决好，因此华侨意见多就多在这个问题上，从今天角度看，当时应再放宽政策，社会效益会更好一些。如果当时不划华侨地主或者采取把农民分到的房子用钱赎买回来，归还华侨，当然很好，但那时国家财政困难，是没法拿那么多钱出来的。看问题要历史地看，要从当时情况出发。

广东土改的成果是巨大的，解放了生产力，没收了地主2300多万亩土地，分给2000多万贫雇农，还有一部分生产资料，促进了农业生产的恢复和发展。1952年广东粮食总产就达到了170亿斤（不包括海南），超过了历史最高水平。1949年粮食总产量才是130亿斤（不包括海南），土改后粮食增长很快，农民翻身得解放，积极性空前高涨，既有政治成果又有经济成果，后来广东农业发展很快，创造了历史最高水平。1958年"共产风"、瞎指挥造成大幅度减产，错误是严重的，但那是另一个问题。

广东土改结束后转向生产比较快，比较及时，1953年4月14日华南分局扩大会议提出全力转向生产：陶铸代表分局号召全力转向生产，提出稳定新的生产关系，确保农民土地所有制，同年4月18日以广东省人民政府主席叶剑英名义出布告宣布全省土改胜利结束，全力转向生产。现在来看华南分局当时的方针、政策是对的。《陶铸选集》就有1953年4月14日关于"胜利完成土改，全力转向生产"的文章，提出发展农业是第一位的任务。广东省土改也是有缺点的，但总的来说是比较健康的。问题较多的就是华侨地主的问题，尤其是房屋问题，现在还遗留一些问题。回过头来看如不划华侨地主可能更好些。

（2002年11月）

（作者系国务院发展研究中心原副主任）

朱丕荣：我在农业部工作的回忆

1950年8月，我从上海复旦大学农艺系毕业，属国家统一分配的第一批大学生。由当时政务院财政经济委员会干部处派人到上海接收来京后，再分配到农业部报到，在粮食生产司种子处工作，两三年后调到杂粮处工作。我能一直在农业粮食生产、计划、外事等部门工作，从一般干部提升到司长，退休时，还被推荐当选为两届联合国粮农组织委员会委员，持续工作42年，能为"三农"办一些实事，这是不容易的，值得欣幸的，要感谢党对我的爱护与教育培养。

现将新中国成立初期农业部机关工作与生活状况简要回顾，深感最突出的是党的统一战线，艰苦朴素、调查研究与群众路线的优良传统得到很好的贯彻实施。

一、农业部机关干部队伍建设

第一届农业部干部有三部分成员组成：一是从解放区来的革命干部；二是由国民党政府农业机构转聘来的技术专家与管理人员；三是从学校毕业分配来的年轻干部。党组织十分重视统一战线，注意团结和调动所有干部的积极性。

农业部的部长与司局长，正职的大都是民主人士和技术专家，党的负责干部担任副职，但主管政治思想与人事工作。当时的部长李书城，是知名爱国民主人士；副部长杨显东，是武汉大学农学院原院长、留美农经与棉花专家；副部长吴觉农，是原复旦大学农学院教授，留学日本的茶叶专家。办公厅主任是张林池，中共党员，党组书记。办公厅副主任是曾意模，曾留美，是园艺专家。粮食生产司司长王绶，曾留美，是原金陵大学农学院教授，大豆育种专家；

副司长莫定森，是水稻专家，曾留学法国。工业原料司司长孙恩荟是棉花专家；计划司司长孙文郁曾留美，是农经专家、教授。植保司司长吴福桢，是专家、教授。土壤肥料司司长张乃凤，曾留美，教授。畜牧兽医司司长程绍迵，曾留美，是兽医专家。对农业行政决策，一般由部务会议讨论决定，实行民主集中制的制度。当时全国解放不久，地区情况复杂，设有大区一级，东北、华北、华东、中南、西北、西南等都有农林部或农业部，中央人民政府农业部部署工作通过大区再省、行署下边贯彻。每年春耕生产，夏收夏种，秋收秋种，冬季生产一般均由政务院发布指示，统一全面部署农村各项工作。重大专业与技术性会议、农业工作会议则由农业部部长主持召开，大区、省、行署农业部门派代表参加外，还邀请各方面专家、教授参加，尊重与听取他们的意见。

机关内，司长与一般干部同在大办公室统一办公，上下级沟通和谐相处打成一片。对干部强调要坚持政治学习，自我教育，树立为人民服务的思想。每天上班前，要先学政治一小时，阅读马克思主义干部教材，每周一、三、五的晚上也要学习一小时。每周工作六天，特殊情况，星期天加班。部里设有学习委员会，制订指导政治学习计划，定期进行辅导和议论，还举行必要的考试与考核。

每个月或每个季度，行政上、处、党、团组织都要举行生活会，在自我批评的基础上，征求意见，开展相互批评与帮助，发扬成绩，克服缺点，乐于求取进步，与人为善，诚恳相待，成为好风气、好习惯。每一两周，机关会举办一次文娱活动或舞会，领导干部与一般干部均可参加，活跃机关生活，增进联谊活动。

二、艰苦摸索，深入基层调查研究，注意总结群众经验

新中国成立初的几年，干部待遇很低。解放区来的革命干部都实行供给制待遇，分小灶、中灶、大灶三种，按小米折实计算。对旧人

员、技术干部则实行工薪制。对青年和新参加工作的，大部分是大灶供给制。如我那时候每月发13元，其中大伙食费9—10元，剩余3—4元购置一些日用品；每年发一套单的中山服，冬季发一套棉衣服；住机关集体宿舍（不收费），在机关食堂用餐。市内外出办事，可以借用公备的自由车。机关重视对青年干部的培养与提高，对"三门"干部（从家门到校门，校门到机关门）要到实践中去锻炼成长。1950年冬，我就去苏南宜兴县参加土地改革运动几个月，深入了解农村、农民、农业的基层情况，增强对振兴农业的责任感和对农民的感情。

农业部干部下乡调查研究机会较多。每逢生产季节或重大生产救灾事件，机关都要组织各司局干部下乡，调查研究，督促检查，总结经验，发现问题，及时通报，指导全面。我们粮食生产司，还有总结推广各地丰产、高产典型经验的任务。那时候下乡，凭介绍信到省、市、县，地方不派陪同，农村也没交通工具和招待所，需要自带行李（包括手电筒和生活用具），经常背着行李步行，在老乡家里同吃同住，有时同劳动，利用晚上访问座谈，甘当小学生，听取群众意见，然后核实产量、措施、综合分析，归纳总结，系统整理。每年要收集编印丰产典型经验，从群众中来推广到群众中去，往地方发。后来，毛泽东从群众经验中，提炼出"水、肥、土、种、密、保、管、工"八大增产措施，即他概括的农业"八字宪法"。

在机关里，还经常收到许多有关粮食生产的群众来信（有建议、有提问、有困难等），内容错综复杂，需要认真答复；还需要接待到机关来上访的群众，必须妥善处理。这是对待群众的态度问题，开阔思路，提高政策水平。

三、相信群众、依靠群众、发动群众，推动群众增产运动

新中国是在经过抗日战争、解放战争，推翻三座大山（帝国主义、封建主义、官僚资本主义）的基础上建立起来的。当时农村生产力受

到创伤，家底薄弱，农民贫困，国家财力不足。要迅速恢复农业生产，只能依靠调动农民群众的积极性，自力更生，发奋图强。政府采取减租减息，实行土地改革，使耕者有其田，解放农村生产力，同时培养、评选、奖励劳动模范，以先进带动一般；大力开展农村互助合作运动，解决牧畜、农具、生产资料和劳动力的不足等困难，提高农业生产力。在抗美援朝、保家卫国的热潮下，号召开展爱国丰产运动，鼓励农民群众的生产积极性，除靠媒体宣传外，农业部也办了农业电影社，以及每年开劳模会、农业展览会等，来推动这些运动的发展。

1950年春，农业部召开农业技术会议，提出了"五年普及良种的计划"。依靠群众力量，以县为单位，就地评选良种、互相串换、适当调剂，来普及推广良种，这是简而易行的措施。那时候，县一级都设有县农场、良种示范繁殖场，可发挥其应有的技术推广作用。在一些春旱、夏涝的灾区，则发动群众搞生产自救运动，互助互济，除发展副业生产外，政府发放短期早熟作物种子（如荞麦、糜子、马铃薯、蔓菁等），补种抢种一季，以早接口粮，缩短灾荒期。

当时化学肥料很少，我们就开展群众性积肥、沤肥、造肥和种植家肥等运动，特别大力提倡养猪积肥。农业部内，畜牧与土肥部门发生过争论，畜牧部门强调养猪是为了吃肉，要提高出栏率，土肥部门强调养猪积肥作为粮食增产措施，要增加养猪存栏数。实践证明，猪多，肥多，粮多。发展多养猪的大方向是一致的，只是视角不同，作为一种产业或是作为增产措施。那时候，也提供改良技术，但强调从群众中来到群众中去，要做好试验、示范，积极稳步发展，走群众路线，让群众通过实践认识后再推广，避免不因地制宜、强迫命令、盲目推广、造成损失的弊病。

（2004年12月）

（作者系原农业部外事司司长）

黄佩民：我所亲历的农业学苏联

"一边倒"学习苏联

北平解放时，我才二十多一点，年纪轻，革命热情很高，全面拥护中国共产党的主张，积极投身到各项政治活动中去。1949年6月30日毛泽东《论人民民主专政》一文发表，文中指出："一边倒，是孙中山的四十年经验和共产党的二十八年经验教给我们的，深知欲达到胜利和巩固胜利，必须一边倒。"[①]明确告诫我们要倒向以苏联为首的社会主义阵营，并且认为苏联已经建设起一个伟大的光辉灿烂的社会主义国家，号召必须向他们学习。这也是当时的国际环境所决定的。因为帝国主义对新中国实行封锁包围，外交上不予承认，只能向苏联"一边倒"；并且苏联作为第一个社会主义国家，提出向苏联学习，也有一定的历史原因。但是，在政治上向苏联"一边倒"和技术上"向苏联学习"的大环境下，实际已经成为"只有学习苏联才是正统的，才是绝对正确的"错误倾向。

事实上，苏联从20世纪40年代即开展对自然科学批判运动，特别是1948年8月全苏列宁农业科学院会议召开，会上李森科作了报告，把在自然科学领域的粗暴批判推向最高潮。这次会议，作为第二次世界大战以后的"冷战"时期苏联在意识形态领域批判"资产阶级思想"总部署的一个组成部分，会议的整个内容就是讨论李森科的长篇报告《论生物科学的现状》。李森科在报告中称孟德尔、魏斯曼、摩尔根为"现代反动实验遗传学的鼻祖"，给摩尔根遗传学说扣上了"反动的""唯心主义的""形而上学的"三顶帽子；而同时宣称米丘林学说是"辩证的、唯物主义的"，是"科学的生物学的基

---

① 《毛泽东选集》第4卷，人民出版社1991年版，第1472—1473页。

础""米丘林方向是唯一科学的方向""未来属于米丘林"等等。这次会议还专门通过了《关于李森科〈论生物科学的现状〉报告的决议》。该决议中写道:"在生物学中已划出两条正面对立的路线,一条是进步的、唯物主义的米丘林路线,另一条是反动的、唯心主义的魏斯曼(孟德尔、摩尔根)路线。"这种以会议文件方式,把科学中两个学派强行划归为政治上、哲学上两条对立的路线的做法,为利用行政手段,强行把政治和学术扭在一起,以政治干预代替学术讨论,开创了一个极其恶劣的先例。

在新中国成立初期缺乏经验,政治、经济上都照搬照抄苏联模式,因此科学政策上也不可避免地受其影响。譬如,当时北京农业大学校务委员会主任(校长)乐天宇,是李森科学派在我国的代表人物、中国米丘林学会会长。在1950年进行教学改革中,他取消了摩尔根学派的遗传学、田间设计和生物统计三门主要课程,而代之以"新(米丘林)遗传学"。我所在的华北农业科学研究所在建所之后即开展政治学习运动,陈凤桐所长在1949年9月15日发表的《改造旧思想,树立新作风》一文中指出:"我们的任务是很光荣的,一方面我们要精心熟悉农业生产上的实际情况,一方面对先进科学的介绍,要迎头赶上。我们不是在拾唯心主义遗传学的糟粕,而是在探求米丘林、李森科在生物学上的新成就,把它及早介绍到中国来,这就是一个新式科学家的必要条件。"[①] 陈凤桐所长在1951年1月1日发表的《向农业科学工作的新方向努力》一文中,还专门提出"学习苏联农业科学的新成就,特别是李森科、威廉士的学说,这应是1951年我们业务学习的重点。只有提高理论水平,才能提高工作水平。本所编译的苏联农业科学丛书,米丘林学说介绍,苏联农业科学参考资料和即将出版的米丘林选集,1948年全苏列宁农业科学院会议记录等等,必须组织讨论,应占业务学习中的重要地位,

---

① 《陈凤桐文选》,中国农业科技出版社1997年版,第38页。

以便根据我国农业生产发展情况，有计划、有步骤地应用到我们的实际工作中去"①。

我不是学遗传学的，过去对摩尔根遗传学知之不多，许多概念也还没有搞清楚。同时由于种种原因，对苏联的情况也了解得很少，对它的自然科学知道的也不多。20世纪50年代初，向苏联学习是当时的潮流，加之米丘林学派又是打着宣扬唯物辩证法的旗号，人们一般认为从苏联传入的学说，当然是革命的、进步的、唯物主义的，所以米丘林学派的理论在生物学界迅速传开，而且很快占据了统治地位。我当时思想要求进步，不管怎么样，政治上一切听党的，业务上也要响应党的号召，拥护辩证唯物主义科学。为了学习新的生物科学理论和苏联先进经验，积极学习俄文，并且跑到书店搜集、购买《米丘林选集》、李森科的《农业生物学》《论生物学现状》《威廉姆斯的土壤》以及1948年8月《全苏列宁农业科学院会议记录》等苏联农业科技书籍，利用一切业余时间如饥如渴地进行学习。

第一次接触苏联专家

1952年春，中央农业部聘请了全苏列宁农业科学院植物栽培研究所禾谷类作物系主任阿·波·伊万诺夫为顾问，以帮助我国进一步提高农业科学技术工作。伊万诺夫专家到我国以后，第一步是安排他参加中央农业部农业技术考察团到各地参观访问。这个考察团是由中央农业部联合中国科学院、华北农业科学研究所、北京农业大学等单位共十余人组成，中央农业部粮食油料作物生产总局（以下简称"粮油总局"）副局长王志民为团长，华北农业科学研究所副所长祖德明为副团长，成员包括中国科学院植物研究所副所长吴征镒教授、植物生理研究室研究员金成忠、北京农业大学教授孙渠、华北农业科学研究所作物系董玉琛、应用植物学系黄佩民，还有农

---

① 《陈凤桐文选》，中国农业科技出版社1997年版，第56页。

业部粮油总局的二位代表,以及翻译谢潜渊等人,伊万诺夫是以顾问的身份参加考察全过程的。根据中央农业部领导的部署,我们这个考察团从1952年4月下旬至8月上旬,先后到了河南、武汉、广东、江西、浙江、上海、南京、山东、山西、河北、绥远、沈阳、公主岭、黑龙江、辽南熊岳等地,主要到农业科研单位、农业院校和农业行政部门进行全面考察。

我是考察团成员中最年轻的一个,团里给我的任务就是好好学习,作记录,帮助整理材料。当我得知能够参加考察团是非常激动的,这次不仅可以在团长领导下做一些工作,参观许多地方,还能很好地向团里的老教授、老专家学习,并且是我第一次接触苏联专家,直接了解苏联农业科学方面的一些情况。我认为这是一次非常难得的学习机会,在思想上是非常重视和珍惜的。

我们这个考察团是在团长领导下工作的,到各地考察也是以中央农业部的名义联系和部署的。但整个活动无疑都是以伊万诺夫为中心,到每个单位参观都由伊万诺夫发问,开座谈会由伊万诺夫解答,最后由伊万诺夫作一个考察观感和总结性的讲话,或者由伊万诺夫进行介绍苏联情况的报告。在此期间,我们给他整理了《对华东农业科学研究所工作提出的意见》《对于中南区农业技术工作的一般印象和意见》《参观东北农业科学研究所的感想和意见》三篇文章,在华北农业科学研究所主办的《农业科学通讯》1952年第7、8两期上公开发表。此外,还将他在考察中所做的几次学术报告,包括《米丘林工作创造的途径及其发展》《李森科院士对于米丘林生物科学的贡献》《植物的个体发育》《米丘林选种的原则及方法》《米丘林的杂交学说》《苏联的良种繁育工作》《关于草田轮作制问题》等,汇集作为《农业科学专题报告及参考资料集》出版。

伊万诺夫在苏联卫国战争时期大学毕业后参军,曾经担任的军队最高职务是师政委,率部队参加过攻克柏林的战役。战争胜利后到全苏列宁农业科学院植物栽培研究所从事禾谷类作物品种资源研究工作。我的印象觉得他对中国是友好的，并且也是真诚希望帮助我们的。（据说在赫鲁晓夫当政后他受到冷落，中苏关系破裂后失去联系。）他虽然是搞禾谷类作物研究的，但知识面宽，并且非常重视收集了解所到之处的气候资料、农业生产条件和各项统计资料，作为他考察分析当地农业生产和农业科技工作的基础。同时他也热情、认真地对当地农业生产和农业科技工作提出意见和建议，例如充分运用农业技术方法克服自然灾害，改良土壤，改进耕作制度与培肥技术，加强选种和良种繁育，重视总结劳动模范的丰产经验等等，使我学习到了很多有益的东西。但是，他似乎带有强烈的"使命感"，执着地介绍苏联的发展和宣传米丘林遗传学取得的成就。在各地的讲话中，他都指责"对米丘林学说的研究很不够"，认为"科学工作者还没有大胆地抛弃旧思想，大家都在空谈米丘林科学对我们有帮助，而又不掷掉旧的一套，这是没有效果的"。他甚至对科研单位生硬地批评"许多农场和研究所还是以盲目性的杂交育种作为主要工作，这充分表现了摩尔根主义还占着统治地位"等等。以致一些科研单位的杂交育种工作被停掉，不少育种专家处于一种受压制的地位。当时考察团的领导同志是完全支持伊万诺夫的，在最后形成的《中央农业部农业技术考察团考察报告》中，也反映出"必须坚持米丘林科学的方向"的指导思想，在"结论"部分还提出："必须确立植物有机体与外界环境密切相关的新遗传学观点，彻底改革我们现行的育种工作"；"彻底展开新旧业务思想的斗争，严格批判保守落后思想和清除资产阶级伪科学的影响，坚决贯彻米丘林的路线，是今后提高农业技术工作的基本关键"。事实表明，那时提出"一边倒"学习苏联的结果，形成"一言堂""一家言"，似乎老大哥什么都是对的，苏联专家的意见中国学者不能提出异议，否则就是反苏。因此谁也不敢多说什么了。

系统学习"米丘林遗传学"

据王志民团长说,在中央农业技术工作考察团进行考察期间,"各地纷纷提出要求,希望能在苏联专家的直接指导下,系统地接受米丘林科学的传授"。《人民日报》于1952年6月29日发表《为坚持生物科学的米丘林方向而斗争》的长篇专文,虽然打着"进一步批判乐天宇同志在生物科学工作上的错误"的旗号,但文中突出了强调"用米丘林生物科学彻底改造生物科学各部门,为坚持生物科学的米丘林方向而斗争",并且指出"我国的生物学界应该发动一个广泛深入的学习运动,来学习米丘林生物科学"。针对这种背景,中央农业部决定举办一次全国规模的"米丘林农业植物选种及良种繁育讲习班",当时简称为"米丘林遗传学讲习班"。

为了举办这个讲习班,中央农业部决定从各大区农业科学研究所和有关单位抽调十几个同志组成助教班。当时参加这个助教班的,除董玉琛和我代表华北农业科学研究所外,还有东北农业科学研究所的周克宽、邹林坤,华东农业科学研究所的户良恕,西南农业科学研究所的曾学琦、唐士廉,四川大学农学院的黎中明、牟致远,中国科学院遗传选种实验馆的胡含,以及中央农业部粮油总局的赵芳等同志。我们都是二三十岁的青年人,于1952年8月下旬即集中到华北农业科学研究所,专门为我们安排了食宿和活动场所。在这里大家共同生活在一起,一边自学有关米丘林生物科学方面的书籍,一边根据伊万诺夫专家讲解的资料,整理编写出十五项涉及米丘林遗传、选种方面的实习解说材料,以配合伊万诺夫专家讲课后进行实习时参考。我们这些人当时既是讲习班的学员,又担任讲习班的实习助教。

讲习班是从1952年10月21日开始,到1953年2月20日结束,前后整整四个月。参加讲习班的有全国主要农业试验研究机关、农业教育机关和中国科学院有关单位选派的农业科学技术人员。这些人都作为正式学员共307人，连同北京各有关农业机关、学校有组织地参加旁听的，合计1000人以上。学员来自全国各地区，代表性很广泛，当时地处边远的内蒙古自治区和西藏自治区也都派人参加了。学员中大部分是具有多年工作经验的中、高级科技人员，也有不少科研机关与农场的领导干部和大学农学院的教授。

当时讲习班的组织工作，由农业部粮油总局副局长王志民和华北农业科学研究所副所长祖德明两位同志主持。主要的课程有苏联专家伊万诺夫讲授的"米丘林遗传选种与良种繁育学"，包括"米丘林遗传学""米丘林选种学"和"良种繁育学"这三个部分，讲课及实习的时间共约200小时；杜伯罗维娜专家讲授的"达尔文主义"，讲课时间60小时；切尔德可夫专家讲授的"唯物辩证法"，讲课时间约16小时。此外，还用与听课相等的时间进行了小组的复习讨论。

讲习班的主旨就是学习米丘林生物科学。我是第一次比较系统地学习米丘林遗传学、选种学、良种繁育学和达尔文主义，基本转变了过去的模糊观念和怀疑态度，认为先进的米丘林生物科学是以唯物辩证法为基础的唯一正确的科学理论，初步掌握了米丘林选种和良种繁育的基本原则和工作方法。特别是我对切尔德可夫专家讲授的"唯物辩证法"非常感兴趣，相应阅读了斯大林同志的历史唯物主义和辩证唯物主义，毛泽东同志的《实践论》《矛盾论》以及马列主义关于认识论和方法论方面的经典著作。这对我确立正确的人生观和世界观是有重要意义的，以至对我现在参与中国自然辩证法研究会的一些活动，也是大有益处的。（我现担任中国自然辩证法研究会全国理事、农业哲学委员会主任委员。）但是不能不指出，当时自己的思想是很幼稚的，对这种全面照搬苏联的教条主义的错误做法是认同的，对生硬地、填鸭式地讲授米丘林生物科学的内容，也是囫囵吞枣般地接受的。

讲习班结束之后，各方面都加强了宣传米丘林学说的力度。中国科学院先后将讲习班的教学材料，全部印书出版。包括《米丘林遗传选种与良种繁育学》第一集（1953年4月）、第二集（1953年8月）、第三集（1953年10月）；《达尔文主义》（1953年7月）；《农业科学专题报告及参考资料集》（1953年9月），合计120多万字。华北农业科学研究所组织翻译的《米丘林选集》《生物科学现状——全苏列宁农业科学院1948年会议逐字记录》《米丘林全集》等大部头的著作也相继出版。此外，还在这次讲习班之前就主编出版了"苏联农业科学丛书"数十种，并创办了一个翻译期刊——《苏联农业科学》，作为月刊向全国发行。在此同时，北自黑龙江省，南至广东省，整个中国都开展了对这次讲习班讲学课程的传达学习，把全国农业（生物）科学工作者学习米丘林学说的高潮提高到了一个新的阶段。

转向搞小麦抗盐性定向培育研究

当时，在遗传学界摩尔根学派与米丘林学派争论的焦点之一，是获得性能不能遗传，即由环境条件的改变引起的生物体的变异能不能遗传给后代。摩尔根学派否认获得性可以遗传，认为基因有很强的稳定性，外界环境条件所能改变的只是有机体的表现型，而不能改变有机体的因子型。也就是说，环境虽然可以改变生物的身体细胞，但不能影响基因，因此对后代不能遗传。米丘林学派则认为细胞、生物体内一点一滴的活质都具有遗传作用，因而生活条件的改变，能通过代谢过程使遗传性发生变异，这些变异的物质如果能通过生殖细胞，就能遗传下去。因此认为有机体性状所发生的变异，常常总是和引起它们变异的外界条件相适应的，定向培育是可能的。

根据应用植物学系（后改为发育生物学系）主任祖德明的意见，

我在学习米丘林生物科学关于获得性遗传原理之后，开始转向搞小麦抗盐性定向培育的研究。主要目的是通过逐年提高栽培土壤含盐量进行定向培育的方法，来探讨不同品种在个体发育过程中抗盐性提高的情况，并进一步分析培育材料对盐分适应的生理特性，以及这种适应变异能否遗传于后代，以便为育成抗盐小麦品种寻找可能的途径。

关于定向提高植物抗盐性的问题，我当时主要是从植物生理适应性角度来理解的。在杂志上看到有的苏联学者用小麦和大麦作试验，发现在植物各发育期用少量盐分逐渐培育，就能使植株适应盐渍化条件，并且以后就能更好地抵抗高度盐渍化的环境；还有的报道介绍，从不同生态条件（非盐渍化和盐渍化土壤）生长的植株上采取一些小麦种子，在盐溶液下进行发芽试验时表现不同抗盐性，盐渍土上生长植株收获的种子，比非盐渍土壤生长植株收获的种子，具有较强的抗盐能力；在盆栽试验条件下，盐渍土上生长植株收获的种子，也表现可以保持抗盐性。当时我就参考这些材料，比着葫芦画瓢般地进行了这项研究工作。

我根据米丘林遗传学认为农家品种的遗传性比较稳定，而杂交品种的遗传可塑性强的原理，首先选择了三个不同类型的小麦品种：一是"碱麦"，原产于河南丰县猪龙河沿岸一带盐碱地上的农家品种；二是"北系3号"，原燕京大学实验农场育成的杂交品种；三是"定县72"，由原河北省平民教育促进会从当地种植品种中进行选育而成的改良品种。其后，将这三个品种采用盆栽试验方法于1949年秋播开始，种植在不同盐分含量的土壤上（0.1%—0.4%含盐量），逐年提高其土壤含盐浓度（每年低浓度处理提高0.1个百分点，高浓度处理提高0.05个百分点），到1956年进行了五代定向培育。这些经过连续培育五代的材料，于1956—1957年、1957—1958两个年度，种植在不同土壤含盐量和不同土壤水分条件下进行抗盐、抗旱性鉴定研究，在此基础上再进一步探索其获得性的遗传问题。

1956年党中央发出"向科学进军"的号召，发育生物学系主任祖德明有意派我去苏联进修，专攻植物抗性遗传生理的理论问题。我也以此为契机，在开展研究工作的同时，于1956—1957年曾安排时间到北京农业大学（当时校址还在西郊罗道庄）旁听李竞雄教授主讲的"细胞遗传学"和鲍文奎教授主讲的"孟德尔—摩尔根遗传学"；在此期间，我还参加了北京大学生物系主办的1956年暑期高级植物生理学讲座，听取了罗宗洛先生讲的"水分生理"、梅××先生讲的"光合作用"、汤佩松先生讲的"呼吸作用"、崔徵先生讲的"矿质营养"、娄成后先生讲的"植物电生理"等课程。

1958年初"大跃进"运动在全国范围展开。中国农业科学院党组作出一个"五谷丰登，六畜兴旺，支援大跃进"的决定，抽调三分之二的科技人员，组成19个农业科学工作队，派往各省支援农业生产"大跃进"。我被抽出来参加了河南农业科学工作队，到河南新乡地区的孟县梧桐村蹲点，调查总结当地水泥地以及整个新乡地区小麦高产经验。3月间我将小麦抗盐性定向培育研究工作交给助手管理，去参加农业科学工作队的活动，一直到1958年底才返回北京。回来之后才得知我在所里进行的研究工作被批判为"脱离实际"而强行停止，去苏联进修的安排也作罢，我本人也被调到作物育种栽培研究所计划资料科从事科研管理工作。

这种情况下，我无可奈何地只好服从组织安排。为了使研究工作善始善终，我集中了一点时间把这项研究工作进行了全面总结，得出了五点初步结论（摘自原研究报告）。

（1）可以采用逐年提高土壤含盐量的方法，定向提高小麦的抗盐性，但其效果因品种而不同，一般以杂交品种——"北系3号"的培育效果较显著；(2)对多盐的适应，表现在生育上是植株分蘖增加，幼苗生长健壮，穗数、粒数以及千粒重增加，因而单株生产力提高；(3)对多盐的适应，表现在生理上特性之一是吸水力增强，全生育期用水量增加，特别是抽穗到开花期平均每日用水量增加5%—10%，同时每克干物质的需水量减少，植株含水量提高，单位叶片面积内气孔数目减少、气孔面积变小，毛茸数目增加，趋向旱生植物方面发展；(4)对多盐的适应，表现在植株含盐量增加，某些酶的活性改变，呼吸强度降低，蒸腾强度加强，细胞渗透压提高，新陈代谢类型发生深刻的改变，以增强对盐渍毒害的抵抗力；(5)定向培育材料在0.4%土壤高含盐量和30%土壤缺水条件下，更能表现其优越性，充分说明培育材料具有较强的抗盐、抗旱特性。

本项研究报告以《小麦抗盐性定向培育的研究》为题，发表在中国农业科学院作物育种栽培研究所1959年《科学研究报告》第193—208页。

(2003年12月)

(作者系中国农业科学院农经所研究员)